大学体育文化与运动教程

主　编　郑焕然
副主编　程会娜　李　关　崔　萃
编　委　黄　辉　刘艳欣　石　松
　　　　李风晴　杨俊刚　轩大领
　　　　候　昆　李　爽

北京理工大学出版社
BEIJING INSTITUTE OF TECHNOLOGY PRESS

内 容 简 介

本教材内容全面、结构完整，共二十二章，前五章为基础理论篇，后十七章为运动技能篇，涵盖了体育和健康的基础知识、基本理论和基本技能等内容；生动有趣、注重实践，每个体育项目均从基本技术、练习方法、竞赛规则等多方面进行介绍，通俗易懂，具有较强的指导性和实用性；图文并茂、简便易学，在讲解中插入图片，帮助读者更快、更好地理解与掌握相关知识点，提高兴趣，养成终身体育的习惯。

版权专有　侵权必究

图书在版编目（CIP）数据

大学体育文化与运动教程 / 郑焕然主编. —北京：北京理工大学出版社，2020.9（2023.8 重印）

ISBN 978-7-5682-8951-1

Ⅰ. ①大… Ⅱ. ①郑… Ⅲ. ①体育-高等学校-教材 Ⅳ. ①G807.4

中国版本图书馆 CIP 数据核字（2020）第 159786 号

出版发行 / 北京理工大学出版社有限责任公司
社　　址 / 北京市海淀区中关村南大街 5 号
邮　　编 / 100081
电　　话 /（010）68914775（总编室）
　　　　　（010）82562903（教材售后服务热线）
　　　　　（010）68948351（其他图书服务热线）
网　　址 / http：//www.bitpress.com.cn
经　　销 / 全国各地新华书店
印　　刷 / 涿州市新华印刷有限公司
开　　本 / 787 毫米×1092 毫米　1/16
印　　张 / 25　　　　　　　　　　　　　　责任编辑 / 高　芳
字　　数 / 587 千字　　　　　　　　　　　　文案编辑 / 赵　轩
版　　次 / 2020 年 9 月第 1 版　2023 年 8 月第 8 次印刷　　责任校对 / 刘亚男
定　　价 / 56.40 元　　　　　　　　　　　　责任印制 / 李志强

图书出现印装质量问题，请拨打售后服务热线，本社负责调换

序 言

《大学体育文化与运动教程》是行知教育协作联盟规划教材，适用于联盟内所有学校的非体育专业学生使用。为了保证教材的内容新、实用性强，本着"健康第一"的指导思想，以《全国普通高校体育课程教学指导纲要》和《高等学校体育工作基本标准》为依据，以知识性、健康性、趣味性为编写原则，以满足当代大学生日常体育锻炼需要和培养终身体育意识为宗旨，结合多年体育教学经验，有针对性地借鉴和汲取体育科学和运动实践领域最新的研究成果，旨在切实提高学生的体质健康水平，促进学生的全面发展。

本书编写中本着全面贯彻党的教育方针、服务立德树人根本任务的要求，将学校的体育工作作为全面实施素质教育的一部分，认真执行国家教育发展的各种要求，通过理论内容和技术动作的学习，帮助学生掌握科学锻炼的基础知识、基本技能和有效方法，使学生学会至少两项终身受益的体育锻炼项目，养成良好的体育锻炼习惯。同时，通过体育知识学习，挖掘学校体育在学生道德教育、智力开发、身心健康、审美素养和健康生活方式中的多元育人功能，将体育与德育、智育、美育有机融合，提高学生综合素质。

近年来，《关于深化体教融合 促进青少年健康发展的意见》《关于全面加强和改进新时代学校体育工作的意见》等文件的颁布，为学校体育工作在促进体育课程和教材体系建设、促进青少年健康发展、在高校树立"健康第一"理念等方面提供了依据。2022年10月16日至22日，中国共产党第二十次全国代表大会如期召开，习近平总书记在此次会议报告中明确指出："要广泛开展全面健身活动，加强青少年体育工作，促进群众体育与竞技体育全面发展，加快建设体育强国。"这一指示更是为高校体育工作指明了方向。2020年出现的世界范围内的新冠肺炎疫情，让我们更加认识到生命、健康、体育的意义，同时也让我们重新审视大学体育课的目标和要求。通过本教材的教学实践学习，学生可以了解体育文化、体育精神，树立正确的体育观、健康观、生命观，掌握终身体育锻炼的运动技能，练就健康的体魄和实现对健康的自我调控，逐渐养成终身体育意识。还能促进学生心理稳定，有利于培养学生积极乐观的心理，以及良好的团队精神、竞争意识和社会适应能力，实现学生的全面发展。

总体而言，本书主要有以下特点。

（1）内容全面、结构完整。全书共分二十二章，分为基础理论篇和运动技能篇，涵盖了普通高等学校体育课及课外延伸所需内容。在基础理论篇中，分别介绍了体育文化、运动与健康、艺术与教育、科学锻炼与卫生保健、大学生体质健康测试标准；在运动技能篇中，分别介绍了田径、体操、篮球、排球、足球、网球、乒乓球、羽毛球、武术套路、武术养生和自卫防身术、健美操、体育舞蹈、瑜伽、跆拳道、轮滑与冰雪运动、游泳、户外运动。

（2）生动有趣、注重实践。本书对于每一种体育项目，均从起源发展、基本技术、基本技巧、练习方法、竞赛规则等多个方面进行介绍，通俗易懂，生动有趣，具有较强的指导性和实用性，可以作为大学体育课教材，也可作为终身体育锻炼的专业指导书籍。

（3）图文并茂、简便易学。本书在讲解过程中插入了大量的图片，帮助学生更快、更好地理解与掌握知识；同时，每个章节后面有思考题和参考文献，可以拓宽学生的视野，帮助学生了解更多体育相关知识。

本书由郑焕然任主编，由程会娜、李关、崔萃任副主编，黄辉、刘艳欣等众位老师参与编写，整体协调、稿件整理、审稿等工作由程会娜、黄辉完成。本书编写分工如下：程会娜编写第一章、第二章第一至二节、第十五章，郑焕然编写第三章、第四章，石松编写第五章、第八章，崔萃编写第六章、第十二章，李爽编写第二章第三节、第七章、第十六章，轩大领编写第九章，李关编写第十章，黄辉编写第十一章、第十三章、第二十二章第四节，候昆编写第十四章、第十九章，李风晴编写第十七章、第十八章，刘艳欣编写第二十章第一至二节、第二十一章，杨俊刚编写第二十章第三节、第二十二章第一至三节。

在编写过程中，我们参考了大量的文献资料，在此向参考过的中外文献的作者表示诚挚的谢意。同时感谢学校联盟的领导和各学校领导在编写过程中给予我们的大力支持，以及提供动作展示的各位老师、同学。在编写过程中，程会娜和黄辉老师负责了整个教材的分工、文字整理等日常工作，在此说明。尽管我们在编写本书时已竭尽所能，但由于水平有限，书中疏漏与不当之处仍在所难免，敬请广大读者批评指正。

目 录

基础理论篇

第一章 体育文化 ……………………………………………………………… (2)
    第一节 体育文化概述 ………………………………………………………… (2)
    第二节 奥林匹克体育文化 …………………………………………………… (4)
    第三节 校园体育文化 ………………………………………………………… (8)

第二章 运动与健康 …………………………………………………………… (13)
    第一节 健康和亚健康 ………………………………………………………… (13)
    第二节 体育锻炼与健康促进 ………………………………………………… (18)
    第三节 体适能 ………………………………………………………………… (22)

第三章 艺术与体育 …………………………………………………………… (25)
    第一节 艺术与体育概述 ……………………………………………………… (25)
    第二节 "艺术体育"——艺术化的体育项目 ……………………………… (28)
    第三节 "体育艺术"——艺术中的体育世界 ……………………………… (32)

第四章 科学锻炼与卫生保健 ………………………………………………… (37)
    第一节 体育锻炼的科学原则 ………………………………………………… (37)
    第二节 体育锻炼卫生常识 …………………………………………………… (39)
    第三节 运动中常见的生理反应及其处理 …………………………………… (42)

第五章 大学生体质健康测试标准 …………………………………………… (48)
    第一节 《国家学生体质健康标准》说明 …………………………………… (48)
    第二节 大学生体质健康评价指标与实施办法 ……………………………… (49)

运动技能篇

第六章 田径 …………………………………………………………………… (58)
    第一节 跑 ……………………………………………………………………… (58)

第二节　跳跃 ·· (65)
　　第三节　投掷类运动 ·· (68)
　　第四节　田径比赛规则简介 ·· (70)

第七章　体　操 ··· (77)
　　第一节　概述 ·· (77)
　　第二节　竞技体操 ·· (78)
　　第三节　艺术体操 ·· (88)
　　第四节　蹦床 ·· (89)
　　第五节　比赛规则 ·· (90)

第八章　篮　球 ··· (92)
　　第一节　基本技术 ·· (93)
　　第二节　基本战术 ·· (100)
　　第三节　比赛规则 ·· (102)

第九章　排　球 ··· (107)
　　第一节　基本技术 ·· (107)
　　第二节　基本战术 ·· (115)
　　第三节　比赛规则 ·· (117)

第十章　足　球 ··· (121)
　　第一节　足球运动概述 ·· (121)
　　第二节　基本技术 ·· (122)
　　第三节　基本战术 ·· (134)
　　第四节　足球运动竞赛规则简介 ·· (139)

第十一章　网　球 ··· (142)
　　第一节　基本技术 ·· (142)
　　第二节　基本战术 ·· (149)
　　第三节　比赛规则 ·· (149)

第十二章　乒乓球 ··· (152)
　　第一节　基本技术 ·· (152)
　　第二节　基本战术 ·· (172)
　　第三节　乒乓球运动比赛规则 ··· (175)

第十三章　羽毛球 ··· (178)
　　第一节　基本技术 ·· (178)
　　第二节　基本战术与比赛规则 ··· (184)

第十四章　武术套路 ·· (186)
　　第一节　武术运动概述 ·· (186)

第二节　武术基本功 ································· (187)
　　第三节　初级刀 ····································· (193)
　　第四节　24 式简化太极拳 ···························· (205)
　　第五节　武术比赛规则 ······························· (219)

第十五章　武术养生和自卫防身术 ························· (222)
　　第一节　八段锦 ····································· (222)
　　第二节　自卫防身术介绍 ····························· (237)
　　第三节　自卫防身术基本技术 ························· (239)

第十六章　健美操 ······································· (258)
　　第一节　概述 ······································· (258)
　　第二节　基本动作 ··································· (260)
　　第三节　第三套全国健美操套路 ······················· (267)
　　第四节　竞赛规则和裁判法 ··························· (274)

第十七章　体育舞蹈 ····································· (277)
　　第一节　体育舞蹈概述 ······························· (277)
　　第二节　基本技术 ··································· (280)
　　第三节　竞赛规则与裁判法 ··························· (291)

第十八章　瑜　伽 ······································· (294)
　　第一节　瑜伽的概述 ································· (294)
　　第二节　瑜伽练习的准备工作与注意事项 ··············· (295)
　　第三节　瑜伽的呼吸方法 ····························· (296)
　　第四节　瑜伽拜日式的基本动作 ······················· (299)

第十九章　跆拳道 ······································· (302)
　　第一节　概述 ······································· (302)
　　第二节　基本技术 ··································· (305)
　　第三节　基本战术 ··································· (320)
　　第四节　基本竞赛规则 ······························· (321)

第二十章　轮滑与冰雪运动 ······························· (324)
　　第一节　轮滑 ······································· (324)
　　第二节　滑冰 ······································· (328)
　　第三节　滑雪 ······································· (333)

第二十一章　游　泳 ····································· (340)
　　第一节　熟悉水性 ··································· (340)
　　第二节　蛙泳 ······································· (342)
　　第三节　仰泳 ······································· (347)

第二十二章 户外运动	(353)
第一节 极限飞盘	(353)
第二节 定向运动	(363)
第三节 攀岩运动	(368)
第四节 拓展训练	(374)

基础理论篇

体育文化

> **学习目标**
> 1. 了解体育文化的概念、起源和价值。
> 2. 了解中西体育文化的不同。
> 3. 了解奥林匹克体育文化。
> 4. 了解校园体育文化的内涵和作用。

第一节 体育文化概述

一、体育文化的概念

人类的文化是通过人类自己的双手和大脑的思维创造出来的。体育文化是人类在体育生活和体育实践中创造出来，并通过有形的身体形态、动作技能、运动器材以及无形的与社会属性相关的意志、观念、时代精神所反映出来的一种文化。从小的方面讲，体育文化是多种健身娱乐的方式、方法，它既可以满足人的生理健康需求，又可以满足人的精神需求；从大的方面讲，体育文化是一种社会文化，它在不同的社会阶段不断被继承和发展，并对社会产生巨大影响，世界范围内高水平竞技体育所产生的广泛社会影响就说明了这一点。

二、体育文化的起源

关于体育文化的产生有很多说法，比较集中的有以下几种。

（1）劳动起源论。早期人类在求生存中学会了奔跑、跳跃等技能，并在追捕猎物等活动中发展了速度、耐力、力量、灵敏等各种身体素质。劳动起源论可以概括为，体育起源于以生存为直接目的而进行的各种能力训练。

（2）军事起源论。人类的冲突无处不在，从个人之间为争夺猎物而产生的冲突发展到部落之间的武装冲突，各部落为了提高自己的力量而进行有组织的身体训练，其中包括摔跤、飞镖、棍棒等技能。军事起源论可以概括为，体育起源于军事训练。

（3）游戏起源论。当原始人获得丰富猎物或丰收之时，通常会聚集在一起以游戏、欢唱和舞蹈来表达内心的喜悦。游戏起源论可以概括为，体育起源于游戏和欢舞。

（4）宗教起源论。原始社会生产力水平低下，人类的生存很大程度上受到自然环境的影响，原始人为祈求自然恩施、风调雨顺而祭祀天地，形成了原始的宗教活动。宗教起源论可以概括为，体育起源于宗教祭祀活动。

（5）教育起源论。人类将在生产劳动、军事训练、游戏、宗教活动中演变出来的运动技能及技巧，以教育的方式传授给后代，从而逐渐发展了上述各种技能，强化了身体素质，且逐步脱离动物野性，向人性方向进化，最终形成具有文化内涵的体育生活。

综上所述，体育文化是人类在改造自身与周围环境的过程中，受各种因素的综合影响而演化出来的结果，是将原始人的动物本能通过劳动、军事、游戏及教育等方式逐步规范而形成的人类社会特有的文化现象。

三、体育文化的价值

现代体育发展和世界发展的潮流是一致的。一百多年来，体育运动不但极大地丰富了体育文化，提高了体育在社会中的地位和价值，而且在促进人的全面发展、协调发展和完善发展中起到了重要作用。体育文化可分为三个维度，即竞技体育文化、大众体育文化和中国传统体育文化，它们的价值着重体现在不同的层次。

（一）竞技体育文化的价值

竞技体育是以体育竞赛为主要特征，以创造优异运动成绩、夺取比赛优胜为主要目标的社会体育活动。当代竞技体育已成为一个国家的文化和整个世界文明的重要组成部分，也是体育文化发展的最高层次。

竞技体育文化的价值在于，它在不断改造和创造着环境。同人类通过劳动改造和创造环境一样，体育文化也改造和创造着环境，只是这一环境并非外在的自然环境，而是人类自我的个性生理环境，乃至社会群体的生理、心理环境，体育文化在不断地创造和赋予新的意义和价值，如公平、拼搏、凝聚力、感染力和号召力等。此外，竞技体育对推动经济增长具有十分重要的作用，其可以派生各种相关产业，促进经济腾飞。如 2008 年北京奥运会对中国各相关产业的影响，2022 年北京冬奥会将对相关产业和京津冀经济带来的影响等。

（二）大众体育文化的价值

在人类文明的进程中，人类出于各种需要，对生存、发展、享受的追求和关注一刻也没有停止过，而大众体育文化在促进人类健康和全面发展方面推动力最大，影响最为广泛也最为深刻。这是因为大众体育文化给人类带来快感和美感，并给社会带来健康和活力。无论是中国的大众体育文化，还是西方的大众体育文化，都能够促进人的全面发展和社会的和谐发展。

（三）中国传统体育文化的价值

中国传统体育文化历史悠久、博大精深，也是中华民族自强不息的象征。自古以来中国传统体育都是围绕"养生"开展的，目标是排除身体内部的浊气、吸取真气，使五脏通达、六腑调和，从而达到人与自然的融合。中国传统体育文化在体育形态上强调整体观和意念感受，动作大多简单而内涵深刻，很少有强烈的肌肉运动。随着中西方文化的交流，中国传统体育文化的这种注重整体修炼和内在和谐的运动观念，越来越受到追捧，其正在和现代科学相结合，形成新的独特风格而走向市场。

第二节 奥林匹克体育文化

一、古代奥林匹克运动会

第一届古代奥林匹克运动会（简称"奥运会"）于公元前776年举行，到公元394年共举行了293届。古代奥运会每隔4年举行一届，后来由于古希腊的衰亡与古罗马帝国的禁止而终结。古代奥运会虽然衰亡了，但是它给人类社会留下了宝贵的精神财富，在世界文化和体育历史上有极其深远的影响。

（一）古代奥运会的起源

古代奥运会起源于古希腊。古希腊是一个神话王国，民间流传着很多与古代奥运会相关的神话故事，为古代奥运会披上了一层神秘的面纱。流传较广的有以下三则童话。

1. 父子之战

传说宙斯的父亲克罗诺斯武艺超人、力大无比，他想把王位传给宙斯，但是要先考察一下儿子的本领。克罗诺斯经过一番深思熟虑之后，决定采用比武的方式，约定如果宙斯赢了自己，就把王位传给他。经过几天的鏖战，父子之间斗智斗勇，最后克罗诺斯被儿子宙斯打败。为了庆祝这次比武胜利，宙斯下令举行盛大的庆典，体育比赛也作为这一盛大庆典的重要部分而同时举行。万神之首的宙斯也就成为神话中古代奥运会的创始人。

2. 雅典橄榄树

相传在远古时代，智慧女神雅典娜和海神波塞冬都想用自己的名字来命名一座不知名的山城，因此两人发生了争执，最后宙斯提议：谁能给人类一件最有用的东西，这座城邑就用谁的名字来命名。雅典娜和波塞冬都接受了这个建议。波塞冬给了人类一匹毛色雪白的天马，他说："请看，这就是我的赐物，它能耕地、拉东西，会给人类带来很多财富。"

雅典娜则用手中的长矛往地下一插，不一会儿就长出一棵枝繁叶茂、硕果累累的橄榄树。她对诸神说："这棵树全身对人类都有用。它的果实既可以食用，又可以酿酒、榨油；它的树身不但能作为药材，还能提炼香料、用作照明。这树必将给人类带来和平和丰收，是健康与强壮的象征、幸福与自由的保证。难道这座城邑不该用我的名字命名吗？"于是，在宙斯的赞许下，这座城便以雅典娜的名字命名，后来这座山城演变为今天希腊的首都——雅典。雅典娜送给人类的橄榄树，为人类带来了希望和食物。在古希腊的奥林匹亚，由于食物不足，橄榄和葡萄作为补充食物在当地人的生活中占据了重要位置。所以相传在奥林匹亚，每当橄榄和葡萄丰收的时候，人们就会聚集在一起庆祝来之不易的丰收，他们表演节目，同时举行各种体育比赛，如赛跑、角力、掷铁饼等。为了防止暴晒使肌肉美观发亮和富有弹性，运动员在身上涂抹橄榄油。后来这个古希腊运动会逐步演变成每四年一次的古代奥运会。

3. 珀罗普斯娶亲

关于古代奥运会的起源，流传最广的是珀罗普斯娶亲的故事。古希腊伊利斯国王为了给自己的女儿挑选一个文武双全的夫婿，提出应选者必须和自己比赛战车，输者会被国王用长矛刺死。比赛中，先后有13个青年丧命于国王的长矛之下，而第14个青年正是宙斯的孙子、公主的心上人珀罗普斯。在爱情的鼓舞下，珀罗普斯勇敢地接受了国王的挑战，最后终于以智取胜。为庆祝这一胜利，珀罗普斯与公主在奥林匹亚的宙斯神庙前举行了盛大的婚礼，婚礼上安排了战车、角斗等比赛，这就是最初的古代奥运会。珀罗普斯成了传说中古代奥运会的创始人。

(二) 古代奥运会"圣火"

"圣火"一词起源于古希腊的神话。传说大力神普罗米修斯为解救饥寒交迫的人类，瞒着宙斯到太阳神阿波罗处偷取火种带到人间，而火种到了人间后就再也收不回去了。宙斯只好规定，在燃起圣火之前，必须向他祭祀。于是古代奥运会开幕前必须举行隆重的点火仪式，由祭司从圣坛上点燃奥林匹克之火，所有运动员一起向火炬奔跑，最先到达的三名运动员将高举火炬跑遍希腊，传谕停止一切战争，开始四年一度的奥运会。火炬像一道严格的命令，有至高无上的权力，火炬传到哪里，哪里的战火就熄灭了，即使是正在激烈厮杀的双方也都纷纷放下武器。普罗米修斯的"圣火"带给人类的不仅仅是物质的火种，更给予人类勇敢、坚强、博爱、无私的精神。

二、现代奥林匹克运动

(一) 现代奥林匹克运动的诞生

1889年，现代奥林匹克运动的创始人顾拜旦代表法国参加在美国波士顿举行的国际体育训练大会，进一步了解了世界体育的动态，认为近代体育的发展正在走向国际化，应该借助古希腊体育的传统和经验来推进国际体育的发展，于是产生了复兴奥运会的想法。

1894年6月16日，在巴黎大学索邦神学院的礼堂，来自法国、英国、美国、希腊、俄国、意大利、比利时、瑞士、荷兰等国家的代表齐聚一堂，召开国际体育运动代表大会，会议通过了顾拜旦提出的复兴奥林匹克运动会的提议，一致决定每四年举行一次奥运会。会议通过了成立国际奥委会的决议，并决定于1896年在雅典举办第一届现代奥运会。

（二）现代奥林匹克文化

1. 奥林匹克标志

奥林匹克标志是由《奥林匹克宪章》确定的，也被称为奥运五环标志。它由5个奥林匹克环套接组成，环从左到右互相套接，上面是蓝环、黑环、红环，下面是黄环、绿环。整个造型为一个底部小的规则梯形。奥林匹克标志象征五大洲和全世界的运动员在奥运会上相聚一堂，充分体现了奥林匹克主义的内容：所有国家和所有民族的奥林匹克大家庭。

2. 奥林匹克思想体系

奥林匹克思想体系包括奥林匹克宗旨、奥林匹克主义、奥林匹克精神、奥林匹克格言及奥林匹克新格言等。

（1）奥林匹克的宗旨。通过没有任何歧视、具有奥林匹克精神的体育活动来教育青年，从而为建立一个和平的、更美好的世界做出贡献。

（2）奥林匹克主义。将身、心和精神方面的各种品质均衡地结合起来，并使之得到提高。

（3）奥林匹克精神。相互理解、友谊长久、团结一致和公平竞争的精神。

（4）奥林匹克格言。更快，更高，更强。

（5）奥林匹克新格言。更干净，更人性，更团结。奥林匹克新格言代表新世纪奥林匹克运动以人为本、公平竞争和文明、团结、进步的前进方向。

3. 奥林匹克文化的价值

现代奥运会经过一百多年的发展，已经成为世界上最广泛的社会文化现象。现代奥林匹克文化是对古代奥林匹克文化的继承和发展。古希腊的竞技运动受到社会各界的广泛支持和尊重。竞技场上的优胜者不仅获得橄榄桂冠、棕榈花环和塑像等奖励，更重要的是他们像英雄一样受到故乡人民的崇拜。现代奥林匹克文化则要求锻炼者在身体健美、均衡和体态端正的基础上，达到意志品质高尚、身心尽善尽美的境地，并与艺术相结合。这种深入的心灵美，是一种更高层次的体育文化的理性价值。

奥林匹克的格言是"更快、更高、更强"，新格言是"更干净，更人性，更团结"，它激励运动员奋发向上、超越自我，向着更高的目标迈进；而运动员们勇于克服各种艰难险阻，付出辛勤的汗水去争取胜利的意志和品质，对所有人而言都是一种启迪。

（三）现代奥林匹克组织体系

现代奥林匹克的组织体系包括国际奥委会、国际单项体育联合会和各个国家或地区的奥委会。它们之间互相配合，相辅相成，保证着奥林匹克运动的正常运行。

国际奥委会是奥林匹克运动的最高权力机构，具有法人地位，其任务是按照《奥林匹克宪章》组织奥林匹克运动的各项工作并做出最终决定。

国际单项体育联合会主要负责它所管辖的运动项目的技术和行政管理方面的工作，制定并推行该运动项目的规则并保证该项目在全世界的开展；制定奥运会参赛标准，负责本项目的技术监督和指导等。

各个国家或地区的奥委会是奥林匹克运动的基本功能单位。国际奥委会和国际单项体育联合会组织的各项奥运会活动，最终都要由各个国家或地区的奥委会承担、执行和完成，因而担负着依据《奥林匹克宪章》在各自国家或地区发展和维护奥林匹克运动的责任。

三、中华民族奥运之路

（一）清政府不知"奥运"为何物

1894年，即国际奥林匹克委员会成立的那一年，国际奥委会通过法国驻华使馆给当时的清政府发出邀请信，邀请中国派运动员参加1896年将在希腊雅典举行的第一届现代奥林匹克运动会。可是清政府没有一个人弄清"奥运"究竟为何物，更谈不上派人参加了。

（二）1919—1949年奥运会"零"的记录

1919—1949年，中国从未在世界性体育大赛中拿到过一块奖牌。1924年，中华体育协会成立，1928年，中国获准参加在荷兰阿姆斯特丹举行的第9届奥运会，但由于准备不足，国民党政府只派了宋如海一人作为观察员出席而未参赛。此后，国民党政府曾派选手参加第10届、第11届、第14届奥运会。

1936年，第11届奥运会在柏林举行，国民党政府派出69名运动员参赛，除符保卢撑竿跳高进入复赛外，其余选手在各项初赛中即被淘汰。

1948年，第14届奥运会在英国伦敦举行。国民党政府派出33名运动员参赛，各项均未进入决赛。

（三）中华人民共和国进入国际奥运会

1949年，中华人民共和国成立。1952年，第15届奥运会在芬兰的赫尔辛基举行，我国派出了40人的代表团。1954年，中国在国际奥运会的合法席位得到确认，然而由于国际奥委会同时承认"台湾"的席位，违背了奥林匹克宪章规定的"一个国家只能有一个国家奥委会"原则，中国队提出抗议并退出第16届奥运会。1958年，中国正式退出国际奥运会。

1979年，随着中国国际地位的提高和国际形势的变化，中国奥委会向国际奥委会提出了解决中国在国际奥委会的合法席位问题的建议。同年的11月26日，国际奥委会经全体委员表决，以62票赞成、17票反对、2票弃权，通过了国际奥委会执委会在名古屋做出关于中国代表权的决议，决议指出，确定中华人民共和国奥林匹克委员会的名称为"中国奥林匹克委员会"，使用中华人民共和国的国旗和国歌；设在中国台北的奥委会名称定为"中国台北奥林匹克委员会"。

（四）辉煌的篇章

1984年，第23届奥运会在美国洛杉矶举行，中国在重返国际奥委会后首次派出了由

225名运动员组成的大规模代表团参加了本届奥运会，标志着我国全面登上奥林匹克舞台。在该届奥运会上，中国代表团共获得15金、8银、9铜，金牌数列第四位。其中，许海峰在男子自选手枪射击比赛中夺冠，为我国实现了奥运会金牌零的突破；吴小旋获得女子标准步枪3×20项目冠军，成为中国奥运史上获得金牌的女子第一人；中国女排在直落三局的情形下击败东道主美国队，夺得中国在奥运会上的第一枚"三大球"金牌，鼓舞了全国人民。这届奥运会是我国奥运辉煌篇章的起点，之后中国在奥运赛场上一直不断突破。

2001年7月13日，在莫斯科召开的国际奥委会第112次全会上，经过国际奥委会委员两轮投票，北京赢得了2008年第29届夏季奥运会主办权。

2008年我国成功举办了第29届奥运会，主办城市为北京，协办城市为上海、天津、沈阳、秦皇岛、青岛、香港等，共有204个国家及地区参赛，参赛运动员达11 438人，共创造43项新世界纪录及132项新奥运纪录，有87个国家和地区在赛事中取得奖牌。在北京奥运会上，中国派出了由639名运动员组成的有史以来人数最多的中国代表团，中国选手也创造了中国代表团有史以来最好的奥运成绩，以51金、21银、28铜的成绩排名金牌榜首位，是奥运历史上首个登上金牌榜首的亚洲国家。

2015年7月31日下午，国际奥委会第128次全会在马来西亚吉隆坡投票决定，将2022年冬奥会举办权交给北京，14亿中国人民又将再次拥抱奥林匹克运动，续写我国奥林匹克运动的辉煌篇章。

第三节　校园体育文化

一、校园体育的目的和任务

学校是培养人才的场所，强身健体是校园体育最基本的目标。在我国，校园体育既与竞技体育和社会体育三位一体，组成完整的体育系统；又与德育和智育有机结合，构成学校教育的主要内容。

（一）校园体育教育的目的

校园体育教育的目的是为社会主义现代化建设培养德、智、体、美、劳全面发展的人才，使学生的身心得到全面和健康的发展，以更好地完成学校的学习任务，将来更好地建设祖国和服务社会。

（二）校园体育教育的任务

为了能够达到校园体育教育的目的，校园体育应该完成以下四个任务。

（1）全面锻炼学生的身体，促进其身体形态结构、心理和生理机能的健康发展，提高其身体素质和基本的体育活动能力，提高其对外界环境的适应能力。

（2）使学生掌握关于体育和健康的基础知识，学会锻炼身体的技能与方法，掌握部分体育项目的基本技术，并能运用所学知识进行自我调控、自我检测和自我评价，为其终身健身奠定良好的基础。

（3）对学生进行爱国主义和集体主义教育，培养其积极乐观、顽强拼搏的精神和团队合作意识，使其能正确对待个人和集体的成功与失败；树立现代体育意识，把健康与学习、生活和自身发展等联系起来，提高对体育的兴趣和对体育比赛的欣赏能力，养成积极参加体育锻炼的习惯。

（4）发展学生的体育才能，提高学生的运动竞技水平。学校是培养人才的场所，应在普及体育教育的基础上对部分体育基础较好并具有一定专项运动才能的学生，进行课余的专项体育训练，进一步增强他们的体质，为国家培养和输送体育后备力量。

二、校园体育的组织形式

校园体育的组织形式主要包括体育课程教学、课外体育活动、课余体育训练和课余体育竞赛等。

（一）体育课程教学

体育课程教学是学校实施体育教育最主要的组织形式，是学校教学计划中所规定的必修课程，既是校园体育教育工作的中心环节，又是实现校园体育教育目标的基础和基本途径。它是协助其他环节完成学生的美育、实践能力培养等的教育行为。

体育课程教学分为理论课教学和实践课教学两部分。

1. 理论课教学

理论课教学是根据体育理论教材，按教学计划和课时进度，系统地向学生传授体育科学知识和体育实践方法，加强学生对体育的理性认识，加深学生对体育文化内涵的理解，使学生形成体育锻炼的意识，树立终身体育锻炼的观念。

2. 实践课教学

实践课教学是以身体练习为基本手段，以教师为主导、学生为主体专门开设的体育教学，是高校实现体育教育目标的基本组织形式。教师在教学过程中，除了要建立正常的教学秩序外，还要充分调动和发挥学生主体的能动性。因为学生在学习过程中只有以接受一定的运动负荷为前提，通过体力和智力的共同作用，才能达到塑造自己的体格和体能的目的。

（二）课外体育活动

课外体育活动是实现校园体育教育目标的重要组成部分，实际上也是体育课的延续和补充。它是将课上所学的技术和技能在课外加以具体运用与实践。课外体育活动包括早操、课间活动、课外体育锻炼、全校运动会等。下面简要介绍一下早操和课间活动。

1. 早操

早操是指学生每天早上起床后到室外做操或进行一般性的身体活动，也叫晨练。早操既是大学生合理的作息制度的组成部分，又是学校正常教学秩序的重要环节。

早操时间一般以 15~20 min 为宜，因为上午要上课，活动量不宜太大。其内容多为广播体操，也可以是健身跑、打拳、健美操和进行各种身体素质练习等。组织形式应为集体和个人活动相结合。

学生坚持做早操，不仅是锻炼个人意志，养成良好的生活习惯，促进身心健康的有效措施，而且是学生每天从事学习的一项准备活动。出早操，可以消除大脑一夜的抑制状态，激活机体的生理机能，促进形成良好的生理和心理状态，以充沛的精力和饱满的情绪投入一天的学习生活。

2. 课间活动

课间活动是指在文化课下课后，利用课间休息时间在教室周围做的轻微身体活动。这是一种积极的休息方式，为下一堂课的学习注入新的活力和精力，可以提高学习效率。

（三）课余体育训练

课余体育训练是在群众性体育活动普及基础上，对部分热爱体育运动、身体素质好又有专项运动特长的学生进行的系统体育训练，是普及、贯彻与提高相结合的一项重要措施。

课余体育训练的目的是提高竞技运动水平，既是为参加不同层次比赛储备人才，又是为学校培养体育骨干，以便指导和推动群众性体育活动的开展。

对于学校来说，课余体育训练必须根据学生的年龄特点、运动基础、生理和心理制定专门的训练计划，遵循运动训练原则，采用科学训练方法，确保学生在增强体质的基础上，提高运动技术水平和运动成绩。

（四）课余体育竞赛

竞争是体育竞赛的基本特征。体育竞赛既可以培养学生的竞争意识，又符合学生竞争心理的需求，所以体育竞赛是推动学校群众性体育活动开展的有效组织形式，能起到宣传、教育和鼓励的作用。

通过体育竞赛，可以检查校园体育教学、体育锻炼和运动训练的效果。比赛的宗旨是育人，通过体育比赛增进人与人之间的交流，起到振奋士气、鼓舞人心、增进才智和增强体质等作用，有利于人才成长。

三、校园体育文化的内涵

校园体育文化是指在学校这一特定的范围内所呈现的一种特定的体育文化氛围，它是学校的师生员工在体育课程教学、课外体育活动、课余体育训练、课余体育竞赛等活动中形成和拥有的体育观念和体育意识，以及与体育相关的物质实体。它是以学生为主体，以课外体育文化活动为主要内容，以校园为主要空间，以校园精神为主要特征的一种群体文化。校园体育文化是一种具有深刻内涵和丰富外延的独特社会文化现象，它和德育、智育、美育文化等一起构成校园文化群，又与竞技运动文化、大众体育文化组成广义的体育文化群。这种特定的文化氛围是和学校的培养目标、校风校纪、生活方式等内容相联系的。

校园体育文化包括很多内容，主要有：校园体育精神文化层，如大学体育价值观念、体育意识、体育精神、体育道德等；校园体育制度文化层，如体育规章制度、体育教学、课余体育活动等；校园体育物质文化层，如体育场馆、体育器材、体育雕塑等和体育有关的物质实体。

四、校园体育文化的功能

校园体育文化作为一种群体文化，是学校在长期的教学实践过程中逐步形成的，更是在广大师生直接参与和精心培养下发展起来的。它对改善学生的智力结构，提高学生的积极性、主动性和创造性，促进体育教育改革的深入发展具有特殊的地位和作用。

（一）身心俱健功能

世界卫生组织对人的健康定义为：健康不仅指身体无疾病，还要有完整的心理、生理状态以及社会适应能力良好。大学师生进行体育活动最基本的目标是追求健康，因此身心俱健是校园体育文化的最基本功能。

健康是人生发展的基本要素，人所有的成就和财富都始于健康的身体和心理。2019年7月国务院印发《国务院关于实施健康中国行动的意见》，指出人民健康是民族昌盛和国家富强的重要标志，预防是最经济最有效的健康策略。强化政府、社会、个人责任，加快推动卫生健康工作理念，服务方式从以治病为中心转变为以人民健康为中心，建立健全健康教育体系，普及健康知识，引导群众建立正确健康观，加强早期干预，形成有利于健康的生活方式、生态环境和社会环境，延长健康寿命，为全方位全周期保障人民健康、建设健康中国奠定坚实基础。

达到身体健康和心理健康不但是为自己负责，也是对国家的一种责任。通过校园体育文化，可以不断地在体育运动中体验情绪多样性，对意志品质、协作能力、心理疏导、激励凝聚等起到作用，从而帮助师生发展健康身心。

（二）推动校园文化发展

1. 体育文化是校园文化的重要组成部分

校园体育文化是营造学校人文气息和文化氛围的重要内容，是校园文化的重要组成部分。大学校园的人文气息和文化氛围深深地影响着一代代学生，弘扬"奋斗""进取"的办学精神，对提升学校的办学层次和办学水平，具有十分重要的作用。在营造良好的校园人文氛围、促进学生健康成长中，体育扮演着十分重要的角色；在推动校园文化和精神文明建设中，高校校园体育文化发挥了不可替代的作用。

公平竞争、团结协作、自强不息、自信是体育精神的精髓，它以其特有的力量与作用对学生的身心健康发展产生强大的潜移默化的影响，更成为校园文化对内、对外展示的窗口。"更快、更高、更强""团结、友谊、进步""重在参与""公平竞争"等体育运动精神，其魅力就深藏在体育文化的底蕴之中。体育及体育文化是校园文化中最活跃、参与人数最多、开展最广泛、持续时间最长、对人产生极其深远影响的文化活动。

2. 体育文化节是建设校园文化的主要形式

如今，举办体育文化节已成为校园文化必不可少的一部分，也成为高校弘扬体育精神，倡导人文关怀的窗口，成为广大学子施展个人才华、发挥各自特长的广阔舞台。通过体育文化节活动，能在学校范围内营造健康文明、团结向上、竞争有序的校园文化氛围。

体育文化节融体育知识、体育游戏、体育表演、体育比赛、体育征文、体育绘画、体育摄影等多种体育相关活动为一体，以体育活动为载体，为师生提供一方舞台，以公平竞争、团结协作、拼搏进取为宗旨，以健康、快乐、文明为目标，培养师生的体育道德素养。体育节具有浓厚的节日气氛，能提高学生的兴趣，吸引广大学生积极参与。体育文化节能使学生体会到，体育不仅仅是一种锻炼身体、增强体质的手段，更是一种享受、一种快乐、一种体验。

（三）促进大学生人文素质教育

人文素质教育是以塑造人的精神境界、人格品位乃至民族精神为主要内容的教育。校园体育文化是维系学校团体的一种精神力量，在培育校园精神，促进精神文明建设，营造学校人文气息和人文氛围中起重要作用，对育人、娱乐、美育、社会实践、价值导向、陶冶情操等方面均起到作用，因此，要充分利用体育文化资源，以人为本，让师生通过参与校园体育文化活动，去了解社会、接触社会，培养团结协作、顽强拼搏、勇敢进取、尊重事实、崇尚理性的精神，促进素质教育的全面贯彻实施。

思考题

1. 体育文化和校园体育文化的概念分别是什么？
2. 体育文化的价值包括哪些内容？
3. 简述我国的奥运之路。
4. 举例说出你认识的中国奥运冠军，并选出你最喜欢的一个奥运冠军进行介绍。
5. 校园体育文化的作用有哪些？

参考文献

[1] 陈万章. 大学体育与健康 [M]. 北京：北京体育大学出版社，2004.

[2] 陈志勇. 现代大学体育教程 [M]. 修订版. 北京：北京体育大学出版社，2013.

[3] 刘忆湘. 体育与文化 [M]. 武汉：武汉理工大学出版社，2010.

[4] 赵学森，蒋东升，凌齐. 体育文化与健康教育 [M]. 北京：北京理工大学出版社，2015.

运动与健康

学习目标

1. 了解健康的概念及衡量健康的标准。
2. 了解影响健康的因素。
3. 了解亚健康的概念及其临床症状。
4. 了解体育锻炼对健康的促进作用。
5. 了解体适能概念、分类和基本锻炼方法。

第一节 健康和亚健康

健康是人类追求的永恒目标，拥有健康才可以享受生活，以往人们认为"健康就是没有疾病"，然而随着科技的发展、社会的进步，对于健康的定义已不仅仅局限于身体的健康。

一、健康的概念

1. 世界卫生组织对健康的定义

1948年，世界卫生组织（WHO）在其宪章中明确指出："健康不仅仅是免于疾病和衰弱，而应该是保持身体上、精神上和社会适应能力等方面的完好状态。"将人类的健康与生理、心理及社会因素联系在一起。

这个定义包括三层含义。

（1）躯体健康。躯体健康是指躯体的结构完好，功能正常。

（2）心理健康。心理健康又称精神健康，指人的心理处于完好状态，包括能正确地认识自我、正确地认识环境、及时适应环境等。

（3）社会适应能力良好。社会适应能力良好是指个人的能力在社会系统内得到充分发挥，个体能够有效地扮演与其身份相适应的角色，个人的行为与社会规范和谐一致。

1989年，世界卫生组织对健康的概念又进行了重新定义，提出健康应包括躯体健康、心理健康、社会适应良好和道德健康，这就是所谓的四维健康观念，如图2-1所示。

图2-1 四维健康观念

2. 美利坚大学的国家健康中心对健康的定义

继四维健康观之后，美利坚大学的国家健康中心提出了一个与其类似的健康定义，即健康是人在适应环境后所达到的一种生命质量，个体只有在身体、情绪、智力、精神和社会各方面达到完美状态时，才称得上真正的健康。这种健康观又称健康五要素，如图2-2所示。这种观念将人们对健康的认识提到了一个新的高度，并为世界各国学者广泛接受。

图2-2 健康五要素

（1）身体健康。身体健康不仅包括无病，而且还包括体能良好。体能是一种能满足生活需要和有足够能量完成各种活动的能力，具备这种能力，可以预防疾病，提高生活质量。

（2）情绪健康。情绪涉及我们对自己和他人的感受，情绪健康的主要标志是情绪稳定，所谓稳定是指个体应对日常生活中人际关系和环境压力保持平衡的心理状态，无太大情绪波动。当然，生活中偶尔有情绪波动是正常的，关键是生活中的大部分时间要保持情绪稳定。

（3）智力健康。智力健康是指具有认识、理解客观事物，并运用知识、经验等解决问题的能力，包括记忆、观察、想象、思考、判断等。

（4）精神健康。精神健康是指能够认识自己的潜力，应对正常生活压力，以及关心和尊重所有生命。对于不同宗教、文化和国家的人来说，精神健康的内容也有所不同。

（5）社会健康。社会健康是指个体能与他人及社会环境相互作用形成和谐的人际关系和社会角色。社会健康使人们在人际交往中充满自信和安全感，进而减少烦恼，保持心情愉快。

值得注意的是，健康的五个要素相互联系，相互影响，例如，身体不健康会导致情绪不健康，心理不健康会导致身体、情绪和智力不健康。因此，只有每一个健康要素平衡地发展，人们才能真正健康、幸福地生活。

二、衡量健康的标准

世界卫生组织在给健康下定义时并未给出量化的标准，由于发展时期、地域、种族、年龄、性别、职业等因素的不同，衡量健康的具体标准也会有所不同。所以说，健康没有确切的概念和具体的指标，只是对个体在不同时间和空间的状态的描述。可见，衡量健康的标准是很广泛的。

近年来，为了便于普及健康知识，世界卫生组织提出了衡量人体健康的10条标准。

（1）精力充沛，能从容应对日常生活和工作。

（2）处事乐观，态度积极，乐于承担责任。

（3）善于休息，睡眠质量好。

（4）应变能力强，能适应各种环境的变化。

（5）对一般传染性疾病（如感冒）具有一定的抵抗力。

（6）体型匀称，体重适当，身体各部分比例协调。

（7）眼睛明亮，思维反应敏捷。

（8）牙齿清洁，无损伤，无病痛，齿龈无出血。

（9）头发有光泽，无头屑。

（10）走路轻松，肌肉、皮肤富有弹性。

人们在日常生活中也形成了一些关于健康的标准，实际上这些标准是对世界卫生组织提出的标准的延伸。

（1）胃口好，进餐适量，不挑剔食物。

（2）排泄顺畅，肠胃功能良好。

（3）能很快入睡，且睡眠程度深，醒后精神饱满，头脑清醒。

（4）语言表达正确，说话流利。

（5）行动自如、敏捷，精力充沛。

（6）性格温和，意志坚强，感情丰富，具有坦荡的胸怀与达观的心境。

（7）具有良好的处世能力，看问题客观、理性，具有自我控制能力。

（8）能适应复杂的社会环境，对事物的变化保持良好的情绪，保持社会外环境与机体内环境的平衡。

（9）具有良好的人际关系，待人接物大度、和善，不过分计较，助人为乐，与人为善。

现代健康观揭示了人体的整体性以及人体与自然环境和社会环境的统一。人类对疾病的预测从对个体的诊断延伸到对群体乃至整个社会的健康评价，而对健康的评价标准由单纯的生物标准扩展到心理、社会标准。

三、影响健康的因素

20世纪70年代,加拿大学者从预防医学的角度提出了影响健康的四大主要因素,即行为与生活方式、生活环境、生物学和医疗卫生服务。

(一)行为与生活方式因素

行为与生活方式因素是指人们自身的行为和生活方式给个人、群体乃至社会的健康带来直接或间接的影响,这种影响具有潜伏性、累积性和广泛性。

国内外大量研究表明,在现代社会里,不良的生活方式和有害健康的行为习惯已经成为危害人们健康、导致疾病的主要原因,包括抽烟、酗酒、暴饮暴食、过多摄入脂肪和糖分等不健康的饮食生活方式,娱乐活动不规律、睡眠不足、电子游戏成瘾等不健康的休闲方式,缺乏运动或不运动,以自我为中心、孤独、抑郁、嫉妒和自私等不健康的心理状态,等等。这些不良生活方式和有害健康的行为习惯是致使高血压、冠心病、糖尿病等"现代生活方式病"的患病率不断增高的主要原因。1992年,世界卫生组织在《维多利亚宣言》中指出,健康的四大基石是合理膳食、适量运动、戒烟和限制饮酒、心理健康。

(二)生活环境因素

生活环境因素可分为物理性因素(如环境气候和空气质量等)和社会性因素(如科技发展、家庭环境、工作环境、人际关系和经济收入等),它们从不同的角度影响着健康。

现代建筑不断向高空发展,人们居住在这些与新鲜空气和阳光隔绝的建筑物中,与大自然的距离越来越远,加上城市工业化导致淡水污染、空气中的二氧化碳和二氧化硫等有害物质不断增长、植被减少,以及酸雨、黑风暴、沙尘暴频繁发生,致使生活环境日益恶化,严重危害了人类的健康。城市交通、通信联络工具的现代化,方便了人们的生活,但也减少了人们走路锻炼的机会。先进的电器化设备代替了传统的家务劳动。由于饮食构成的改善,脂肪和肉类的摄入量增加,人们从食物中提取的热量越来越多。此外,整个社会生活的节奏大大加快,人们经常处于紧张状态之中,精神上承受着很大的压力。生活环境和生活方式的急剧变化,造成了现代人的机体结构和机能与生活环境之间产生不平衡。

(三)生物学因素

生物学因素包括生物遗传因素和细菌、寄生虫等病原微生物因素。

遗传是指自然生物通过一定的生殖方式,将遗传物质从上一代传给下一代的生物现象。在遗传物质传给后代的同时,也把亲代的许多隐性或显性的疾病传给了后代。生物遗传因素直接影响人类健康,它对人类诸多疾病的发生、发展及分布具有决定性影响。

近期的研究表明,遗传倾向不仅在普遍认为的先天性缺陷或遗传性疾病中起着重要作用,而且在后天的常见病,如冠心病、高血压、糖尿病、某些癌症和常见的精神障碍中也起着重要作用,遗传因素可能会使这些疾病提前发生。例如,最常见的阿尔茨海默病,就是在家族中遗传的。

病原微生物是引起传染病发生的首要条件。由于微生物学、生物化学及相关学科的不断发展,人们普遍认为一些传染病已经被消灭,而余下的传染病也可通过免疫和抗生素得到控制。但 20 世纪末，人们惊讶地发现，致病细菌显示出明显的抗药能力和适应环境变化的能力，传染病再度成为人类健康的主要危害。

（四）医疗卫生服务因素

医疗卫生服务是卫生医疗机构和专业人员为了达到预防疾病、促进健康的目的，运用卫生医疗手段向个人、群体和社会提供必要服务的过程。医疗卫生服务因素指的是医疗卫生系统中影响健康的因素，涉及预防、医疗及康复等方面，包括医疗水平低、误诊、漏诊、医务人员数量少、质量差、初级卫生保健网不健全、重治疗轻预防、医疗资源分布不均、康复机构缺乏和医患关系不良等。

四、关于亚健康状态

世界卫生组织（WHO）认为，亚健康状态是健康与疾病之间的临界状态，又叫第三种状态或灰色状态，是指机体在内外环境不良刺激下引起心理、生理发生异常变化，但尚未表现出明显的病理反应的状态。

从生理学角度讲，亚健康状态是指人体各器官功能稳定性失调，但没有引起器质性损伤，医学检查时各项指标均无明显异常，医生无法做出明确诊断。在这种状态下，人体机能和免疫功能已经有所下降，容易患病，但若及时调控，则可恢复健康状态。

（一）亚健康的症状

亚健康在临床常被诊断为疲劳综合征、内分泌失调、神经衰弱和更年期综合征等，在心理上的表现为精神不振、情绪低落、反应迟钝、注意力不集中、记忆力减退、遇事紧张、失眠、烦躁、焦虑和易惊等，在生理上的表现为疲劳乏力、胸闷气短、活动时气短、出汗多和腰酸腿疼等。

此外，亚健康状态基本上是由机体组织结构退化（老化）及生理功能减退所致，因此，目前也将人体衰老表现列入亚健康状态。

那么，造成亚健康的原因是什么呢？

（1）过度疲劳。过度疲劳造成的精力和体力透支，形成疲劳综合征，同时也可能导致内分泌失调。随着生活和工作节奏的加快，各种竞争日益激烈，使得人们用脑过度，身心长期处于超负荷紧张状态，造成人体内脏功能过度损耗、机能下降，从而出现亚健康状态。

（2）人的自然衰老。人体成熟以后，大约从 30 岁开始衰老，女性更年期就是衰老的表现之一。这时人体器官逐渐老化，人体虽然没有病变，但已经不完全健康了，这种状态也属于亚健康状态。

（3）重病恢复期及慢性病发病前期。疾病治愈后的恢复期和慢性疾病发病前期，虽然理论上并未生病，实际上机体仍处在或已经处在病变状态，因此很可能处于亚健康状态。

（4）人体生物周期中的低潮时期。人的体力、精力、情绪都有一定的生物规律，即使是一个健康的人，也会规律性地出现高潮期与低潮期。在低潮时，人体很可能会处于亚健康状态。

（二）亚健康状态自测

由于亚健康状态是介于健康状态和疾病状态之间的一种游离状态，所以对于亚健康状态的诊断很难界定。

对此，有专家罗列出30种亚健康状态的症状以供人们自我检测。如果在以下30项症状中，有6项或6项以上状况符合，则可视为亚健康：精神焦虑，紧张不安；忧郁孤独，自卑郁闷；注意力分散，思维肤浅；遇事激动，无事自烦；健忘多疑，熟人忘名；兴趣变淡，欲望骤减；懒于交际，情绪低落；常感疲劳，头晕眼胀；精力下降，动作迟缓；头昏脑涨，不易复原；久站头晕，眼花目眩；肢体酥软，力不从心；体重减轻，体虚力弱；不易入眠，多梦易醒；晨不愿起，昼常打盹；局部麻木，手脚易冷；掌腋多汗，口干舌燥；自感低烧，夜常盗汗；腰酸背痛，此起彼伏；舌生白苔，口臭自生；口舌溃疡，反复发生；味觉不灵，食欲不振；反酸嗳气，消化不良；便稀便秘，腹部饱胀；易患感冒，唇起疱疹；鼻塞流涕，咽喉疼痛；憋气气急，呼吸紧迫；胸痛胸闷，有压迫感；心悸心慌，心律不齐；耳鸣耳背，晕车晕船。

第二节　体育锻炼与健康促进

体育与健康是两个不同的概念，但它们之间存在着内在的必然联系。我们可以从体育与健康各个要素的关系，来思考体育与健康的关系。

一、体育锻炼促进身体健康

良好的体质是促进身体健康的有效保证，体质是指有机体在遗传变异和后天获得的基础上所表现出来的综合的、相对稳定的特征，是人的运动能力、劳动工作能力乃至全部生命活动的物质基础，而体育锻炼是增强体质最直接、最有效的手段。

（一）体育锻炼对身体形态结构的作用

身体形态结构主要由先天遗传因素决定，但是后天因素对形态结构的影响也是不容忽视的。我们可以将人体生命的全部过程大致分为四个时期，即婴幼儿时期、童年时期、青少年时期和中老年时期。不同时期生长发育的速度不同，而且每个人在相同时期的发育速度也是不同的。也就是说，虽然总的发育规律不可改变，但变化的速度却可以控制。

青少年时期是人体生长发育的最佳时期，也是人的体型、体力和健康奠定的关键时期。此时，后天因素对机体的影响比任何时期都大。实践证明，经常参加体育锻炼对身高、体重、围度（如胸围、大小腿围等）等指标的可塑程度为50%~70%。

（二）体育锻炼对生理机能的作用

人体是一个完整、统一的有机体，由不同的器官构成，按功能可分为神经系统、呼吸系统、血液循环系统、消化系统和运动系统等。体育锻炼可对人体各个系统产生影响，促进机体全面发展。

1. 体育锻炼对神经系统的作用

神经系统由中枢神经系统和周围神经系统组成，体育锻炼可以改善神经系统的功能。

（1）体育锻炼可以提高人体对刺激的反应速度。体育锻炼的项目种类繁多、技术复杂，越是对抗性和技术性强的运动越能有效地强化细胞的生理功能，使神经细胞的兴奋强度、反应速度、兴奋抑制转换的灵活度及均衡度得到提高。

（2）体育锻炼有助于增强记忆力，提高大脑工作效率。经过长时间的思考学习，专管学习的神经细胞群会产生疲劳感，进而由兴奋转为抑制。在此时进行体育锻炼，专管运动的神经细胞开始兴奋，而其他细胞群可以得到良好的休息，使头脑更清醒，思维更敏捷。

（3）体育锻炼可以帮助改善神经衰弱。经常从事体育锻炼可以使大脑皮质兴奋增强、抑制加深，且兴奋和抑制都更加集中，进而使大脑的兴奋与抑制两种功能保持平衡。

2. 体育锻炼对呼吸系统的作用

呼吸系统包括鼻、咽、喉、气管、支气管和肺等。其中，肺是气体交换的场所，其他器官是气体交换的通道。

在安静状态下，呼吸系统的各个器官只需很小的工作强度就能完成呼吸过程，长此以往，很可能会导致相关器官的萎缩，使呼吸系统功能降低。体育锻炼时，人体对氧的需求量增加，呼吸频率加快，从而使呼吸系统的各个器官逐渐改善自身机能。坚持锻炼，可以使呼吸肌逐渐发达、有力、耐久，可以提高呼吸深度，增大肺活量。

3. 体育锻炼对血液循环系统的作用

血液循环系统又称心血管系统，是由心脏和血管组成的闭锁的管道系统。心脏相当于生命的"发动机"，推动血液在血管里不断地流动，以便把氧气和营养物质运送到身体各处，同时把细胞代谢过程中产生的废物和二氧化碳运到体外。

（1）体育锻炼可以使心脏组织结构增强，心脏工作寿命延长。体育锻炼时，血液循环加速，进而改善心肌的供血机能。心肌得到更多的营养物质，心壁增厚，心脏容量增加，使外形更加圆满，搏动更加有力。长期运动的人在正常状态下的心跳频率比一般人每分钟减少20次左右，由于总体上减少了心脏的搏动次数，因此延长了心脏的工作寿命。

（2）体育锻炼可以使血管功能变强，血红蛋白增多，血液微循环强化。体育锻炼使血液循环加快，血流量变大，血管经常收缩或扩张，从而使血管壁弹性增强、血管表面积增大，血管对血液的运输功能增强。经常锻炼也可使血液中的白细胞、红细胞和血红蛋白含量增多，结合氧的含量增大，代谢和耐缺氧的能力提高，从而改善血液循环系统的功能。

4. 体育锻炼对消化系统的作用

消化系统由口腔、咽、食道、胃肠、胰腺、肝脏和肛门等器官组成。

（1）体育锻炼可以促进食物的消化和营养物质的吸收。经常参加体育锻炼使消化腺分泌的消化液增多，消化管道的蠕动加强，胃肠的血液循环得到改善，从而使食物的消化和营养物质的吸收更加充分和顺利。

（2）体育锻炼可以促进肝脏健康。体育锻炼使体内糖分的消耗增加，因此肝脏需将储备的糖原及时向外输送，肝脏工作量的增加使其机能受到锻炼和提高。

5. 体育锻炼对运动系统的作用

运动系统是使人们做出各种动作的器官，由骨、关节和肌肉三部分组成。体育运动是在运动系统的协调工作下完成的，并在完成运动的同时使运动系统的各个部分更加坚固、灵活、结实且粗壮有力。

（1）体育锻炼可以使骨性能、形态发生良好变化。长期的体育锻炼使骨变得粗壮、坚固，增强其抗折、抗弯、抗压缩和抗扭转等方面的机械性能。

（2）体育锻炼可以提高关节的稳固性和灵活性。经常从事体育锻炼可使关节囊、肌腱和韧带增厚，关节的稳固性、延展性增强，关节的弹性、灵活性和柔韧性提高。

（3）体育锻炼可以提高肌肉性能。运动过程中，肌肉工作加强，蛋白质等营养物质的吸收、存储能力增强，使肌纤维增粗，肌肉体积增大，从而使肌肉结实有力。

（三）体育锻炼对身体素质的作用

人体的基本活动能力是通过身体素质来描述的。体育锻炼可以提高身体素质，增强基本活动能力。身体素质表现在速度、力量、耐力、灵敏和柔韧等多个方面。

1. 速度素质

速度素质是指人体快速运动的能力，是人体身体素质中最基本的素质之一。体育锻炼可使人体对外界刺激的反应速度加快，并使人在较短的时间内完成指定动作。

2. 力量素质

力量素质是指人的机体或机体的某一部分肌肉工作（收缩和舒张）时克服外界阻力的能力。力量素质在体育运动中最为重要，没有力量素质作为基础，任何体育运动都不可能完成。日常的体育锻炼和专门的练习可以显著提高肌肉力量，有利于更好地学习、生活和娱乐。

常用的发展肌肉力量的运动有俯卧撑、引体向上、仰卧起坐、收腹举腿，以及杠铃、哑铃。俯卧撑主要发展三角肌的前部、胸大肌和肱三头肌等上肢肌肉的力量；引体向上主要发展胸大肌、背肩肌和肘关节屈肌力量；仰卧起坐主要发展腹肌和髂腰肌力量；收腹举腿主要发展腹肌和髋关节屈肌群力量；杠铃、哑铃前者发展大肌肉群力量，后者发展小肌肉群力量。

3. 耐力素质

耐力素质是指人体长时间活动或对抗疲劳的能力，是反映人体健康水平或体质强弱的一个重要标志。进行体育锻炼可发展肌肉耐力和全身耐力，促进心肺功能的提高。

4. 灵敏素质

灵敏素质是指在外界刺激突然变换的条件下，人体能迅速、准确、协调地改变身体运动方向和位置的能力，它是人的运动技能、神经反应和各种身体素质的综合表现。进行体育锻炼可较好地发展灵敏素质，体操、武术、滑冰、球类运动等都是发展灵敏素质的有效项目。

5. 柔韧素质

柔韧素质是指人体在运动时各关节的活动幅度和范围，以及肌肉和韧带的伸展能力。柔韧素质由三个因素决定，即关节的骨结构，关节周围组织的体积大小，关节的韧带、肌腱、肌肉和皮肤的伸展性。体操、武术、跳水和田径运动等项目，可较好地发展人体的柔韧素质。

二、体育促进心理健康

体育锻炼既是一种身体活动，也是一种心理活动，不仅有助于身体健康，而且对心理健康也有积极的作用。大量的研究表明，体育锻炼是一种低支出、低风险和低副作用的有效促进心理健康的方法，主要表现在以下几个方面。

（一）体育锻炼有助于改善情绪体验

情绪状态的调控能力是衡量体育锻炼对心理健康影响的最主要指标。个体在复杂多变的社会环境中，常常产生紧张、压抑、忧虑等不良情绪反应，体育锻炼可以使个体摆脱烦恼和痛苦中。

体育锻炼之所以能够改善情绪体验，是因为体育锻炼的参加者能体验到运动带来的快感。心理学家认为，适度负荷的体育锻炼能够促进人体释放一种多肽物质——内啡肽，它能使人体获得愉快、兴奋的情绪体验。因此，参加体育锻炼，尤其是参加那些自己喜爱和擅长的体育锻炼，可以使人从中得到乐趣，从而产生良好的情绪。

（二）体育锻炼有助于提高智力

正常的智力是正确感知和认识世界的前提，是心理健康的基础，经常参加体育锻炼不仅使锻炼者的注意力、记忆力、反应、思维、想象力等得到提高和改善，还可以让人情绪稳定、性格开朗，而这些非智力因素对人的智力具有促进作用。

（三）体育锻炼有助于形成和谐的人际关系

随着现代社会生活节奏的加快，人们越来越趋向封闭的状态，人与人之间缺乏感情交流，人际关系渐渐疏远。体育锻炼可以打破这种封闭状态，让不同年龄、文化素质的人聚集在运动场上，进行平等、友好、和谐的交往，使人们互相产生信任感，从而有效地进行情感和信息的交流。

（四）体育锻炼有助于培养坚强的意志品质

意志品质是指一个人的果断性、坚忍性、自制力、主动性及独立性等，它是在克服困难的过程中表现和培养出来的。参加体育锻炼可以使人不断克服主观和客观上的各种困难,如懒惰、胆怯、疲劳、损伤等,从而培养人的优秀意志品质。

(五) 体育锻炼有助于治疗心理疾病

社会竞争的日益激烈和生活压力的加大会使人产生焦虑、忧愁、烦恼、悲观等不良情绪,这些不良情结容易导致心理障碍。适当的体育锻炼能使有心理障碍的个体获得心理满足,产生成就感,从而摆脱不良情绪,消除心理障碍。

(六) 大学生心理健康的标准

由于社会风俗习惯的不同,人们对心理健康的理解存在一定的差异。综合国内外专家的观点,大学生心理健康的标准主要包括以下几个方面。

(1) 具有适当的情绪控制能力。
(2) 智力正常。
(3) 能保持良好的人际关系。
(4) 能对自己做出适当的评价。
(5) 心理行为符合年龄特征。

三、体育促进社会适应

体育锻炼是一种具有很强的社会价值取向的活动,可将个体置于群体之中,通过身体运动的非语言接触和语言激励间的互动,改善不同个性人群的相互关系,提高其社会适应能力。体育锻炼对于社会适应性的培养,主要体现在以下两个方面。

(一) 培养适应社会的参与意识

积极参加体育活动的人能够逐渐成为集体中的一分子,培养了参与意识。同时,参与者也可通过体育活动加强社会交往,扩大自己的生活领域,达到促进个体社会化的目的。

(二) 培养适应社会的个性特征

集体体育活动需要个体的协调与配合,在集体利益与个体利益面前,必须增强个性的自我约束,不断提高集体荣誉感,使个体服从于集体。在这种个体利益服从集体利益的过程中,必须不断调整个性特征,以满足集体需要,最终在行动上达到与同伴合作的目的,从而培养参加者适应社会的个性特征。

第三节 体适能

体适能是近半个世纪以来西方发达国家健康科学研究和运动健康促进的一个重要概念和标志性成果。围绕体适能所形成的一系列健康科学理论和健康促进模式,在改善人类健康水平、提高人类生活质量和增强国际竞争力等方面发挥了重要的作用。

一、体适能的概念

体适能是"Physical Fitness"的中文翻译,是指人体所具备的有充足的精力从事日常工作(学习)而不感疲劳,同时有余力享受康乐休闲活动,能够适应突发状况的能力。

二、体适能的分类

美国运动医学会(The American College of Sports Medicine,ACSM)认为,体适能由健康体适能(Health-related Physical Fitness)和技能体适能(Skill-related Physical Fitness)组成,如图2-3所示。

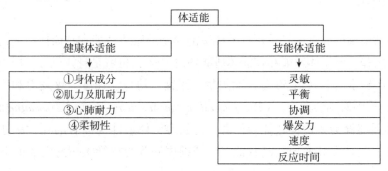

图 2-3 体适能分类

1. 健康体适能

(1)健康体适能的概念。健康体适能是与健康有密切关系的体适能,是指心血管、肺和肌肉发挥最理想效率的能力。这是一般人为了促进健康、预防疾病并提高日常生活、工作和学习效率所追求的体适能,基本涵盖了学校体育追求健康的目标。显然,对于大学生而言,需要的是健康体适能。

(2)健康体适能的要素。健康体适能的要素有以下几种。

①身体成分。身体成分即人体内各种组成成分的百分比,身体成分保持在一个正常百分比范围对预防某些慢性病如糖尿病、高血压、动脉硬化等有重要意义。

②肌力及肌肉耐力。肌力是肌肉所能产生的最大力量;肌肉耐力是肌肉持续收缩的能力,是机体正常工作的基础。

③心肺耐力。心肺耐力又称有氧耐力,是机体持久工作的基础,是健康体适能中最重要的要素。

④柔软性。柔软性是指在无疼痛的情况下,关节所能活动的最大范围。它对于保持人体运动能力,防止运动损伤有重要意义。

(3)健康体适能检测方式。健康体适能检测方式有以下几种。

①身体质量指数。身体质量指数(BMI)= 体重÷身高的平方。体重单位为kg,身高单位为m。

②坐位体前屈。测试柔软度,评估关节的可动范围以及肌腱与韧带的伸展性。

③立定跳远。测试瞬发力。

④三分钟台阶测试。适用于 35 岁以上人群，可测定心肺功能或有氧适能。

2. 技能体适能

（1）技能体适能概念。

竞技体适能是指与运动竞技有关的体适能。

（2）技能体适能要素。

技能体适能要素包括灵敏、平衡、协调、爆发力、速度和反应时间。这是运动选手为在竞技比赛中夺取最佳成绩所追求的体适能。

三、体适能评价

体适能是以体适能商的高低为评价标准。体适能商是健康体适能和技能体适能的综合反映，其得分是两者之和，健康体适能和技能体适能各占 50%，也就是身体成分、肌力及肌肉耐力、心肺耐力、柔软素质总共占 50 分，而灵敏、平衡、协调、速度、爆发力和反应时间也共占 50 分。据《美国医学会杂志》(The Journal of the American Medical Association) 报告，一项研究显示，体适能商高者比体适能商低者更为长寿，体适能商高者的死亡率还未到体适能商低者的一半，且伴发高血压、高甘油三酯或糖尿病等心血管疾病的概率也小得多。

思考题

1. 健康和亚健康的概念分别是什么？
2. 影响健康的因素有哪些？
3. 体育锻炼对健康的促进作用包括哪些？
4. 举例说出你喜欢的运动项目，并选出你最喜欢的一项运动，说说它对健康的促进作用。
5. 简述体适能的概念及分类。
6. 简述体适能商的评价方式。

参考文献

[1] 沈建威，阮伯仁. 体适能基础理论 [M]. 北京：人民体育出版社，2008.

[2] 余启政，冉建，朱斌. 大学体育教程 [M]. 北京：人民体育出版社，2017.

[3] 王健，何玉秀. 健康体适能 [M]. 北京：高等教育出版社，2010.

第三章

艺术与体育

学习目标

1. 了解艺术与体育的概念、联系及融合。
2. 了解艺术化的体育项目。
3. 了解体育文学、体育电影、体育摄影等艺术形式。

第一节 艺术与体育概述

一、艺术与体育的概念

(一) 艺术的概念

"艺术"一词中西皆有,艺术在中国古代指的是六艺以及术数、方技等技能,特指经术。《后汉书·伏湛传》中写道:"永和元年,诏无忌与议郎黄景校定中书五经、诸子百家、艺术。"李贤注:"艺谓书、数、射、御,术谓医、方、卜、筮。"《辞海》将"艺术"释义为,人类以情感和想象为特性把握世界的一种特殊方式。在西方,"艺术"一词源自拉丁语"Ars",最主要的含义是指技术(Skill)。

广义来讲,艺术应当包括实用艺术(建筑、园林、工艺美术与现代设计等)、造型艺术(绘画、雕塑、摄影、书法艺术等)、表情艺术(音乐、舞蹈等)、综合艺术(戏剧、戏曲、电影、电视艺术等)、语言艺术(诗歌、散文、小说等),以及杂技、曲艺、木偶、皮影等历史悠久的民间艺术。

(二) 体育的概念

"体育"是一个专业术语，作为人类的一种社会活动早已存在。在中国，"体育"一词是舶来品，是从西方国家引进的。我国与西方社会文化、统治思想不同，竞技体育在我国古代不占据主导地位，大多数时候体育只是作为一些非竞技性、保健性、娱乐性的运动项目出现的，如我国周代"六艺"中的"射"和"御"、宋代健身操"八段锦"、脱胎于唐代马球的捶丸等。现代所用的"体育"一词一开始由洋务运动后期从日本传入中国的"体操"一词所表示，直到1897年由日本人创作的"体育"一词才引进中国，之后逐渐取代"体操"一词而被广泛使用。

体育的含义有狭义和广义的区分。狭义的体育即身体教育，指通过身体活动增强体质，传授锻炼身体的知识、技能、技术，培养道德和意志品质的有目的、有计划的教育过程，是教育的组成部分。广义的体育即社会文化活动，指以身体练习为基本手段，以增强体质、促进人的全面发展、丰富社会文化生活和促进精神文明建设为目的的一种有意识、有组织的社会活动。

无论是广义的概念还是狭义的概念，体育的重要意义在于，它不仅强健人类的体魄，还促进了人类的脑力发展，健全了人类的心智与精神，是人类生存与发展的重要一环。

二、艺术与体育的联系

虽然艺术和体育在现今独立发展为两大繁荣昌盛的文化领域，但是它们之间天然存在着千丝万缕的联系，为它们在现代的交融提供了坚实的基础。

(一) 都起源于人类的生产实践活动，在诞生之初密不可分

艺术和体育在原始社会的萌芽从考古发现中可见一斑，在亚洲、非洲、欧洲等地，都发现过原始人留下的有关狩猎游戏的岩画。对于原始人类来说，岩画不是一种纯粹的艺术行为，狩猎游戏也不是真正意义上的体育，它们只是一种信息的传递以及生存的需要。但是，艺术和体育就在这些简陋的艺术形式和萌芽状态的体育形式中渐渐发展起来。

艺术门类中的舞蹈，更是与体育在诞生之初便结下了不解之缘。俄国文艺评论家普列汉诺夫在《艺术讲演提纲》中提到，"体操舞是一种部落间的舞蹈，参与者多达数百人……有时候在采集果实的季节到来之时，有时候在幸运的狩猎之后以及类似的场合，他们跳这种体操舞来庆祝"。由此可知，原始状态下的体育和舞蹈在初始阶段是密不可分的。

(二) 都能满足人类的精神需求

在美国心理学家马斯洛提出的需求层次理论中，人类的需求从低到高分为生理需求、安全需求、社交需求、尊重需求和自我实现需求。其中，自我实现需求包括求知需求和审美需求，而艺术和体育恰恰能满足人的这两种需求。

千百年来，体育的知识内涵和审美作用在很多国家和地区都被人们低估，对体育人的刻板印象时至今日依然存在。在这一点上，不得不惊叹于古希腊的璀璨文化瑰宝。创办古代奥运会的古希腊人认为，健康的精神寓于健康的躯体中。在古代奥运会上，可以充分领

略到竞技所带来的人体之美，以及伴随着运动盛会而来的诗歌之美、雕塑之美、绘画之美、戏剧之美……不得不说，古希腊正是在体育和艺术的双重精神滋养之下，才诞生了如此多的灿烂文明，才能成为"西方文明的摇篮"。

（三）都具有丰富的社会功能，是整个社会系统之中重要的子系统

体育和艺术因为历史悠久、内涵丰富和表现方式独特，而在整个社会系统之中，处于非常重要的地位。此外，由于它们能够被人们直观感受，所以作为独特的"世界语"，在全球范围内都具有重要影响。例如，2008年北京奥运会的成功举办，在全世界人民面前展示了一个崛起的中国、一个友好的中国、一个传统与现代交融的中国。当204个国家和地区的运动员齐聚北京，在奥林匹克旗帜下同场竞技之时，全世界观看北京奥运会的人都会从政治、经济、文化等各方面重新认识中国。

艺术也同样如此，在传递美的同时，也肩负着众多社会功能。例如，创立于1951年的柏林艺术节是目前全世界规模最大的艺术节之一，它包含了不同的主题，音乐、舞蹈、戏剧、电影等诸多艺术门类皆在其中，是重要的文化瑰宝，而它最初创办的目的是重振第二次世界大战后德国的经济、抚平战争创伤、重塑德国形象，显然它完成了众多社会功能。

（四）都是教育的重要途径，为培养全面发展的现代人贡献力量

党的十九大报告指出，我国"要全面贯彻党的教育方针，落实立德树人根本任务，发展素质教育，推进教育公平，培养德智体美全面发展的社会主义建设者和接班人"。自中华人民共和国成立以来，我国一直把体育作为一种重要的教育手段。体育对于少年儿童的体质、心理、精神和审美等都有极为重要的影响。英国政治家麦考莱曾说，体育不仅含有健康的目标，更重要的是，体育包含着和平、明朗、健全的社会性和人性涵养这一思想立场。而艺术的教育作用，则是潜移默化地、润物细无声般地发挥着作用。伟大的艺术家们通过各种手法将现实社会再现于艺术作品之中，让人们在欣赏、娱乐的同时，领会到作品中蕴含的对真、善、美的赞颂，对假、恶、丑的抨击。

三、艺术与体育的融合

艺术与体育的融合由来已久，其主要分为两种方式，一种是将艺术成分融入体育项目，形成艺术化的体育项目；另一种是将体育元素融合到艺术作品，形成艺术中的体育世界。

随着体育的蓬勃发展，逐渐出现的艺术化的体育项目给人以独特的审美享受，形成了独特的审美价值。通过与多种艺术的融合，体育运动项目的功能已远远超出原有的内涵，具备了独立的、艺术化的表现形式。现代体育运动中越来越多地融合了艺术成分，并涌现出"艺术体育"这一独立的运动类别。"艺术体育"包括体育舞蹈、健美操、艺术体操、花样游泳、花样滑冰、舞龙舞狮等运动项目。

而将体育元素融合到艺术作品之中，则自古就有。古希腊时期的古代奥林匹克运动会就是最典型的例子。古代奥林匹克运动会以祭神为主题，内容丰富多彩，是形式多样的综合盛会。体育比赛仅是其中一项内容，其他还包括诗人朗诵作品、演说家发表祝词、雕塑家创作雕塑作品等艺术形式。现代奥林匹克运动中，艺术与体育同样密不可分。现代奥林匹克运动的创始人顾拜旦就说过："奥林匹克运动并非只是增强肌肉力量，它也是智力的和艺术的。"在现代奥运会早期，就曾举办建筑、雕塑、绘画、文学和音乐等艺术比赛。如今，体育与艺术的结合已发展到相依托、相促进的程度，并越来越广泛地被世人所接受、所喜爱。体育文学、体育电影、体育摄影、体育音乐、体育解说、体育视觉艺术设计等，都是融合了体育元素的艺术表现形式。

第二节 "艺术体育"——艺术化的体育项目

艺术化的体育项目多种多样，本书选择其中较为流行的、群众普及度较高的项目进行介绍。因为体育舞蹈、健美操、体操在本书中有单独的章节进行介绍，这里就不再赘述。

一、花样滑冰

花样滑冰（Figure Skating）诞生于18世纪的英国，而后在德国、美国、俄国、奥地利、加拿大等国家迅速发展起来，其发展进程如表3-1所示。

花样滑冰是一项将滑冰技巧与音乐、舞蹈等艺术形式相结合的冰上运动项目，跳跃、旋转、托举以及步法和转体是其重要的技术动作，它属于技能主导类的唯美性竞技运动项目（即艺术化明显的表演类项目），比赛时由裁判组根据难度和内容来打分。

表3-1 花样滑冰发展进程

时间	事件
1683年	花样滑冰起源于欧洲，荷兰船夫在英国伦敦泰晤士河上进行了马戏表演，表现了精湛的滑冰技艺，从此花样滑冰在英国上层社会迅速兴起
1742年	第一个滑冰俱乐部在英国诞生，与此同时，花样滑冰在德国、美国及加拿大等国家迅速开展
1772年	世界上第一部有关花样滑冰的著作《论滑冰》（*A Treatise on Skating*）在伦敦出版，描绘了当时基本的图形滑法，如前外圆形、前内圆形等
1863年	"现代花滑之父"、美国芭蕾舞表演艺术家杰克逊·海因斯将滑冰运动与舞蹈艺术融为一体，在欧洲巡回表演
1868年	双人滑诞生
1872年	首次花样滑冰比赛在奥地利举行
1896年	首次世界男子单人花样滑冰锦标赛在俄国圣彼得堡举行
1906年	首次世界女子单人花样滑冰锦标赛在瑞士达沃斯举行
1924年	花样滑冰被列为首届冬季奥运会的比赛项目

花样滑冰在首届冬季奥运会上就被列为比赛项目之一，属于现代奥运会中元老级的运动项目。花样滑冰在冬奥会上有三大分项，分别是单人滑（又分男单和女单两项）、双人滑和冰上舞蹈。此外，还有同步滑冰、规定图形、冰场滑行、四人滑、冰上戏剧等非奥运会项目。

俄罗斯、美国、加拿大等欧美国家是传统的花样滑冰强国，日本的花样滑冰实力也不容小觑，群众普及程度很高，培养了伊藤绿、浅田真央、羽生结弦等一批花滑选手。韩国在花样滑冰领域也异军突起，女子单人滑名将金妍儿是其代表人物。

1930年前后，现代花样滑冰这项运动传到中国，并在北京、天津以及东三省的学校中普及开来，一些群众性的比赛和活动得以开展。中华人民共和国成立后，在竞技体育领域，中国的花样滑冰队从无到有，经过几十年的艰苦奋斗，终于在被欧美强国垄断的花滑领域取得了一席之地。中国首位在世界冰坛崭露头角的选手是陈露，她被誉为"冰蝴蝶"；其他优秀花滑选手还有申雪/赵宏博、庞清/佟健、张丹/张昊等，他们被誉为中国的"花滑家族"。2002年盐湖城冬奥会上，申雪/赵宏博获得季军，这是中国第一枚冬奥会双人滑奖牌。

二、花样游泳

花样游泳（Synchronized Swimming）素有"水中芭蕾"之称，其起源于欧洲，原为游泳比赛间歇的表演项目，后经过多年发展，成为广受世人喜爱的奥运会比赛项目。其发展进程如表3-2所示。

表3-2 花样游泳发展进程

时间	事件
1920年	花样游泳创始人柯蒂斯将跳水和体操的翻滚动作编排成套在水中表演
1930年	花样游泳传入美国和加拿大，并逐步与舞蹈、音乐相结合，由表演节目转化为竞技项目
1934年	在美国芝加哥万国博览会上进行了首次表演，引起巨大轰动
1942年	美国业余体育联合会确认花样游泳为正式比赛项目
1952年	花样游泳被列为赫尔辛基奥运会表演项目
1956年	国际游泳联合会承认花样游泳为正式比赛项目
1973年	第一届世界花样游泳锦标赛举行
1984年	花样游泳被列为奥运会正式比赛项目，设女子双人和团体两枚金牌
2009年	首届男子花样游泳世界杯在意大利米兰举行
2015年	俄罗斯喀山游泳世锦赛首次增设花样游泳男女混双项目

花样游泳是一项将游泳、技巧、音乐和舞蹈相结合，并编排为成套动作的体育项目。这个运动项目兼具体育的力量感、爆发力，以及音乐、舞蹈的艺术性，是一项极具观赏性

和艺术魅力的竞技体育项目。运动员除了要严格按照要求完成规定动作外，还要创作出有创造性和高难度的动作。

花样游泳世界锦标赛设有单人项目、双人项目和集体项目。奥运会上，花样游泳只设双人项目和集体项目，集体项目的上场队员为8名。比赛时，裁判员根据运动员的动作执行性、团队协调性和难度进行打分。此外，动作组合的整体艺术印象也是裁判员的打分依据。

我国的花样游泳起步较晚。从1983年起，我国先后邀请了日本、美国、加拿大等国家的花样游泳专家来华交流，并在1987年第六届全国运动会中将花样游泳列为正式比赛项目。2008年北京奥运会上，中国取得了花样游泳自选动作的铜牌，这是我国奥运史上第一枚花样游泳的奖牌。2017年，在匈牙利布达佩斯游泳世锦赛花样游泳自由组合决赛中，中国队凭借气势磅礴的《怒海争锋》，首次摘取世锦赛桂冠，这是中国在花游项目上获得的第一个世锦赛金牌。

三、舞龙

舞龙俗称玩龙灯，指舞龙者手持龙具，在鼓乐的伴奏下，跟着绣球做出各种动作、配合，不断进行扭、挥、仰、跪、跳、摇等多种姿势和造型。

舞龙起源于汉代，历经千年而不衰。舞龙最初是作为祭祀祖先、祈求甘雨的一种仪式，后来逐渐成为一种文娱活动。到了唐宋时代，舞龙已是逢年过节时常见的娱乐活动。

关于舞龙的来历，民间有这样一个传说：一天，龙王腰痛难忍，龙宫中的所有药物都吃了，仍不见效。只好变成老头来到人间求医。大夫摸脉后甚觉奇异，问道："你不是人吧！"龙王看瞒不过去，只好说出实情。于是大夫让他变回原形，从腰间的鳞甲中捉出一条蜈蚣，经过拔毒、敷药，龙王完全康复了。为了答谢治疗之恩，龙王向大夫说："只要照我的样子扎龙舞耍，就能风调雨顺，五谷丰登。"这件事传出后，人们便以为龙能兴云布雨，每逢干旱便舞龙祈雨，并有春舞青龙、夏舞赤龙、秋舞白龙、冬舞黑龙的规矩。

随着近些年我国经济的发展、文化的繁荣，舞龙文化已经遍及祖国各地，以及东南亚、欧美、澳大利亚、新西兰等华人集中的地区，成为中华传统文化的一个标志，如图3-1所示。

现代竞技舞龙以九节布龙为代表。龙身长18米，由10人（龙珠1人，舞龙手9人）在20m×20m的正方形平整场地上舞动。舞龙者在行进动态中完成"龙"的游弋、起伏、翻腾、穿越等动作，利用人体的多种姿态将力度、幅度、速度、耐力等融于舞龙技巧之中，或动或静，形成优美的龙的形象，展现龙的精气神韵，展现龙所象征的中华民族奔腾争跃的精神风貌。

图 3-1　舞龙

四、舞狮

舞狮是我国优秀的民间艺术,如图 3-2 所示。每逢佳节或集会庆典,民间都以舞狮来助兴。狮子是由彩布条制作而成的,每头狮子有两个人合作表演,一人舞头,一人舞尾。表演者在锣鼓音乐下,装扮成狮子的样子,做出狮子的各种形态动作。

图 3-2　舞狮

舞狮大约开始于南北朝。关于舞狮的来历,民间有这样一个传说:相传在很久以前,广东佛山出现了一头怪兽,每逢新旧岁之交,便出来糟蹋庄稼,伤害人畜,百姓叫苦连天。后来,有人建议用舞狮来吓唬怪兽,结果怪兽逃之夭夭。当地百姓认为狮子有驱邪镇妖之功,有吉祥之兆,所以每逢春节便敲锣打鼓、挨家挨户舞狮拜年,以表达消灾除害、预报吉祥的美好愿望。

在我国,舞狮的形式多种多样,大致可以分为北方舞狮和南方舞狮两种。北方舞狮的外形与真狮相似,全身狮披覆盖,舞狮者(一般两人合舞一只大狮子)只露双脚,不见其人。北方舞狮有雌、雄之分,头上有红结者为雄狮,有绿结者为雌狮,还有文狮、武狮、成狮、崽狮之分。北狮表现灵活,以扑、跌、翻、滚、跳跃、擦痒等动作为主,表演较为接近杂耍。配乐方面,以京钹、京锣、京鼓为主。

南方舞狮又称醒狮,历史上由唐代宫廷狮子舞脱胎而来,造型较为威猛,狮头以戏曲面谱做鉴,色彩艳丽,制造考究;眼帘、嘴都可动。舞狮者穿各种灯笼裤,上身穿密纽扣的唐装灯笼袖衫或背心,可见舞狮者全身。南狮着重威猛,舞动时注重马步。南狮的造型很多,包括起势、常态、奋起、疑进、抓痒、迎宝、施礼、惊跃、审视、酣睡、出洞、发威、过山、上楼台等。总的来说,南狮是融武术、舞蹈、音乐等为一体的文化活动。

现代竞技舞狮原是由狮头、狮尾组成的单狮,在长 10~14m,最高不超过 3m、最低不低于 0.8m 的桩阵上,运用各种步形步法,通过腾、挪、闪、扑、回旋、飞跃等高难动作,演绎狮子喜、怒、哀、乐、动、静、惊、疑八态,来表现狮子的威猛与刚劲。在表演过程中,其舒缓婉转之处,令人忍俊不禁,拍案叫绝;其飞腾、跳跃之时,让人胆战心惊而又昂然振奋。

> **相关知识**
>
> ### 狮子如何表现八态
>
> 喜:狮子为了采青,千辛万苦、排除万难,当采得青时,喜形于色。
> 怒:狮子遇到物体阻挡或外物骚扰,便会愤怒。
> 哀:狮子遇到困难无法解决时,便会显露哀伤。
> 乐:狮子在桩上自由跳跃,落脚时尽显快乐神态。
> 动:狮子好动,喜欢跳跃,舞狮者须在桩上跳跃,表现其动态。
> 静:狮子经过千辛万苦,身心感到疲倦,便须静下来休息。
> 惊:狮子遇到危险,便会惊怕,故舞狮者须传达惊怕的神态。
> 疑:狮子多疑,对面前出现的新事物会产生怀疑,故舞狮者须做出疑虑的神态。

第三节 "体育艺术"——艺术中的体育世界

一、体育文学

一直以来,体育所蕴含的顽强拼搏、团结协作、公平竞争等精神内涵为文学创作提供了大量的素材。在我国,体育报告、体育诗歌、体育小说和体育散文,都是群众喜闻乐见的体育文学体裁。

20 世纪 70 年代末,中国重新回到奥林匹克大家庭的怀抱。1984 年中国在奥运会上获得金牌,实现了零的突破;1986 年,中国女排获得"五连冠"(1981 年和 1985 年世界杯冠军、1982年和1986年世锦赛冠军、1984年洛杉矶奥运会冠军），中国体育健儿的骄人战绩在全国掀起了一股体育热潮。党和政府高度重视体育文化阵地的发展，全国人民也渴望看到反映我国体育发展的文学作品。体育文学迎来了发展的春天，体育文学创作空前发展。在这个时期，体育文学无论是质上还是量上都有了长足发展。

中华人民共和国第一个体育杂志《新体育》创办了专门的体育类文学杂志——《腾飞》；《南风》杂志开辟了体育文学专栏；我国第一个全国性体育历史刊物《体育文史》创刊，专门开辟了体育文学栏目。一大批反映中国体育健儿争金夺银、为国争光的报告文学应运而生。《新体育》登载的体育报告文学《扬眉剑出鞘》，生动刻画了击剑运动员栾菊杰，被《人民日报》转载，是冠军文学的开山之作。

体育诗歌、体育散文在这个时期也取得了一定的突破。郭小川的《小将们在挑战》、胡乔木的《中国姑娘之歌》、邹帆的《星光灿烂》都是体育诗歌的经典之作。黄宗英的《思念》、陈祖芬的《美》、叶文玲的《慧眼》等体育散文也引起了广泛关注。

而后，体育文学从冠军文学进入到一个新时期，开始聚焦于体育领域暴露出的社会问题。作家赵瑜的报告文学——中国体育三部曲《强国梦》《兵败汉城》《马家军调查》，不仅推动了体育文学的发展，而且对当代整个报告文学的发展，也有非常重要的意义。通过这些报告文学，人们看到在争金夺银的背后，中国体育界所存在的问题与矛盾，开始反思如何进行体育体制改革，如何引导中国从一个体育大国变成真正的体育强国。

二、体育电影

2017年，一部《摔跤吧，爸爸》让人们又一次领略到体育电影的独特魅力。体育与电影素有渊缘，中外皆是如此。中华人民共和国成立至今，体育题材的电影故事片以及纪录片异军突起，获得了不少观众的好评。体育电影因其积极向上的精神与奋斗态度，而具有极强的感染力，它记录着世人鲜活的生活与社会的进步与发展。它是体育项目与电影文化的完美结合。

体育电影是世界电影题材中的一种重要类型。它主要包含体育故事片、体育纪录片等。

（一）体育故事片

体育故事片多是由真实事件改编而成的电影，此类电影多表达生生不息的民族精神以及运动员顽强拼搏、不服输的体育精神，让观众在了解体育故事的同时更能深深体会到其所要表达的精神与道理。历史上经典的体育故事片很多，在电影史上留下了辉煌的印记，例如，电影《洛奇》（讲述拳击运动）让史泰龙跻身好莱坞一线动作明星的行列；《胜利大逃亡》（讲述足球运动）这部电影吸引了球王贝利和欧洲球星来客串，成为当时最受欢迎、口碑最好的足球故事片；罗伯特·德·尼罗在《愤怒的公牛》（讲述拳击运动）里有着完美的表演，让他夺得了奥斯卡金像奖最佳男主角；1982年，英国所拍摄的影片《烈火战车》（讲述短跑运动）一举获得了第54届奥斯卡金像奖中最佳影片、最佳创作剧本、最佳服装、最佳音乐四项大奖，成为体育电影中的荣誉之王。

而中国第一部与体育有关的电影是20世纪30年代孙瑜导演拍摄的《体育皇后》。中华人民共和国成立后，我国也有不少优秀的体育电影问世，如《沙鸥》《女篮5号》《水上春秋》等。近年来，我国一部比较突出的体育电影是《一个人的奥林匹克》，这部影片讲述了刘长春历经千辛万苦，敲开了通往奥运会的大门，代表整个中华民族、整个中国站在第10届洛杉矶奥运会100米赛场上的事迹。

（二）体育纪录片

1936年，世界上第一部奥运会官方电影《奥林匹亚》登上荧屏，这部奥运纪录片是德国著名女导演莱妮·里芬斯塔尔以1936年柏林奥运会为主题所拍摄的纪录片，由《国家的节日》和《美的节日》两部分构成。而后，一系列经典体育纪录片陆续出现，如《红军冰球队》《一代拳王》《美国男篮梦一队》等。我国体育纪录片发展较晚，1955年我国最早的体育纪录片《乒乓球赛》创作完成，但由于国民对此类节目不了解，所以并没有在国内引起很大的反响。直到1956年纪录片《永远年轻1955》（讲述全民健身）的出现，才让人们了解到体育节目的一种新的创作形式。近年来，我国比较优秀的体育纪录片有《5号球》《我是李娜》等。

三、体育摄影

体育摄影是新闻报道形式中的一种，其目的是尽可能完整、准确、及时地揭示体育事件在时间和空间上的意义，把最近发生的、众人关心的、有价值的体育赛事用直观的形象进行宣传报道，并以真实的力量、纪实的说服力向公众介绍体育赛事，从而达到影响社会的效果。

体育摄影可以根据体育运动的性质分为竞技体育摄影、群众体育摄影和学校体育摄影，其中，竞技体育摄影能表现较高的艺术水准，尤其是拍摄高水平的体育赛事紧张激烈的竞赛氛围和精彩优美的运动瞬间。如新华社摄影记者吴晓凌在2008年北京奥运会上拍摄的《奥运会上受伤的柔道运动员》，抓取了柔道选手在比赛中受伤后，鲜血滴溅的一瞬间，获得了第52届世界新闻摄影大赛（荷赛）体育特写新闻单幅一等奖。

除了竞技赛场上的动人瞬间，在大众健身体育摄影方面，摄影师陈坤荣的作品《健身》获得了第57届世界新闻摄影大赛体育特写类组照二等奖。

此外，体育摄影还可以根据运动项目来划分，不同的运动项目需要不同的拍摄角度和拍摄技巧。如，储永志的作品《热身》和魏征的作品《花样游泳》分别获得了第56届世界新闻摄影大赛大奖体育动作类单幅二等奖、三等奖。

四、体育音乐

体育题材的歌曲很多，它们充分运用了音乐的艺术感染力来歌颂体育精神，陶冶人的情操，带给人们一种综合的艺术享受。中西体育文化中均广泛运用音乐这种艺术形式来扩大体育的影响力，经典的体育音乐永久地载入了体育史册，被人们所铭记。

在体育音乐的历史上，尤以大型运动赛会的音乐最为引人注目。1896年第一届现代奥运会的会歌为由希腊音乐家塞玛拉斯作曲、派勒玛斯作词的《永不朽的古代之神》，该歌曲于1958年被国际奥委会定为永久性的奥运会会歌；1988年汉城（今首尔）奥运会上的一曲《手拉手》,牵动全世界人民的心;2000年悉尼奥运会主题歌《圣火》,凭借奥运会开幕式的电视转播响彻全球,令人心潮澎湃。

在中国,也不乏影响力巨大、广为传唱的体育歌曲。北京十一届亚运会的主题歌曲《亚洲雄风》震撼了中华大地,北京奥运会的歌曲作品《北京欢迎你》承载着中国人对奥林匹克的独特理解与诠释、期待与梦圆、参与与奉献。体育音乐的魅力,由此可见一斑。

五、体育解说

体育解说是一门语言的艺术。在观众观看赛事的转播时,体育解说员要用有声语言充实和强化转播的观赏性和娱乐性。如何让观众感觉到赛事的精彩,如何将一场赛事转播的娱乐价值彻底挖掘出来,是体现体育解说艺术性的所在。在这一过程中,有声语言就是进行艺术创作的工具,解说员要用它来提高赛事的观赏性,用它来挖掘赛事的娱乐价值。为了充分地实现这些目标,解说时应该且必须对有声语言的形式,比如吐字发声、停连重音、语气节奏等进行设计,使其形成特定的样态。需要注意的是,这一语言样态一定是源于生活而高于生活的,且这种"高于生活"一定是符合受众审美标准、能够为受众所接受的。

20世纪60年代,初次尝试体育解说和开创我国专业体育播音先河的张之,是我国第一代体育解说员。张之知识广博,思维活跃,语言生动活泼,解说内容丰富多彩。他那激昂、快速的解说风格对我国体育解说事业影响深远。张之老师的得意门生、著名体育解说员宋世雄继承了其解说风格,成功实现了广播体育解说向电视体育解说的过渡。第三代体育解说员以孙正平、韩乔生为代表,他们继承了原有解说员的解说风格,同时努力开拓创新,提高了电视体育解说水平,用专业知识为观众详尽讲解。孙正平知识面宽广,解说风格睿智机敏,在央视解说岗位上从业多年,连续参加7届奥运会的解说任务。韩乔生的解说妙语连珠、另类夸张,自成一派,其庄重而不失风趣幽默的解说风格给广大体育观众留下了深刻印象。

新一代的体育解说员还有刘建宏、黄健翔、段暄、贺炜、詹俊等,在解说内容比重、语言风格、个性特点等方面,都较之老一代体育解说员有所不同,体现了时代特点。

六、体育视觉艺术设计

体育视觉艺术设计是指在体育活动过程中,人们为了更好、更方便地从事体育运动所进行的一系列艺术设计活动。它是指针对某一体育运动项目或比赛所展开的宣传、策划而涉及的视觉艺术设计,包括会徽设计、宣传招贴设计、环境设计等。

体育视觉艺术设计活动由来已久,单从奥运会来讲,从1896年的第1届到2016年的第31届,每一届的主办者都精心设计了具有特色的会徽、吉祥物,以及宣传画、体育运动场馆等,而体育艺术设计所带来的经济效益也是巨大的,1988年的汉城奥运会吉祥物销售额达1.54多亿美元;2000年悉尼奥运会吉祥物销售额达2.13多亿美元;2004年雅典奥运会所设计的产品开发总产值达到了7.6亿美元;2008北京奥运会设计的吉祥物"福娃"的利润突破3亿美元,成为奥运会最赚钱的商品之一。

体育艺术设计不仅能带来巨大的商业机遇和经济利益，而且还能带来巨大的社会效益。例如，造型独特、构思巧妙的2008奥运会场馆设计成"鸟巢""水立方"，让世界为之瞩目；独具中国特色的2008北京奥运会开幕式和闭幕式设计不仅向全世界展示了中国的设计水平，介绍了中国传统文化的精髓，还表达了中国人民祈望世界和平的美好愿望，同时大大提高了中国的国际声誉与国际地位。

思考题

1. 体育与艺术的联系是什么？
2. 体育艺术和艺术体育的区别是什么？
3. 在艺术体育领域，有哪些运动项目？
4. 结合一门艺术类专业，思考体育元素如何与其进行融合。你知道的优秀体育艺术作品有哪些？

参考文献

［1］陈万章．大学体育与健康［M］．北京：北京体育大学出版社，2004．

［2］陈志勇．现代大学体育教程［M］．修订版．北京：北京体育大学出版社，2013．

［3］傅雪云．艺术类体育［M］．南京：河海大学出版社，2003．

［4］邹琳．艺术体育［M］．北京：高等教育出版社，2017．

第四章

科学锻炼与卫生保健

学习目标

1. 了解体育锻炼的科学原则。
2. 熟悉体育锻炼卫生常识。
3. 熟悉运动中常见的生理反应及其处理。

第一节 体育锻炼的科学原则

体育锻炼可以促进健康、提高身体的运动素质和基本活动能力,也能够防治疾病。但是,并不是只要参加体育锻炼,就一定会获得良好效果。如果锻炼内容、练习强度和练习方法等选择或运用不当,反而有害于健康。科学的体育锻炼原则是体育锻炼过程中客观规律的反映,是人们成功经验的总结和概括,也是人们参加体育锻炼所必须遵循的准则。科学的体育锻炼原则包括从实际出发原则、循序渐进原则、持之以恒原则、全面锻炼原则和因地制宜原则。

一、从实际出发原则

从实际出发原则是指锻炼身体应从个人的实际情况和外界环境条件的实际出发,确定合适的锻炼目的,选择适宜的运动项目,合理地安排运动时间和运动负荷。这是增强身体素质及提高运动水平必须遵循的原则。

(一)从自身的实际出发

由于性别、年龄、体质和健康状况的差异,体育锻炼要从自己的实际情况出发,有目的地选择和确定运动项目、练习方法,合理地安排锻炼的时间和运动负荷。在每次锻炼前,都要评估自己的身体状况,选择的运动项目的难度和强度不要超过自己身体的承受能力,否则会损害身体健康。

(二) 从外界环境条件的实际出发

参加体育锻炼时,一方面要根据自身的实际情况;另一方面,还要从季节、气候、场地、器材等外界条件的实际情况出发,按照科学锻炼的方法,合理选择运动项目、练习时间、运动负荷,这样才能获得良好的锻炼效果。例如,在冬季应着重发展耐力和力量素质,在春秋两季应重点进行技术性的项目,在炎热的夏季,游泳是比较理想的运动项目,但在运动时不要在阳光下运动太长时间;在力量训练前,要仔细检查器械,避免伤害事故的发生。

二、循序渐进原则

循序渐进原则主要是指在安排锻炼内容、难度、时间及负荷等方面,要根据人体发展规律和超量恢复原理(人体在运动后的恢复过程中,体内被消耗的能量物质会在一段时间内恢复并可能超过原有水平),有计划、有步骤地逐步提高要求,使人体在不断适应的同时逐步增强体质。

(一) 运动负荷的循序渐进

在进行体育锻炼时,当机体对一定运动负荷产生适应之后,这种负荷对机体的刺激会变小,此时,可以适当增加练习时间和练习次数,让机体产生新的适应,但运动负荷的增加要由小到大,逐步提高。体育锻炼的开始阶段或中断锻炼后恢复锻炼时,强度宜小,时间宜短,不要急于求成。

(二) 练习内容的循序渐进

练习内容要由简到繁,在动作要求上应由易到难,逐步加大难度。应首先考虑简单易行、容易收到锻炼效果的项目和内容。在每次练习时,也应先从动作简单、强度不大的内容开始练习,然后逐渐增加动作难度和运动负荷。体育锻炼只有遵循人体生理、心理发展的基本规律,根据自己的身体健康状况,科学地安排适宜的运动负荷和练习内容,才能获得良好的锻炼效果。

三、持之以恒原则

锻炼身体要有连续性和系统性,只有经常参加体育锻炼,安排适合自己兴趣、爱好的运动项目,科学地制订健身计划,才能不断有效地增强体质。科学实验表明,不经常参加体育锻炼或中断体育锻炼的人,原有的身体机能、素质和运动技术水平明显下降;中断锻炼时间越长,下降越明显。

掌握一项运动技术也需要持之以恒。人的大脑中有大量的神经突触,必须通过固定形式的重复练习对这些突触连续进行某种刺激,才能在大脑中形成一整套固定形式的反应,即动力定型。动力定型建立后,运动者就能习惯性地、熟练地完成一整套练习。如果不能坚持练习,已形成的条件反射就不能及时得到强化而慢慢消退,动作记忆就不牢固。

四、全面锻炼原则

全面锻炼身体原则是指通过体育锻炼使身体形态、机能、身体素质和心理素质都得到全面和谐的发展。

人体是一个有机的统一体,各个器官和系统的机能都是相互联系和相互影响的。因此,体育锻炼选择的练习内容和方法应力求全面影响身体,使各种身体素质和身体各器官的机能得到全面发展。练习内容和练习手段的选择不能过于单一,因为每种练习内容或练习手段对身体的影响具有局限性;练习内容和练习手段应多样、丰富,应避免长期局限于只锻炼身体某部位、只发展某种身体素质的练习;在锻炼中可以某一项为主,辅以其他锻炼内容,如健美爱好者应在进行肌肉力量练习的同时增加一些发展有氧耐力和柔韧素质的练习,使身体得到全面的锻炼。

五、因地制宜原则

因地制宜原则是指体育锻炼应根据不同地区和环境条件来选择适宜的运动项目,安排适宜的锻炼手段和方法。通常各个地区、学校之间,甚至同一学校的各系之间,可供体育锻炼的场地、器材设备等条件都会有所差异,锻炼身体要充分利用自然环境因素,靠近江河湖海的地方应开展多种多样的水上运动,靠山的地方可开展登山、越野等活动;校园,林荫小道,学生宿舍的楼梯、天台,亦可用于开展小型多样的体育活动。总之,只要提高了参与体育健身的意识,有自觉锻炼的愿望,"运动场就在身边"。我国高等学校学生人数较多,供学生课外体育锻炼的场地、器材设备普遍不足,所以更要利用各种可以利用的场地,开展形式多样、简单易行的体育活动,以丰富和活跃校园文化生活。

上述原则是相互联系、相互促进的,在参加体育锻炼时,只有贯彻科学锻炼身体的原则,才能使身体得到全面发展,不断提高健康水平。

第二节 体育锻炼卫生常识

生命在于运动,运动在于合理与科学,只有掌握体育锻炼的一般生理卫生知识,科学地进行体育锻炼,才能起到强身健体和防病治病的作用。

一、注意做好准备活动和整理活动

体育锻炼的过程是人体从静态到动态再到静态的变化过程,而准备活动和整理活动就是实现这种变化的过渡手段。

(一)准备活动

准备活动是指体育锻炼前所进行的一系列身体练习,其目的是打破安静时的身体生理平衡状态，使各器官迅速地从安静状态过渡到运动状态。

准备活动的作用在于提高中枢神经系统的兴奋性；扩大肌肉、韧带和关节的活动范围；克服内脏器官的惰性，加强心血管和呼吸器官的活动能力，使机体各方面的功能达到适应锻炼的要求，预防或减少因体育锻炼而超生理负荷出现的运动损伤。

准备活动包括一般性准备活动和专门性准备活动两种。首先应做一般性准备活动，利用走、跑和徒手操活动身体各个部位使之发热，然后做专门性准备活动，即针对所要从事的锻炼项目的特点进行一些专门性练习，例如，短跑前可做小步跑、高抬腿和后蹬跑，排球比赛前可做传球和垫球等练习。

准备活动量的大小和时间长短，应根据锻炼项目的内容和强度，以及季节和气候的不同而有所差异，一般达到身体发热或微微出汗，自我感觉灵活、舒适即可。

（二）整理活动

整理活动是指在体育锻炼后所采用的一系列放松练习和按摩等恢复手段，其目的是消除疲劳，恢复体能，提高锻炼效果。它可使人体较好地从紧张的运动状态逐渐过渡到相对的安静状态，使身体得到新的平衡。

运动对身体生理平衡的破坏，会引起一系列生理的变化，这种变化不会随运动的停止而消失，而需要一个恢复的过程。如果剧烈运动后突然停止、坐下或蹲下，不仅会加重疲劳，更有晕倒的危险。因此，运动后要认真地做好整理活动。

整理活动应着重于全身性放松，尽量采用轻松、活泼和柔和的练习，活动量逐渐减少，节奏逐渐减慢，以使呼吸频率和心率下降，一般持续15~20分钟。例如，长跑到达终点后再慢跑一段，或边走边做深呼吸运动和放松徒手操。整理活动之后，还要注意身体保暖，以防身体着凉引起感冒。

二、运动饮水和饮食卫生

机体在运动中易失去大量的水和能量，导致身体的内环境失去平衡，全身无力，精神不振，感到疲劳，若不及时补充会直接损害身体健康。

（一）运动饮水卫生

运动中的饮水应以少量、多次为原则，同时应饮接近于血浆渗透压的生理盐水或含少量蔗糖、果汁的饮料，以基本维持机体在运动时失去的生理平衡。剧烈运动时和运动后，均不宜一次性大量饮水。如果在运动中饮水过量，会使胃膨胀，妨碍膈肌的活动，从而影响呼吸；同时，会使血液量增多，增加心脏、肾脏的负担，有害健康。

（二）运动饮食卫生

因剧烈运动而必须补充能量时，应采用易吸收的流质或半流质食物，以食量小、热量高为原则，基本维持机体在失去生理平衡后所需的能量。

运动中或运动前不宜大量进食。否则，由于剧烈运动的颠簸作用，有可能食物的重力而牵拉肠系膜，引起腹痛。同时，因运动的需要，大量血液流进骨骼肌，使胃肠的血液减少，消化机能减弱，长此以往，轻则引起消化不良，重则导致胃炎、胃溃疡等慢性消化道疾病。因而运动中大量进食和饭后即刻运动，都是不符合要求的，会直接影响身体健康。一般体育锻炼应在饭前 0.5~1 小时结束，饭后 1.5 小时开始。

需要注意的是，由于运动后易产生饥饿感，因此用餐时不要狼吞虎咽，更不能暴饮暴食。另外，在比赛前或疲劳时，也不宜吃太油腻的食物。

三、运动衣着与环境卫生

（一）运动衣着卫生

运动服装和鞋子要符合运动项目要求，必须有利于健康和身体自由活动。运动服装要质地柔软，通气性和吸水性能良好；运动鞋应大小适宜，具有一定的弹性及良好的通气性能，鞋跟的高低必须适宜。另外，穿着的袜子应当通气性良好，吸汗性强，而且干净、柔软、有弹性。经常从事体育锻炼的人，要勤换洗运动衣物。

（二）运动环境卫生

运动环境是指人们进行体育运动时所具备的外界条件，如空气、运动场地和运动设施等。运动环境是人类赖以生存的自然环境的一个局部，因而受自然环境的影响。

体育锻炼应在空气新鲜的环境中进行。新鲜空气中含有大量的负离子，它能调节大脑皮层的功能，使腺体分泌增加，改善呼吸功能，振奋精神，消除疲劳，有效提高锻炼效果。有研究表明，越是绿色植物茂密的地方，空气中负离子的含量越高，如表 4-1 所示。因此，体育锻炼应尽量选择室外，最好是在绿化较好、环境幽雅的地方进行。如在室内锻炼，要开窗通风，并禁止吸烟。

表 4-1　不同地点的空气中负离子含量　　　　　　　个/立方米

一般居室	街道、广场	郊外	疗养地	森林、山谷、瀑布附近
40~50	100~400	800~1 000	10 000	20 000

进行体育锻炼时还应注意运动场地和运动设施是否满足一定的卫生要求。如场地是否平整，光线是否充足，有无噪声等。只有综合考虑上述因素，才能为体育锻炼选择一个良好的运动环境，从而提高锻炼效果，有益于身体健康。

四、运动时的自我监督

自我监督又称自我检查，是锻炼者在体育锻炼过程中，对自己健康状况和生理功能变化做连续观察并定期记录的行为。其目的在于评价锻炼结果，调整锻炼计划，防止过度疲劳和运动损伤，以利于提高健康水平。经常进行自我监督，对于增强信心，坚持科学锻炼，防止运动过量或不足，提高锻炼效果和养成良好的运动卫生习惯等都有重要意义。

体育锻炼自我监督的内容主要包括主观感觉和客观检查两个方面。

（1）主观感觉。主观感觉包身体感觉、运动情绪、睡眠、食欲、排汗量和排尿等内容。人的主观感觉是人体功能状况的直接反映。健康并能科学地进行体育锻炼的人，总是精力充沛、心情愉快、睡眠正常、食欲良好；反之，则应调整体育锻炼的内容、运动量和运动方法。

（2）客观检查。客观检查包括生理指标、运动成绩和其他伤病情况。其中，生理指标主要包括脉搏、血压、体重和肺活量等；运动成绩包括身体素质和专项运动成绩等。

体育锻炼自我监督的具体方法是将体育锻炼后出现的各种生理反应测定的有关数据记录下来，然后对各项记录进行综合分析和判断，检查锻炼的内容、方法和运动负荷是否科学合理。如果发现异常应及时查找和分析原因，及时调整练习内容和运动负荷，必要时暂停锻炼或找医生做进一步检查。

每个人在体育运动过程中和锻炼后出现的生理反应和自我感觉都是不同的。因此，应根据自己的状况，在综合分析的基础上做出正确的判断，以便更科学地进行体育锻炼。

第三节　运动中常见的生理反应及其处理

运动使人体生理活动过程的有序性暂时受到了破坏，常常出现某种生理反应，这种反应称为运动生理反应。正确认识和处理运动中的生理反应，可以克服盲目性和随意性。常见的运动生理反应及处理方法如下。

一、过度疲劳

（一）原因

片面追求运动成绩和锻炼效果，违反运动的安全性和循序渐进的原则，持续进行大负荷的体育锻炼；伤病后身体未完全康复就投入常规锻炼，缺乏全面的身体素质和心理训练。

（二）征象

一般表现为食欲减退，睡眠障碍，精神不振，有时头痛、头晕、记忆力减退或心情烦躁不安，客观检查虽无明显异常，但影响到平时的学习和生活。

（三）处理

贯彻早发现、早处理的原则，及时调整锻炼计划，降低运动强度，减少运动时间，避免大难度动作，注意休息。增加睡眠时间，改善营养，辅以洗温水浴，进行恢复性按摩和体育医疗等。

（四）预防

遵循科学的锻炼原则，增强身体素质，因人而异地制订合适的锻炼计划。加强自我监督，注意观察锻炼中的不良征兆。伤病要及时治疗，待身体恢复后再逐渐增加运动量。

二、极点和第二次呼吸

（一）极点

在剧烈运动，特别是中长跑时，能量消耗大，下肢回流血量减少，氧债（由于人在剧烈运动时必须补充氧气才能满足正常所需，因此，此时氧气是亏的，故称为氧债，它是评定一个人无氧耐力的重要指标）不断积累并达到一定的程度，就会出现呼吸急促、胸闷难忍、下肢沉重、动作不协调，甚至恶心的现象，这在运动生理学上称为极点。

（二）第二次呼吸

极点出现后，适当地减慢运动速度，并加深呼吸，坚持下去，上述生理反应将逐渐缓解与消失。随后机能得到重新改善，氧供应增加，运动能力得到提高，动作变得协调有力。这种现象标志着极点已经有所克服，生理过程出现新的平衡，在运动生理学上称为第二次呼吸。第二次呼吸出现以后，循环机能将稳定在较高的水平上。

（三）处理和预防

极点与第二次呼吸是长跑运动中常见的生理现象，无须疑虑和恐惧，只要坚持经常锻炼和处理得当，极点现象是可以延缓和减轻的。

克服极点的方法有三：一是准备活动要充分，使植物性神经提前兴奋；二是当极点出现后要放慢运动速度和降低运动强度，并加深呼吸；三是要注意平时的锻炼，提高呼吸和血液循环系统的功能。

三、肌肉酸痛

运动引起的肌肉酸痛可分为急性肌肉酸痛与慢性肌肉酸痛（迟发性的肌肉酸痛）两种。急性的肌肉酸痛有别于肌肉拉伤，它是因肌肉暂时性的缺血而造成的酸痛现象。只有肌肉进行激烈或长期的活动时才会发生，肌肉活动一结束即消失。通常，急性的肌肉酸痛会伴有肌肉僵硬的现象。

慢性肌肉酸痛往往发生在运动结束后 1~2 天内，一般在一次运动量较大的锻炼后，或是较长时间未锻炼后刚开始锻炼时会出现。

（一）原因

运动时肌肉运动量大，引起局部肌纤维及结缔组织的细微损伤，以及部分肌纤维的痉挛所致。由于这种肌纤维细微损伤及痉挛是局部的，故而就整块肌肉而言仍能完成运动功能，但是存在酸痛感。酸痛后，经过肌肉内部细微损伤的修复，肌肉组织变得较以前强壮，以后同样负荷将不易再发生损伤。

（二）征象

主要表现为局部肌肉的酸痛及全身乏力。

（三）处理

（1）热敷。热敷有助于损伤组织的修复及痉挛的缓解。

（2）伸展练习。伸展练习有助于缓解痉挛。对肌肉进行局部的静力牵张练习，保持伸展状态 2 分钟，然后休息 1 分钟，重复进行。但要注意做练习时不可用力过猛，以免造成肌纤维损伤。

（3）按摩。按摩有使肌肉放松、促进血液循环的作用，有助于损伤修复及痉挛缓解。

(4) 口服维生素 C。维生素 C 有促进结缔组织中胶原合成的作用，有助于受伤组织的修复，从而减轻或缓解酸痛。

(5) 针灸、电疗。针灸、电疗等手段对缓解酸痛也有一定的作用。

（四）预防

(1) 根据个人的体质、身体状况，科学地安排锻炼计划，锻炼负荷不要过大，也不宜增加过猛。

(2) 锻炼时应尽量避免长时间锻炼身体的某一部分，以免局部肌肉负荷过重。

(3) 在准备活动中，应注意使在即将进行的锻炼中负荷重的肌肉活动得更充分，这对损伤有预防作用。

(4) 整理活动除进行一般性的放松练习外，还应重视肌肉的伸展牵拉练习，这有助于预防局部肌纤维痉挛，从而避免酸痛的发生。

四、肌肉痉挛

肌肉痉挛俗称抽筋，是指肌肉发生不自主的强直收缩，变得僵硬。运动中最容易发生痉挛的肌肉是小腿腓肠肌，其次是足底的屈拇肌和屈趾肌。

（一）原因

在剧烈运动中，由于肌肉快速连续性收缩，导致肌肉收缩与放松的协调交替关系被破坏，特别是局部肌肉处于疲劳时，更易发生肌肉痉挛。肌肉受到寒冷的刺激，或情绪过于紧张，也可引起肌肉痉挛。

（二）征象

肌肉痉挛时，局部肌肉产生剧烈性收缩，并变得坚硬和隆起，疼痛难忍，且一时不易缓解。

（三）处理

立即对痉挛部位的肌肉进行牵引，如腓肠肌痉挛，应伸直膝关节，并做足部的背伸动作；若屈拇肌、屈趾肌痉挛，则用力将足趾背伸。但牵引时切忌施力过猛，最好有同伴协助。此外，可配合局部按摩和点穴（承山穴、涌泉穴和委中穴等），以促进痉挛缓解和消失。

（四）预防

运动前要做好准备活动，对容易发生痉挛的部位，应当事先进行适当的按摩；夏季进行长时间的运动时要注意补充盐分，冬季锻炼时要注意保暖；游泳下水前应先用冷水淋浴，且游泳时不要在水中停留过长时间；疲劳和饥饿时不要进行剧烈运动。

五、运动性腹痛

运动性腹痛是指直接由运动引起的腹部疼痛。腹痛是运动中常见的症状，多见于中长跑、竞走、马拉松、自行车和篮球等运动项目。

（一）原因

第一，饭后过早参加运动，胃受食物充盈引起牵扯痛和胀痛；或运动前饮水过多以及腹部受凉，引起胃肠痉挛，导致疼痛。第二，准备活动不充分，血流量不能及时回心，造成肝脾瘀血肿胀，牵扯其被膜引起疼痛。第三，运动时呼吸紊乱，膈肌运动异常，引起肝脾膜张力性疼痛。

（二）征象

运动性腹痛部位不固定，一般食后运动疼痛常发生在上腹部或中部，胃痉挛的疼痛部位在上腹部，肠痉挛、肠结核引起疼痛的部位在腹腔中部；肝脾膜张力性疼痛，常在左右两侧上腹部。

（三）处理

一般采用减速慢跑，加深呼吸，按摩疼痛部位或弯腰跑一段距离等方法，疼痛可减轻或消失。若疼痛没有减轻或消失，甚至加重，应立即停止运动，并口服十滴水或揉按内关、足三里和大肠俞等穴位。如仍不见效，应及时请医生诊治。

（四）预防

合理安排运动时间，饭后至少一小时后才可进行锻炼；运动前要充分做好准备活动，运动时要循序渐进，并注意呼吸节奏；对于各种慢性疾病引起的腹痛应就医检查，病愈之前应在医生和体育教师指导下进行锻炼。

六、运动性贫血

我国成年健康男性每升血液中含血红蛋白量为125~160克，女性为110~150克。若低于这一生理数值，则视为贫血。因运动引起的血红蛋白量减少，称为运动性贫血。

（一）原因

运动时机体对蛋白质与铁的需求量增加，一旦需求量得不到满足，即可引起运动性贫血。

运动时脾脏释放的溶血卵磷脂会使红细胞的脆性度增加，加上剧烈运动时血流加快，易引起红细胞破裂，从而导致运动性贫血。

少数学生由于偏食或爱吃零食影响正常营养摄入，或长期慢性腹泻影响营养吸收，运动时也常出现贫血现象。

（二）征象

运动性贫血发病缓慢，平时表现有头晕、恶心、气喘、体力下降，运动后出现心悸、心率加快和脸色苍白等。

（三）处理

如运动中（后）出现头晕、无力、恶心等现象，应适当减少运动量，必要时暂停运动。补充富含蛋白质和铁的食物，口服硫酸亚铁片和维生素C，对缺铁性贫血的治疗有明显的效果。

(四）预防

锻炼时遵循循序渐进和个别对待的原则，并克服偏食习惯。如运动时经常出现头晕现象，应及时诊断医治，以利于正常参加体育锻炼。

七、运动性昏厥

在运动中，由于脑部突然供血不足而发生的一时性知觉丧失现象，叫作运动性昏厥。

（一）原因

由于剧烈运动或长时间运动，大量血液积聚在下肢，回心血流量减少，导致脑部供血不足而出现昏厥状态。跑后如立即停止不动，亦可出现"重力性休克"现象。

（二）征象

全身无力、眼前一时发黑、面色苍白、手足发凉，失去知觉而昏倒。生理检测脉搏慢而弱、呼吸缓慢和血压降低等。

（三）处理

立即将患者平卧，使足略高于头部，并进行向心方向按摩，同时指压人中、合谷等穴位。如出现呕吐症状，应将患者头偏向一侧，以利于呼吸道畅通。如呼吸停止，应立即进行人工呼吸。轻度征象者，可由同伴搀扶慢走，并进行深呼吸。重症患者，经临场处理后送医院治疗。

（四）预防

平时应加强体育锻炼，以增强体质；久蹲后不要突然起立；急跑后不要立即停下来；不要带病或在饥饿情况下进行剧烈运动。

八、运动性低血糖症

低血糖症是指血糖浓度低于正常值时出现的一系列临床症状。在中长跑和马拉松比赛和训练时，由于时间过长，强度持久，运动员体内的血糖会大量消耗，因而有时会发生低血糖症，这种低血糖症称为运动性低血糖症。它一般发生在运动过程中或比赛结束后。

（一）原因

由于长时间的剧烈运动，体内血液中的葡萄糖被大量消耗，大脑皮层葡萄糖代谢的机能紊乱，胰岛素增加。除长时间剧烈运动外，运动前饥饿、情绪过于紧张或身体有病等都可能成为本病诱因。

（二）征象

轻者感到无力、饥饿、极度疲乏、头晕心慌、面色苍白、出冷汗、烦躁不安；重者出现神志模糊、语言不清、精神错乱等现象，甚至惊厥和昏迷。检查时可发现脉搏快而弱，呼吸短促，瞳孔扩大，血糖降至 0.5 克每升以下。

（三）处理

一旦出现运动性低血糖症，可饮用糖水并吃甜食。如果症状严重，可静脉注射葡萄糖浓溶液，提高血糖浓度。

（四）预防

锻炼前应进食，不空腹锻炼，体弱和缺乏锻炼者不宜参加长时间、长距离和大运动量的锻炼，当自觉饥饿明显或出现低血糖症状时，应停止锻炼或降低运动量，并及时补充糖水或含糖食物。

九、运动性中暑

运动性中暑是近年来提出的运动性疾病之一。它是指肌肉运动时产生的热超过身体能散发的热而造成运动员体内的过热状态。常见于年轻的马拉松运动员、铁人三项运动员和群众性体育锻炼者。

（一）原因

在高温环境中，特别在温度高，通风不良，头部又缺乏保护、被烈日直接照射的情况下进行体育锻炼，因体温调节功能障碍，易发生中暑。

（二）征象

轻度中暑，可出现面部潮红、头晕、头痛、胸闷、皮肤灼热、体温升高；严重时，将出现恶心、呕吐、脉搏快而细弱、精神失常、虚脱抽搐、血压下降，甚至昏迷。

（三）处理

迅速将患者移至通风、阴凉处，解开衣领，冷敷额部，用温水抹身，并给予含盐清凉饮料或十滴水，数小时后即可恢复正常。严重患者，经临时处理后应迅速转送医院治疗。

（四）预防

在炎热季节进行锻炼时，应适当降低运动量，缩短运动时间，避免在烈日下长时间锻炼；夏天在室外锻炼时，宜穿浅色衣服，戴遮阳帽；在室内锻炼时，应有良好的通风条件，并注意饮低糖含盐饮料。

思考题

1. 体育锻炼的科学原则包括哪几项？
2. 运动前和运动中有哪些注意事项？你还知道哪些体育锻炼卫生常识？
3. 运动中出现过度疲劳、肌肉痉挛、运动性腹痛时应如何处理？

参考文献

[1] 陈万章. 大学体育与健康 [M]. 北京：北京体育大学出版社，2004.

[2] 陈志勇. 现代大学体育教程 [M]. 修订版. 北京：北京体育大学出版社，2013.

[3] 黄伟明，郑印渝. 新编大学体育与健康教程 [M]. 镇江：江苏大学出版社，2014.

第五章

大学生体质健康测试标准

> **学习目标**
> 1. 了解《国家学生体质健康标准》颁布的意义。
> 2. 熟悉《国家学生体质健康标准》的评价指标与实施办法。
> 3. 掌握大学生体质健康评价指标与实施办法。

第一节 《国家学生体质健康标准》说明

大学生体质健康评价是高等学校体育工作的重要环节，也是学校教育评价体系的重要组成部分。建立全面科学的学生体质健康的评价体系，可使学生自身、家长、学校、社会等各方面及时了解学生的身体健康状况，从而促使学生调整自己的学习和锻炼目标，并为学校和教育管理部门制定和调整体育教育政策提供科学的依据。

为贯彻落实健康第一的指导思想，切实加强学校体育工作，促进学生积极参加体育锻炼，养成良好的锻炼习惯，提高体质健康水平，教育部和国家体育总局于2014年7月正式颁布了《国家学生体质健康标准（2014年修订）》（以下简称《标准》）和实施办法。

与以前的标准相比，《标准》重在激励学生积极进行身体锻炼，而不是为了测试而测试。它采用个体评价标准，能够清晰地看出学生个体差异与自身某些方面的不足，这有利于通过测试促进学生积极参加体育锻炼，通过锻炼改善健康状况，弥补差距，从而促进身体健康全面发展。

此外，《标准》还突出了对改善学生健康有直接影响且关系密切的身体成分、心肺循环系统功能、肌肉力量和耐力及肌肉韧性等指标，体现了现代社会对健康的具体要求，实现了测试指标由"运动技术指标"向"健康指标"的过渡。

下文结合《标准》，简要介绍大学生体质健康评价的要点与方法。

（1）《标准》是国家学校教育工作的基础性指导文件和教育质量基本标准，是评价学生综合素质、评估学校工作和衡量各地教育发展的重要依据，是《国家体育锻炼标准》在学校的具体实施，适用于全日制普通小学、初中、普通高中、中等职业学校、普通高等学校的学生。

（2）《标准》的修订坚持健康第一，落实相关文件有关要求，着重提高《标准》应用的信度、效度和区分度，着重强化其教育激励、反馈调整和引导锻炼的功能，着重提高其教育监测和绩效评价的支撑能力。

（3）《标准》从身体形态、身体机能和身体素质等方面综合评定学生的体质健康水平，是促进学生体质健康发展、激励学生积极进行身体锻炼的教育手段，是国家学生发展核心素养体系和学业质量标准的重要组成部分，是学生体质健康的个体评价标准。

（4）《标准》将适用对象划分为以下组别：小学、初中、高中按每个年级为一组，其中小学为6组，初中为3组，高中为3组；大学一、二年级为一组，三、四年级为一组。

（5）小学、初中、高中、大学各组别的测试指标均为必测指标。其中，身体形态类中的身高、体重，身体机能类中的肺活量，以及身体素质类中的50米跑、坐位体前屈为各年级学生共性指标。

（6）《标准》的学年总分由标准分与附加分之和构成，满分为120分。标准分由各单项指标得分与权重乘积之和组成，满分为100分。附加分根据实测成绩确定，即对成绩超过100分的加分指标进行加分，满分为20分；小学的加分指标为一分钟跳绳，加分幅度为20分；初中、高中和大学的加分指标为男生引体向上和1 000米跑，女生一分钟仰卧起坐和800米跑，各指标加分幅度均为10分。

（7）根据学生学年总分评定等级：90.0分及以上为优秀，80.0~89.9分为良好，60.0~79.9分为及格，59.9分及以下为不及格。

第二节 大学生体质健康评价指标与实施办法

一、大学生体质健康评价指标

《标准》中的大学生体质健康单项指标与权重如表5-1所示。

表5-1 大学生体质健康单项指标与权重

单项指标	权重/%
体重指数（BMI）	15
肺活量	15
50米跑	20
坐位体前屈	10
立定跳远	10
引体向上（男）/1分钟仰卧起坐（女）	10
1 000米跑（男）/800米跑（女）	20

注：体重指数（BMI）= 体重（千克）/身高^2（米^2）

（一）单项指标评分表

大学一年级至四年级男生和女生体重指数（BMI）单项评分如表 5-2 所示，大学生肺活量单项评分如表 5-3 所示，大学生 50 米跑单项评分如表 5-4 所示，大学生坐位体前屈单项评分如表 5-5 所示，大学生立定跳远单项评分如表 5-6 所示，大学生男生引体向上、女大学生一分钟仰卧起坐单项评分如表 5-7 所示，大学生耐力跑（男生 1 000 米、女生 800 米）单项评分如表 5-8 所示。

表 5-2　大学生体重指数（BMI）单项评分　　　　　　　千克/米²

等级	单项得分	男生评分标准	女生评分标准
正常	100	17.9~23.9	17.2~23.9
低体重	80	≤17.8	≤17.1
超重		24.0~27.9	24.0~27.9
肥胖	60	≥28.0	≥28.0

表 5-3　大学生肺活量单项评分　　　　　　　毫升

等级	单项得分	男生评分标准		女生评分标准	
		大一/大二	大三/大四	大一/大二	大三/大四
优秀	100	5 040	5 140	3 400	3 450
	95	4 920	5 020	3 350	3 400
	90	4 800	4 900	3 300	3 350
良好	85	4 550	4 650	3 150	3 200
	80	4 300	4 400	3 000	3 050
及格	78	4 180	4 280	2 900	2 950
	76	4 060	4 160	2 800	2 850
	74	3 940	4 040	2 700	2 750
	72	3 820	3 920	2 600	2 650
	70	3 700	3 800	2 500	2 550
	68	3 580	3 680	2 400	2 450
	66	3 460	3 560	2 300	2 350
	64	3 340	3 440	2 200	2 250
	62	3 220	3 320	2 100	2 150
	60	3 100	3 200	2 000	2 050
不及格	50	2 940	3 030	1 960	2 010
	40	2 780	2 860	1 920	1 970
	30	2 620	2 690	1 880	1 930
	20	2 460	2 520	1 840	1 890
	10	2 300	2 350	1 800	1 850

第五章 大学生体质健康测试标准

表5-4 大学生50米跑单项评分　　　　　　　　　　　　　　　　秒

等级	单项得分	男生评分标准		女生评分标准	
		大一/大二	大三/大四	大一/大二	大三/大四
优秀	100	6.7	6.6	7.5	7.4
	95	6.8	6.7	7.6	7.5
	90	6.9	6.8	7.7	7.6
良好	85	7.0	6.9	8.0	7.9
	80	7.1	7.0	8.3	8.2
及格	78	7.3	7.2	8.5	8.4
	76	7.5	7.4	8.7	8.6
	74	7.7	7.6	8.9	8.8
	72	7.9	7.8	9.1	9.0
	70	8.1	8.0	9.3	9.2
	68	8.3	8.2	9.5	9.4
	66	8.5	8.4	9.7	9.6
	64	8.7	8.6	9.9	9.8
	62	8.9	8.8	10.1	10.0
	60	9.1	9.0	10.3	10.2
不及格	50	9.3	9.2	10.5	10.4
	40	9.5	9.4	10.7	10.6
	30	9.7	9.6	10.9	10.8
	20	9.9	9.8	11.1	11.0
	10	10.1	10.0	11.3	11.2

表5-5 大学生坐位体前屈单项评分　　　　　　　　　　　　　　厘米

等级	单项得分	男生评分标准		女生评分标准	
		大一/大二	大三/大四	大一/大二	大三/大四
优秀	100	24.9	25.1	25.8	26.3
	95	23.1	23.3	24.0	24.4
	90	21.3	21.5	22.2	22.4
良好	85	19.5	19.9	20.6	21.0
	80	17.7	18.2	19.0	19.5

续表

等级	单项得分	男生评分标准		女生评分标准	
		大一/大二	大三/大四	大一/大二	大三/大四
及格	78	16.3	16.8	17.7	18.2
	76	14.9	15.4	16.4	16.9
	74	13.5	14.0	15.1	15.6
	72	12.1	12.6	13.8	14.3
	70	10.7	11.2	12.5	13.0
	68	9.3	9.8	11.2	11.7
	66	7.9	8.4	9.9	10.4
	64	6.5	7.0	8.6	9.1
	62	5.1	5.6	7.3	7.8
	60	3.7	4.2	6.0	6.5
不及格	50	2.7	3.2	5.2	5.7
	40	1.7	2.2	4.4	4.9
	30	0.7	1.2	3.6	4.1
	20	-0.3	0.2	2.8	3.3
	10	-1.3	-0.8	2.0	2.5

表5-6 大学生立定跳远单项评分   厘米

等级	单项得分	男生评分标准		女生评分标准	
		大一/大二	大三/大四	大一/大二	大三/大四
优秀	100	273	275	207	208
	95	268	270	201	202
	90	263	265	195	196
良好	85	256	258	188	189
	80	248	250	181	182
及格	78	244	246	178	179
	76	240	242	175	176
	74	236	238	172	173
	72	232	234	169	170
	70	228	230	166	167
	68	224	226	163	164
	66	220	222	160	161
	64	216	218	157	158
	62	212	214	154	155
	60	208	210	151	152

续表

等级	单项得分	男生评分标准		女生评分标准	
		大一/大二	大三/大四	大一/大二	大三/大四
不及格	50	203	205	146	147
	40	198	200	141	142
	30	193	195	136	137
	20	188	190	131	132
	10	183	185	126	127

表5-7 男生引体向上、女生一分钟仰卧起坐单项评分标准　　　　次

等级	单项得分	男生引体向上评分标准		女生一分钟仰卧起坐评分标准	
		大一/大二	大三/大四	大一/大二	大三/大四
优秀	100	19	20	56	57
	95	18	19	54	55
	90	17	18	52	53
良好	85	16	17	49	50
	80	15	16	46	47
及格	78			44	45
	76	14	15	42	43
	74			40	41
	72	13	14	38	39
	70			36	37
	68	12	13	34	35
	66			32	33
	64	11	12	30	31
	62			28	29
	60	10	11	26	27
不及格	50	9	10	24	25
	40	8	9	22	23
	30	7	8	20	21
	20	6	7	18	19
	10	5	6	16	17

表 5-8 耐力跑（男生 1 000 米、女生 800 米）单项评分标准　　　　分・秒

等级	单项得分	男生 1 000 米评分标准		女生 800 米评分标准	
		大一/大二	大三/大四	大一/大二	大三/大四
优秀	100	3′17″	3′15″	3′18″	3′16″
	95	3′22″	3′20″	3′24″	3′22″
	90	3′27″	3′25″	3′30″	3′28″
良好	85	3′34″	3′32″	3′37″	3′35″
	80	3′42″	3′40″	3′44″	3′42″
及格	78	3′47″	3′45″	3′49″	3′47″
	76	3′52″	3′50″	3′54″	3′52″
	74	3′57″	3′55″	3′59″	3′57″
	72	4′02″	4′00″	4′04″	4′02″
	70	4′07″	4′05″	4′09″	4′07″
	68	4′12″	4′10″	4′14″	4′12″
	66	4′17″	4′15″	4′19″	4′17″
	64	4′22″	4′20″	4′24″	4′22″
	62	4′27″	4′25″	4′29″	4′27″
	60	4′32″	4′30″	4′34″	4′32″
不及格	50	4′52″	4′50″	4′44″	4′42″
	40	5′12″	5′10″	4′54″	4′52″
	30	5′32″	5′30″	5′04″	5′02″
	20	5′52″	5′50″	5′14″	5′12″
	10	6′12″	6′10″	5′24″	5′22″

注：′代表时间单位分，″代表时间单位秒。

（二）加分指标评分表

大学生加分指标评分表如表 5-9 所示。

表 5-9 大学生加分指标评分表

加分	男生引体向上评分表 /次		女生一分钟仰卧起坐评分表 /次		男生 1 000 米跑评分标准 /秒		女生 800 米跑评分标准 /秒	
	大一大二	大三大四	大一大二	大三大四	大一大二	大三大四	大一大二	大三大四
10	10	10	13	13	-35″	-35″	-50″	-50″
9	9	9	12	12	-32″	-32″	-45″	-45″

续表

加分	男生引体向上评分表/次		女生一分钟仰卧起坐评分表/次		男生1 000米跑评分标准/秒		女生800米跑评分标准/秒	
	大一大二	大三大四	大一大二	大三大四	大一大二	大三大四	大一大二	大三大四
8	8	8	11	11	−29″	−29″	−40″	−40″
7	7	7	10	10	−26″	−26″	−35″	−35″
6	6	6	9	9	−23″	−23″	−30″	−30″
5	5	5	8	8	−20″	−20″	−25″	−25″
4	4	4	7	7	−16″	−16″	−20″	−20″
3	3	3	6	6	−12″	−12″	−15″	−15″
2	2	2	4	4	−8″	−8″	−10″	−10″
1	1	1	2	2	−4″	−4″	−5″	−5″

注：引体向上、一分钟仰卧起坐均为高优指标，学生成绩超过单项评分100分后，以超过的次数所对应的分数进行加分；1 000米跑、800米跑均为低优指标，学生成绩低于单项评分100分后，以减少的秒数所对应的分数进行加分；″代表时间单位秒。

二、《国家学生体质健康标准》实施办法

为了落实《国家学生体质健康标准》、教育部，国家体育总局还制订了相应的实施办法，其要点如下。

（1）每个学生每学年评定一次，记入《〈国家学生体质健康标准〉登记卡》。特殊学制的学校，在填写登记卡时可以按规定和需求相应地增减栏目。学生毕业时的成绩和等级，按毕业当年学年总分的50%与其他学年总分平均得分的50%之和进行评定。

（2）学生测试成绩评定达到良好及以上者，方可参加评优与评奖；成绩达到优秀者，方可获体育奖学分。测试成绩评定不及格者，在本学年度准予补测一次，补测仍不及格，则学年成绩评定为不及格。普通高中、中等职业学校和普通高等学校学生毕业时，《标准》测试的成绩达不到50分者按结业或肄业处理。

（3）学生因病或残疾可向学校提交暂缓或免于执行《标准》的申请，经医疗单位证明，体育教学部门核准，可暂缓或免于执行《标准》，并填写《免于执行〈国家学生体质健康标准〉申请表》，存入学生档案。确实丧失运动能力、被免于执行《标准》的残疾学生，仍可参加评优与评奖，毕业时《标准》成绩须注明免测。

（4）各学校每学年开展覆盖本校各年级学生的《标准》测试工作，《标准》测试数据经当地教育行政部门按要求审核后，通过"中国学生体质健康网"上传至"国家学生体质健康标准数据管理系统"。测试和数据上传时间，由教育行政部门确定。

思考题

1. 大学生体质健康评价的指标包括哪几项?
2. 结合自身,说一说你的体质健康测试达标情况。

参考文献

[1] 陈万章. 大学体育与健康 [M]. 北京:北京体育大学出版社,2004.

[2] 陈志勇. 现代大学体育教程 [M]. 北京:北京体育大学出版社,2003.

[3] 赵学森,蒋东升,凌齐. 体育文化与健康教育 [M]. 北京:北京理工大学出版社,2015.

运动技能篇

第六章

田 径

> **学习目标**
> 1. 了解田径运动的概况。
> 2. 了解跑类运动的基本技术和比赛规则。
> 3. 了解跳跃类运动的基本技术和比赛规则。
> 4. 了解投掷类运动的基本技术和比赛规则。

田径运动是在人类长期的生产劳动中产生和发展起来的,包括走、跑、跳跃和投掷等运动形式。

随着社会的发展和科技的进步,田径运动的项目不断增加,竞赛条件和竞赛规则不断改进和完善。目前,田径运动是各项体育运动中项目最多的。

田径运动分为田赛、径赛和全能项目。田赛主要指跑道内部进行的,以高度和远度计算成绩的比赛项目;径赛主要指在跑道或公路上完成的,以时间计算成绩的比赛项目;全能项目是由跑、跳跃和投掷中部分项目组成的综合项目。

田径运动是各项运动的基础。经常参加田径运动,能够提高健康水平,增强身体素质(包括速度、爆发力、耐力和反应时间等),培养意志品质,促进全面发展。

第一节 跑

跑是人体水平位移的一种基本运动形式,是单脚支撑与腾空相互交替、蹬与摆相互配合的周期性运动。

一、基本技术

（一）短跑

短跑包括 400 米及 400 米以下的所有径赛项目。短跑属于极限强度的运动，是发展速度素质最有效的手段，是许多田径项目及其他一些运动项目的基础。

短跑全过程技术按技术动作的变化可分为起跑、起跑后加速跑、途中跑和终点跑四个阶段。

1. 起跑

起跑的任务是使身体迅速摆脱静止状态，获得向前的最大初速度，为起跑后的加速跑创造条件。短跑必须采用蹲踞式起跑，并使用起跑器。蹲踞式起跑包括"各就位""预备"和"鸣枪"三个阶段。

（1）起跑器的安装。起跑器的安装方法一般有普通式、拉长式两种，如图 6-1 所示。

在普通式中，前起跑器距起跑线为一脚半长，后起跑器距前起跑器约一脚半长；而在拉长式中，前起跑器距起跑线约两脚长，后起跑器距前起跑器约一脚长。

两起跑器左右间隔约 15 厘米。前起跑器的抵足板与地平面约成 40 度~45 度角，后起跑器的抵足板与地面约成 70 度~80 度角。要根据个人身高、体型、训练程度选择合适的起跑器安装方法。

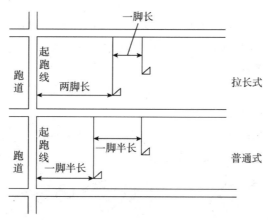

图 6-1 起跑器的安装方法

（2）起跑技术。起跑是按两个口令和一个信号进行的，起跑过程包括"各就位""预备"和"鸣枪"三个阶段。

（3）动作要领。起跑的动作要领如下。

①"各就位"。听到"各就位"口令后，运动员深呼吸，走到起跑线前，屈体下蹲，两脚依次踏在起跑器抵足板上，有力腿在前，后膝跪地；两手四指并拢，与拇指成八字形张开，虎口向前，支撑于起跑线后沿处；两手间距离比肩稍宽，两臂伸直，颈部放松，目视前下方 40~50 厘米处，如图 6-2（a）所示。

②"预备"。听到"预备"口令后，臀部平稳抬起，与肩同高或略高于肩，肩部略超

出起跑线，重心置于两臂和前腿上，前腿的大腿、小腿夹角约成90度，后腿的大腿、小腿夹角约为120度，两脚紧贴起跑器抵足板，集中注意力，如图6-2（b）所示。

③"鸣枪"。听到枪声响起之后，运动员就以一种爆发性的动作两手迅速推离地面，两臂屈肘做前后摆动，两脚用力快速蹬离起跑器，几乎同时后腿蹬离地面起跑器后，迅速以膝领先向前摆出，摆出时脚不应离地面太高。前腿快速有力地蹬伸髋、膝、踝三个关节，后腿已前摆并下压着地，以较大幅度的前倾姿势把身体向前推进，促进第一步快速完成，如图6-2（c）所示。

图6-2 起跑

(a)"各就位"；(b)"预备"；(c)"鸣枪"

（4）小提示。在某些径赛项目中，起跑线须设在弯道上，为了便于弯道起跑后有一段直线距离进行加速跑，起跑器应安装在跑道的右侧边沿，起跑器中心线正对弯道切点方向。运动员的左手撑在起跑线后沿5～10厘米处，身体正对弯道的切点。

2. 起跑后加速跑

起跑后加速跑是从后腿蹬离起跑器到途中跑之间的一个跑段，距离一般约为25～30米，男子一般用11～13步跑完，女子一般用13～15步跑完。

动作要领如图6-3所示。

①两臂用力加速摆动，摆幅加大；摆动腿用力上抬，向前摆动，支撑腿用力向后下方蹬伸，上体保持较大幅度前倾。

②第一步一般距起跑线2～2.5脚远处，第二步为4～4.5脚长，以后步长逐渐加大，步频加快，上体逐渐直起过渡到途中跑姿势。

图6-3 起跑后加速跑

3. 途中跑

途中跑是短跑全程中距离最长、速度最快的一段。

（1）动作要领。途中跑的动作要领如图6-4所示。

①头和上体保持正直或稍前倾，两臂屈肘，以肩为轴前后协调摆动。

②摆动腿大腿高抬，积极前摆，带动同侧髋向前转动。

③当身体重心前移超过垂直位置后，支撑腿快速有力蹬伸髋、膝、踝关节，推动身体

向前，当支撑腿蹬离地面，身体进入腾空状态。

④支撑腿小腿随蹬地后的惯性向大腿靠拢，大腿、小腿成折叠姿势，原支撑腿转为摆动腿，用力前摆。

⑤同时，原摆动腿大腿积极下压，小腿自然前伸，以前脚掌向后扒地，转为支撑腿。

图 6-4　途中跑

（2）小提示。在途中跑经过弯道时，应采用弯道跑技术。

①经过弯道时，身体应有意识地向内侧倾斜，加大右侧腿、臂的摆动力量和幅度。

②右腿膝关节稍向内扣，以脚掌内侧蹬地；左腿膝关节稍向外展，以脚掌外侧蹬地。

③右臂前摆时稍向左前方，后摆时肘关节稍偏向右后方；左臂摆动稍离开躯干。

4. 终点跑

终点跑是全程跑的最后一段，短跑的终点跑距离一般为终点线前 15～20 米。

动作要领：上体前倾，两臂用力加速摆动，大腿抬高向前迈步，频率加快；距终点线约一步时，上体急速前倾，用胸部或肩部触压终点线，跑过终点。

（二）中长跑

中长跑是耐力性运动项目，要求运动员在跑时既能保持一定速度，又能跑得持久。因此，对中长跑技术总的要求是：动作自然，身体重心移动平稳，节奏性强，肌肉用力和放松交替能力好，既有实效性，又能节省能量的消耗。

中长跑包括 800 米到 10 000 米的径赛项目，其技术动作与短跑基本相同，以下仅介绍中长跑中需注意的技术要点。

1. 起跑

中长跑比赛或测验时，采用站立式起跑，起跑前，先做 1～2 次深呼吸，然后站在起跑线后 3m 集合线外听候起跑口令。起跑分为"各就位"和"鸣枪"两个阶段，如图 6-5 所示。

（1）"各就位"。当"各就位"口令下达后，慢跑或走向起跑线，两腿前后开立，有力脚在前，全脚掌着地，脚尖紧靠起跑线后沿，后脚脚尖着地；上体前倾，两膝弯曲，有力脚异侧臂置于体前，同侧臂放于体侧；身体重心落于前脚，目视前下方 3～5 米处，保持稳定姿势，集中注意力听候枪声，如图 6-5（a）所示。

（2）"鸣枪"。听到枪声后，两腿用力蹬离地面，后腿蹬地后迅速前摆，前腿蹬直，两臂用力加速摆动,使身体快速向前冲出,进入加速跑阶段,如图6-5(b)所示。

图 6-5 站立式起跑
(a)"各就位";(b)"鸣枪"

2. 起跑后加速跑

中长跑的起跑后加速跑与短跑技术基本相同,不同的是上体前倾幅度和蹬摆力稍小。加速跑的距离须视项目、参加人数、个人训练水平和战术要求等情况而定。

3. 途中跑

途中跑是中长跑的主要阶段,是运动员比赛时发挥训练水平的过程。中长跑的途中跑与短跑技术相比,动作幅度略小,脚着地柔软而有弹性,一般由脚掌着地过渡到脚尖着地,跑步过程中保持匀速而有节奏。

中长跑时,由于内脏器官工作条件的改变,氧气供应落后于肌肉活动的需要,所以跑一段时间后,会出现胸闷、四肢无力、呼吸困难、跑速降低等症状,产生难以继续跑下去的感觉,这种现象称为极点,是一种正常的生理现象。当极点出现时,一定要以顽强的毅力坚持跑下去,要加强呼吸的深度,适当调整跑速。这样,极点现象就会缓解,身体机能就会得到明显好转,这就是生理上所谓的第二次呼吸。极点的克服,不仅是提高训练水平和训练效果的过程,也是培养顽强意志和克服困难精神的过程。

4. 终点跑

终点跑是指临近终点时的冲刺跑。运动员此时要以顽强的意志,加快摆臂和加强腿部的蹬摆,奋力跑到终点。终点跑的距离应根据项目、训练水平、战术要求、个人特点和临场情况而定。通常,800米跑可以是在最后300米,1 500米跑是在最后约400米,3 000米以上在最后400米或更长一些距离进行冲刺跑。终点跑的距离需根据自己的体力情况、战术要求和临场情况而定,一般为到达终点前的100~200米。

5. 中长跑的呼吸

中长跑运动员的呼吸节奏是中长跑运动的特点之一,合理的呼吸节奏取决于个人特点和跑的速度。中长跑体力消耗大,对氧气的需求量较大,因此呼吸时要有一定的频率和深度,并与跑步的节奏相配合,在正常跑速时,三步一呼、三步一吸;随着跑速的增加可改为两步一呼、两步一吸,在终点冲刺时有的运动员是一步一呼、一步一吸。呼吸节奏应与跑的节奏相配合。

随着疲劳的出现,呼吸的频率会有所增快,此时应注意深呼吸,以充分呼出二氧化碳，吸进大量新鲜氧气。

总之，长跑动作必须自然、协调、放松，必须具有较稳定的节奏，必须具备全程始终保持正确技术的能力，即使是在最后冲刺阶段、十分疲劳的情况下，也要保持动作不变形。

（三）接力跑

接力跑技术包括短跑技术和传接棒技术两部分，下文主要介绍传接棒技术。根据传接棒队员的传棒路线和接棒队员手掌接棒的方式和角度，传接棒方法可分为上挑式、下压式和推压式三种。在递棒者与准备接棒者手形变化的关系也有三种：向下、向上和开掌。

1. 持棒起跑

第一棒的起跑在 400 米起点，起跑时，应用右手握接力棒。有三种持棒方式，这三种方式有一个共同特点，就是接力棒不与地面接触。这是田径运动比赛规则所提出的要求。

第一种持棒方式是右手食指握棒，拇指与其他三指分开撑地，如图 6-6（a）所示；

第二种接棒方式是右手中指、无名指握棒，拇指、食指与小指分为三叉撑地，如图 6-6（b）所示；

第三种持棒方法是由拇指与食指撑地，其他三指握棒，如图 6-6（c）所示。

无论采用哪种握棒方式，都要以握棒并手支撑稳为原则。

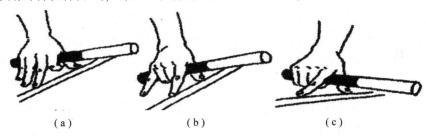

图 6-6　起跑时持棒方式
（a）第一种持棒方式；（b）第二种持棒方式；（c）第三种持棒方式

2. 传接棒方法及棒次分配原则

（1）传接棒方法。传接棒方法有以下几种。

①上挑式。接棒人的手臂自然向后伸出，手臂与躯干成 40 度～45 度，掌心向后，拇指与其他四指自然张开，虎口朝下；传棒人将棒的前端由上向下传到接棒人的呈"V"形的手中，如图 6-7 所示。

②下压式。接棒人听到传棒人信号后，向后伸出手臂，四指要并拢，虎口尽量张开，掌心向上；传棒人传棒时，手臂做向前摆的动作，把小臂伸出，手腕放松，将棒的前端放入接棒人的手中，接棒人握好棒后，传棒人松手，如图 6-8 所示。

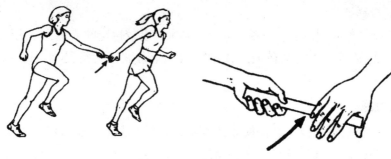

图6-7 上挑式传接棒

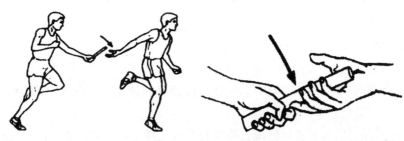

图6-8 下压式传接棒

③推压式。在此方法中,接棒者的手既不向下也不向上,而是将手掌伸开对着交棒者,手掌所处的位置是一个很明显的目标,使交棒者更容易递棒。采用这种传接棒的方法,接棒者在语言或非语言的提示下,应将手臂向后伸,使肘关节向后上方抬起,尽量将手臂的前臂抬到与肩同高的位置。为了达到理想的位置,在手掌摆过裤袋时拇指必须向下,手指稍向外伸。手臂通过调整自然地向后伸出,肘关节稍微向外拐。

(2)接力跑运动员棒次分配原则。一般情况下,第一棒应安排起跑技术好和善于跑弯道的运动员;第二棒应安排速度耐力好和已熟练掌控接棒和传棒技术的运动员;第三棒运动员除具备第二棒运动员的条件外,还应善于跑弯道;第四棒通常安排全队成绩最好,意志品质和冲刺能力都强的运动员。

3. 4×400米接力

(1)传接棒的方法。视觉交接棒是4×400米接力中最好的一种传接棒方法。接棒人面向跑道的最内道,左手向后伸并与胸同高,接传棒者右手传出的接力棒。接棒者的责任是将接力棒从传棒者手中拿过来,如图6-9所示。

(2)传接棒的顺序。第一棒跑时右手持棒传给第二棒左手,第二棒快速跑进传给第三棒。第二棒左脚在后,右脚在前,左手向后伸,眼从左肩向后看,手向上接棒,接棒后马上把棒换到右手,快速跑。第三、四棒面向内道站立,左手为跑进者做出明确的目标,手的位置取决于传棒者的位置,接棒者必须正确判断位置、跑道、交接距离和拥挤情况。第四棒接棒后迅速将棒换到右手,结束比赛。

图 6-9 视觉交接棒

第二节 跳跃

田径运动中的跳跃项目,是运用人体自身的能力或同时借助一定的器材,如撑竿,通过一定的运动形式,使人体跳过尽可能高的高度或尽可能远的距离的运动。

一、基本技术

(一)跳高

跳高技术种类较多,目前较为常用的是背越式跳高技术。背越式跳高包括助跑、起跳、过杆和落地四个阶段。

1. 助跑

背越式跳高的助跑分直线跑和弧线跑两个阶段,助跑路线如图 6-10 所示。

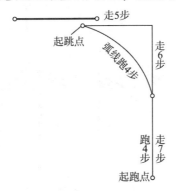

图 6-10 助跑路线

(1)动作要领。

①直线助跑一般为 4~5 步加速跑,两腿后蹬和前摆的幅度较大,身体重心较高,动作轻松、自然、有弹性。

②弧线助跑一般为 4~5 步,助跑时身体略向圆心倾斜,脚落地时由脚跟过渡到前脚

掌,摆臂与弯道途中跑相似。助跑最后两步节奏加快。

(2) 小提示。起跳点距近侧跳高架立柱约1米,距横杆投影线50~80厘米。

2. 起跳

跳高全过程如图6-11所示,其中,起跳的动作要领如下。

①起跳腿(背越式跳高以远离横杆的腿为起跳腿)向身体对侧迈出,踏上起跳点,以脚跟外侧着地,迅速过渡到全脚掌,屈膝缓冲,身体向起跳腿一侧倾斜,如图6-11(a)~(d)所示。

②摆动腿大腿积极向前上方摆至水平位置,小腿自然下垂,身体转为正直,如图6-11(e)所示。

③摆动腿屈膝内扣,向异侧肩上方摆动,并带动髋部向内转动,起跳腿迅速蹬伸髋、膝、踝关节,完成起跳动作,如图6-11(f)~(g)所示。

3. 过杆和落地

过杆和落地的动作要领如下。

①保持起跳腿蹬伸,躯干充分伸展;上体转动成背对横杆,起跳腿自然下垂,如图6-11(h)~(j)所示。

②当头和肩越过横杆后,迅速沉肩,两臂置于体侧,髋关节向上挺起,形成"背弓",两膝自然弯曲,小腿自然下垂,如图6-11(k)~(n)所示。

③当髋关节过杆后,大腿向上摆动,小腿上踢,使整个身体过杆,如图6-11(o)~(r)所示。

④两肩继续下沉,含胸收腹,自然下落,以肩部领先着垫。

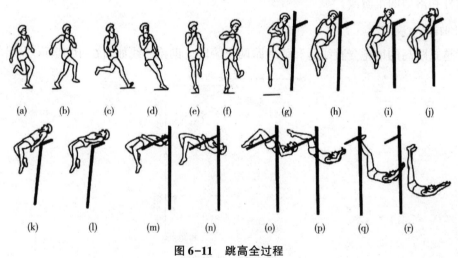

图6-11 跳高全过程

(二)跳远

跳远包括助跑、起跳、腾空和落地四个阶段。

1. 助跑

助跑距离一般为男子35~45米,女子30~35米。

动作要领如下。

①原地站立或行进中起动开始助跑，上体前倾，两腿积极摆动，后蹬充分，摆臂有力。

②助跑途中上体逐渐抬起，腿和手臂加速用力摆动，加快助跑速度，重心较高、身体平稳、节奏性强。

③助跑最后几步步频加快，保持较高的身体重心和较快的助跑速度，准备起跳。

2. 起跳

起跳动作是从助跑最后一步摆动腿后蹬开始，至起跳腿蹬离地面结束。

动作要领如下。

①助跑最后一步，摆动腿用力蹬地，使身体尽快向起跳板方向运动。起跳腿快速前摆，大腿积极下压，踏上起跳板，由脚跟过渡到全脚掌着地。

②起跳腿着地瞬间，髋、膝、踝关节被迫弯曲缓冲，同时，身体重心前移，起跳腿快速用力蹬伸，摆动腿大腿积极向前上方摆至水平位置，小腿自然下垂。

③起跳腿同侧臂屈肘向身体前上方摆动，异侧臂屈肘向体侧摆动，提肩、拔腰、向上顶头，如图6-12所示。

3. 腾空

（1）动作要领。起跳腿蹬离地面后，上体正直，摆动腿保持起跳时水平姿势，小腿自然下垂，起跳腿自然弯曲留在体后，形成空中的跨步飞行，如图6-13所示。

图6-12　起跳

图6-13　腾空步

（2）小提示。

①这一空中跨步飞行的姿势称为腾空步，作用是维持身体在腾空阶段的平衡，它是完成任何一种空中技术的基础动作。

②腾空的姿势分为蹲踞式和挺身式。

蹲踞式：接近腾空最高点时，起跳腿屈膝上提，与摆动腿并拢；双腿屈膝，大腿靠近胸部，上体稍前倾；两臂由前向下、向后摆动；落地前，两小腿向前伸出，准备落地，如图6-14所示。

图 6-14 蹲踞式腾空

挺身式：腾空后，摆动腿自然放下，小腿向后下方做弧形摆动；两臂向上、经体侧向后上方摆动；摆动腿与起跳腿并拢，髋部向前，胸、腰前挺，头、肩后展，成挺身展体姿势；落地前，两臂由后上方经体前、向后摆动；同时两大腿上抬，收腹举腿，上体前倾，小腿前伸，准备落地，如图 6-15 所示。

图 6-15 挺身式腾空

4. 落地

落地动作要领如图 6-16 所示。
①小腿尽力前伸，脚跟首先触地，前脚掌下压，两腿迅速屈膝缓冲；
②两臂屈肘前摆，身体向前方或侧方倒。

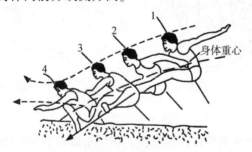

图 6-16 跳远落地

第三节　投掷类运动

投掷是人体运用自身的能力，通过一定的运动形式，将手持的规定器械掷出尽可能远的距离的体育运动项目。下文主要讲铅球的投掷。

一、基本技术

推铅球的技术有侧向滑步、背向滑步和旋转式三种,下面仅介绍运用最普遍的背向滑步推铅球技术。背向滑步推沿球技术可分为握球和持球、预备姿势、滑步、最后用力和维持身体平衡四个阶段。

(一) 握球和持球(以右手为例,下同)

握球的方法有两种,一种是分指握球,一种是并指握球。分指握球时,五指自然分开,手腕背屈,将铅球放在食指、中指和无名指的指根处,拇指与小指自然扶于球的两侧,如图6-17所示。并指握球时,五指并拢,掌心要空,把球放在指跟以上的位置,这种握球方法力量集中,出手速度快。

球握好后,屈肘,手持球放在肩上锁骨窝处,贴于颈部,右肘外展略低于肩,掌心向前,左臂自然上举,如图6-18所示。

图6-17 握球　　　　　　　图6-18 持球

(二) 预备姿势

持球后,背对投掷方向,两脚前后开立,相距20~30厘米。右脚尖贴近投掷圈后沿,脚跟正对投掷方向;左脚以前脚掌着地,自然弯曲,上体正直、放松。左臂自然上举,身体重心落于右腿上,如图6-19所示。

图6-19 预备姿势

(三) 滑步

背向滑步推铅球全过程如图6-20所示。

(1) 滑步前需要先做 1～2 次预摆。预摆时，左腿向投掷方向摆出，右腿协调配合向下蹬伸，上体前俯，左臂前伸；左腿收回靠近右腿，右腿弯曲，重心下降，预摆结束，如图 6-20（a）～（e）所示。

(2) 左腿用力向投掷方向摆出，右腿用力蹬伸，如图 6-20（f）～（g）所示。

(3) 当右腿蹬离地面后，身体向投掷方向快速平稳移动，此时迅速收拉右小腿，右脚尖向内转扣，以右前脚掌落于投掷圈中心附近；左脚迅速在抵趾板偏右侧位置以前脚掌内侧蹬踩着地，准备最后发力，如图 6-20（h）～（j）所示。

图 6-20　背向滑步推铅球全过程

（四）最后用力和维持身体平衡

(1) 右脚用力向投掷方向蹬转，同时带动右髋向投掷方向转动，左臂向左侧摆动，上体逐渐抬起，如图 6-20（k）～（m）所示。

(2) 随着髋部扭转，身体重心逐渐移至左腿，上体向投掷方向转动，挺胸抬头，如图 6-20（n）所示。

(3) 当左臂摆至体侧时，两脚积极蹬伸，右臂迅速用力将铅球向前推送；当铅球快离手时，手腕推送，手指拨球，将球推出，如图 6-20（o）～（q）所示。

(4) 铅球离手后，两腿迅速换位，降低身体中心，以维持身体平衡，如图 6-20（r）～（s）所示。

第四节　田径比赛规则简介

标准田径场应为 400 米半圆式，由两个平行直道和两个半径相等的弯道构成。弯道的半径为 36.50 米（36 米、37.898 米均可），分道宽为 1.22+0.01 米，分道线宽 5 厘米，所有分道宽应相同（分道宽应包括右侧分道线），如图 6-21 所示。

田径比赛的依据包括田径规则、裁判方法、竞赛规程、补充通知、技术会议的有关规定。这是田径比赛中裁判员、运动员、教练员必须遵守的法则。比赛中如有运动员对裁判员的判决、判罚有异议或不满，可向裁判长提出口头抗议并保留成绩，再以书面的形式向仲裁委员会提出抗议，仲裁委员会的裁决为最终判决。

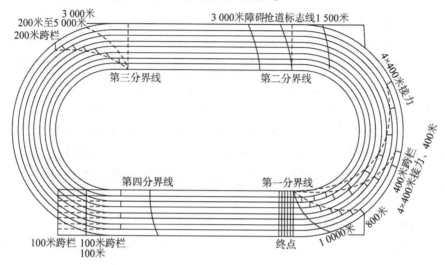

图 6-21 径赛场地

一、径赛规则简介

（一）短跑

（1）400 米及 400 米以下各项径赛起跑，运动员必须使用起跑器，采用蹲踞式起跑。

（2）在"各就位"口令之后，运动员必须走向起跑线，在自己的分道内完成起跑准备姿势，双手和一个膝盖必须触地，双脚必须触及起跑器。"预备"口令时，运动员应立即抬高身体重心，做好起跑姿势。此时，运动员的双手仍需与地面接触，双脚不得离开起跑器，手或脚均不得触及起跑线或线前地面。对经适当时间仍未做好预备姿势者，以起跑犯规论处。鸣枪或启动经批准的发令器，运动员开始起跑动作。

（3）运动员在做好预备姿势后和鸣枪之前开始起跑动作的，应视为起跑犯规。

（4）除全能项目之外，任何起跑犯规的运动员将被取消该项目的比赛资格。在全能比赛中，对于第一次起跑犯规的运动员，必须予以警告；对第二次起跑犯规负有责任的一名或多名运动员，将被取消比赛资格。

（5）分道跑时，运动员必须在规定的各自跑道内跑完全程。在弯道跑中，运动员的脚不得触及左侧分道线，不得串道、阻碍其他运动员在其跑道内的正常跑进。

（二）中、长距离跑

（1）中、长跑项目（800 米以上的距离跑和竞走），除执行短距离跑规则外，起跑时只用"各就位"口令。在所有运动员稳定时，鸣枪或启动经批准的发令器。起跑时，运动员不得单手或双手触地。

（2）运动员在做好最后预备姿势之后和鸣枪之前开始起跑动作的，应判为起跑犯规。

（3）比赛中，运动员挤撞或阻碍他人，妨碍其他运动员跑或走的，应取消其比赛资格。

（4）在分道起跑比赛中，800米距离跑在第一个弯道末端的抢道标志线之前仍为分道跑，允许运动员越过抢道线后离开自己的分道切入里道。

（5）接力跑比赛除执行短距离跑规则外，还有特殊的规定。①运动员起跑时接力棒不得触及地面，必须在接力区内完成交接棒（以接力棒为准），不得有抛掷接力棒的行为。②接棒人不得借助力向后跑进，必须持棒跑完全程；掉棒后，必须由原掉棒人捡起而跑进，不得因捡棒而缩短跑的距离。③运动员交棒后离开自己的分道时，不得阻挡他人跑进。④4×400米接力跑，第一棒、第二棒在第三个弯道跑末端的抢道标志线之前为分道跑，运动员越过抢道线后允许离开自己的分道切入里道。第三棒运动员应以各队第二棒运动员在200米起点处的跑进顺序在公共接力区由里道向外道排序站位，接棒时不得因名次变化而改变排序。

（三）径赛项目的成绩判定

径赛项目运动员跑（走）完规定距离所用的时间越少，则成绩越好，其成绩判定以运动员身体躯干（不包括头、颈和四肢）任何部位抵达终点线后沿垂直面的顺序为准。起、终点线宽度为0.05米，起点线包括在规定距离内，终点线不包括在规定距离内。出现成绩相等时，一般情况下，当运动员手计时1/10秒决定成绩相等时，要看1/100秒的成绩；电计时1/100秒决定成绩相等时，要看1/1 000秒的成绩。

二、田赛规则简介

运动员试跳（掷）成功举白旗，失败举红旗。超过规定时限按一次失败处理。试跳（掷）按事先排定的顺序进行，无故不得随意改变。

轮次规定：高度项目运动员在一个高度上试跳一次为一个轮次，每个高度最多只有三个轮次；远度项目（跳远、三级跳远）和投掷项目，运动员试跳（掷）完一次为一轮次。

田赛（高度和远度）测量成绩时，以0.01米为最小计量单位；不足0.01米，四舍五入到离测量距离最近的厘米数。

田赛远度：投掷项目的器材落地时，必须完全落在落地区角度线内沿以内，投擦为有效。

名次判定：应计以运动员最好的一次试跳（掷）成绩，包括因第一名成绩相等而进行决名次赛的试跳（掷）成绩，作为其最后的决定成绩。如决定成绩相等，则以次优成绩判定名次；如次优成绩仍相等，则以第三较优成绩判定，以此类推。如仍相等，并涉及第一名者，则令成绩相等的运动员，按原比赛顺序进行新的一次试（跳）掷，直至决出名次为止。其他名次成绩相等，则名次并列。

远度比赛：当运动员人数只有8人或少于8人时，每人均有6次试跳（掷）机会；当运动员人数多于8人时，则每人均有3次试跳（掷）机会；取得比赛有效成绩最好的前8名可再试跳（掷）3次。无论上述哪种情况，当运动员前三次试跳（掷）结束后，应对运动员的比赛成绩由优到差排序，第四、五次试跳（掷）顺序应与前三次试跳（掷）成绩的排名顺序相反，最后一轮的试跳（掷）顺序应与第五次试跳（掷）成绩的排名顺序相反。

（一）跳跃项目

1. 跳高

（1）场地、器材简介。横杆全长为4米（0.02米），最大重量为2千克，跳高架应有足够的高度，至少应超过横杆实际提升高度0.10米。两立柱间的距离为4.00～4.04米，落地区不得小于5×3米，助跑道长度不得短于15米，大型比赛助跑道长度至少为20米，条件允许时，至少应为25米。

（2）竞赛规则简介。

①试跳。运动员可以在主裁判事先宣布横杆升高计划中的任何一个高度开始试跳，也可以在以后任何一个高度根据自己的能力决定是否试跳。但在任何一个高度上，只要运动员连续3次试跳失败，即失去继续比赛的资格（因第一名成绩相等而进行的决定名次赛的试跳除外）。

允许运动员在某一高度上第一次或第二次试跳失败后，在其第二次或第三次试跳时免跳，并在后继的高度上继续试跳，但是在此之前的试跳失败次数仍然累计。运动员在某高度上请求免跳后，不得在该高度上恢复试跳，除非出现第一名成绩相等的情况。即使其他运动员均已失败，一名运动员仍有资格继续试跳，直至放弃继续比赛的权利。当某运动员已在比赛获胜时，有关裁判员或裁判长应征求运动员意见，由该运动员决定横杆提升高度（此规定不适应于全能比赛项目）。

②试跳失败。有下列情况之一时，应判为试跳失败：试跳后，由于运动员的试跳动作，致使横杆未能留在横杆托上；在越过横杆之前，运动员身体任何部位触及立杆前沿（离落地区较近的边沿）垂直面以外的地面或落地区；错过该次试跳顺序；无故延误比赛时限（如果在比赛中再次无故延误时限将被取消其比赛资格，但此前成绩仍然有效）；当裁判员通知运动员开始试跳后，运动员才决定免跳，而时限已过时，应判该次试跳失败。

（3）成绩测量与名次判定。每次升高横杆后，应从地面垂直量至横杆上沿最低点来测量横杆高度。当横杆升高到记录时，有关裁判长必须进行审核、复测；如果横杆被试跳运动员触及，在后继试跳之前，有关裁判长和裁判员必须再次复测横杆高度；应以0.01米为最小测量单位，不足0.01米不计。

每名运动员应以其最好的一次试跳成绩，包括因第一名成绩相等而进行的决名次赛的试跳成绩，作为最后的决定成绩。如决定成绩相等，在出现成绩相等的高度上，试跳次数较少者名次列前；如成绩仍然相等，在包括最后跳过的高度在内的全赛试跳中，失败次数较少者名次列前；如成绩仍然相等，如涉及第一名时，则在造成其成绩相等的失去继续试跳权利的最低失败高度上，每人再试跳一次；如仍不能判定名次，则降低或提升高度，直至分出名次为止。有关运动员必须参加决定名次的试跳；如不涉及第一名时，则比赛的名次并列。

2. 跳远

（1）场地、器材简介。

①助跑道长度至少应为 40 米，宽度 1.22±0.01 米，应用 0.05 米宽的白线标出助跑道。

②起跳板是起跳的标志，应埋入地下，上沿与助跑道及落地区表面齐平。起跳板至落地区远端的距离至少应为 10 米，起跳板至落地区近端的距离为 1~3 米。起跳板应为长方形，用木材或其他适宜的坚硬材料制成，其长度为 1.22±0.01 米，宽 0.20±0.002 米，厚 0.10 米，涂成白色。起跳板前面有橡皮泥显示板，长 1.22±0.01 米。

③落地区宽度最小为 2.75 米，最大 3 米。如有可能，助跑道应对准落地区中央，使助跑道中心线延长时与落地区的中心线重合。

④落地区内应填充湿沙，沙面与起跳板齐平。

（2）竞赛规则简介。必须在起跳板后面起跳，方为有效。如有下列情况之一者，应判为试跳失败。

①在未做起跳的助跑或跳跃中，运动员以身体任何部位触及起跳线以前的地面。

②从起跳板两端之外的起跳线的延长线前面或后面起跳。

③在落地过程中触及落地区以外地面，而落地区外触地点较区内最近触地点更靠近起跳线。

④完成试跳后，向后走出落地区。

⑤采用任何空翻姿势。

⑥错过该次试跳顺序。

⑦无故延误时限。

（3）成绩测量与名次判定。测量成绩时，应从运动员身体任何部位触地的最近点量至起跳线或起跳线的延长线，测量线应与起跳线或其延长线垂直。

（二）投掷项目

这里主要介绍铅球。

1. 场地、器材简介

（1）投掷圈应用铁、钢板或其他适宜材料制成，其上沿应与圈外地面齐平。圈内地面应用混凝土、沥青或其他坚硬而不滑的材料修建。圈内地面应保持水平，低于铁圈上沿 0.014~0.026 米。场地如图 6-22 所示。

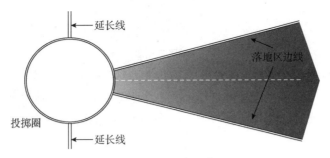

图 6-22　铅球场地

（2）铅球投掷圈内沿直径为 2.135±0.05 米。

（3）抵趾板应用木材或其他适宜材料制成，漆成白色，其形状为弧形，以便使其内沿与铁圈重合。抵趾板宽度为 0.112～0.30 米，内沿弦长 1.22±0.01 米，高出圈内地面 0.10±0.008 米，低于铁圈上沿 0.02±0.006 米。

（4）铅球落地区应用煤渣或草地以及其他适宜材料铺设，以保证铅球落地时能留下清晰的痕迹。

（5）用宽 0.05 米的白线标出落地区，其延长线应能通过投掷圈圈心，落地区角度线为 34.92 度。

（6）铅球重量，成年组男子为 7.26 千克，女子为 4 千克。

2. 比赛规则

（1）应从投掷圈内将铅球推出。运动员须从静止姿势开始进行试掷，允许运动员触及铁圈和抵趾板的内侧。

（2）应用单手从肩部将铅球推出。当运动员进入圈内开始试掷时，铅球应抵住或靠近颈部或下颌，在推铅球过程中持球手不得降到此部位以下。不得将铅球置于肩轴线后方。

（3）不允许使用任何装置对投掷时的运动员进行任何帮助。

（4）运动员进入圈内开始试掷后，如果运动员身体的任何部位触及圈外地面，或触及铁圈和抵趾板上面，或以不符合规定的方式将铅球推出，均判为一次试掷失败。

（5）如果在试掷中未违反上述规定，运动员可中止已开始的试掷，并将器械放在圈外或圈内，在遵守本条款的前提下，可以离开投掷圈，然后返回圈内从静止姿势重新开始试掷。

（6）运动员在器械落地后方可离开投掷圈。离开投掷圈时首先触及的铁圈上沿或圈外地面，必须完全在圈外白线的后面。

3. 成绩测量与名次判定

铅球必须完全落在落地区角度线内沿以内，试掷方为有效。

每次有效试掷后，应立即测量成绩。从铅球落地痕迹的最近点取直线量至投掷圈内沿，测量线应通过投掷圈圆心。

思考题

1. 跑的基本技术有哪些？你在日常跑步中用到了哪些技术？
2. 跳跃的基本技术有哪些？你在日常跳跃中用到了哪些技术？
3. 投掷类运动的基本技术有哪些？你在日常投掷中用到了哪些技术？
4. 举例说出你喜欢的田径运动项目，并选出你最喜欢的田径运动员，说说他她的主要事迹。

参考文献

[1] 文超. 田径运动高级教程 [M]. 北京：人民体育出版社，2013.

[2] 崔萃. 大学体育 [M]. 北京：北京理工大学出版社，2018.

[3] 王鲁克. 田径 [M]. 济南：山东大学出版社，2001.

第七章

体　操

> **学习目标**
> 1. 了解体操运动的概况。
> 2. 熟悉竞技体操的基本技术和比赛规则。

第一节　概述

体操（Gymnastics）一词来源于希腊文 Gymnastic，古希腊人崇尚强健体魄的各种运动，多是赤裸身体进行锻炼。他们将跳跃、攀登、摔跤、拳击、舞蹈、骑马和军事游戏等锻炼身体的方法统称为体操，这一概念被沿用了许多世纪。

现代体操运动传入中国是在1840年鸦片战争以后，当时没有群众性的体操活动。体操成为专门的体育比赛活动，特别是成为竞技性体操，经历了一段发展与完善的过程。以奥运会体操比赛记载为例，1896年，第1届雅典奥运会将体操列为正式比赛项目，但当时只有男子体操项目。1928年，在荷兰阿姆斯特丹举行的第9届奥运会上，首次将女子体操列为正式比赛项目。1984年，第23届洛杉矶奥运会将艺术体操列为正式比赛项目。2000年，第27届悉尼奥运会将蹦床列为正式比赛项目。

"体操"是对所有体操项目的总称。体操可分为竞技体操、艺术体操和基本体操三大类。现代奥运会体操项目也对应设有竞技体操、艺术体操和蹦床三个大项，具体项目如表7-1所示。

表 7-1 奥运会体操项目

类别	项目	
	男子	女子
竞技体操	自由体操、鞍马、吊环、跳马、双杠、单杠	自由体操、跳马、高低杠、平衡木
艺术体操	无	集体项目：相同器械、不同器械艺术体操 个人项目：绳、圈、球、棒、带
蹦床	男子网上项目	女子网上项目

第二节 竞技体操

竞技体操通常被人们简称为"体操"，它是体操的一个分支，是一项徒手或在规定器械上完成各种技术动作，并根据动作的难度、编排及完成情况等评分的运动。

一、基本技术

竞技体操的基本技术包括技巧、单杠、双杠和支撑跳跃等。

（一）技巧

1. 前滚翻

前滚翻是体操运动的基础动作之一。作为复杂的技巧动作的基础，前滚翻也是一种自我保护的方法。其动作特点是快、稳。

动作要领：由蹲撑开始，人重心前移，两腿蹬直离地，同时屈膝、低头、含胸、提臀，以头的后部在两手支点前着垫，依次经颈、背、腰、臀向前滚动。当滚至背部着垫时迅速收腹屈膝，人上体紧跟大腿，团身抱膝成蹲立，如图 7-1 所示。

图 7-1 前滚翻

2. 鱼跃前滚翻

动作要领：由半蹲两臂后举姿势开始，重心前移，两脚用力蹬垫，两臂前摆，身体向前方跃起腾空；腾空后，两臂保持前伸，腿稍向后摆；两手撑垫，屈臂、含胸、低头，前滚（动作与前滚翻后半部分动作相似），团身抱膝成蹲撑，起立，如图7-2所示。

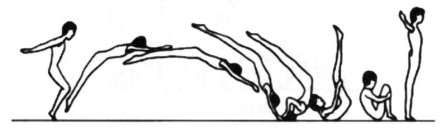

图7-2　鱼跃前滚翻

3. 后滚翻

动作要领：由蹲撑开始，含胸、低头，两手推撑；团身后滚，同时屈臂，两手置于肩上、臀、腰、背、颈、头部依次着垫；当身体重心落于肩部时，两手用力推垫，向前翻转成蹲撑，起立，如图7-3所示。

图7-3　后滚翻

4. 肩肘倒立

动作要领：由直角坐撑开始，上体后滚，收腹举腿，两臂伸直于体侧压垫；当脚面举至头上方时，两臂屈肘，两手撑于腰背部，展髋、立腰、伸腿、绷脚，成肩肘倒立，如图7-4所示。

图7-4　肩肘倒立

5. 头手倒立

动作要领：由蹲撑开始，上体前倾，两手撑垫，与肩同宽；前额上部着垫，与两手成正三角形支撑；一脚蹬地，一腿后摆，当重心移至垂直面时，并腿，伸髋，成头手倒立，如图7-5所示。

图7-5　头手倒立

6. 侧手翻（以右腿站立为例）

动作要领：由右脚站立、左腿侧举、两臂侧平举开始，左腿屈膝着垫，上体向左侧倾倒，左手、右手依次撑垫；同时，右腿上摆，左腿蹬地后向上摆起，成分腿倒立姿势；右、左手依次顶肩推垫，两腿依次向左侧下摆着垫，两臂侧平举，成分腿站立，如图7-6所示。

图7-6　侧手翻

7. 跪跳起

动作要领：由跪立、两臂上举开始，臀部后坐，两臂后摆，含胸收腹，迅速向前上方摆臂；同时伸膝展髋，脚背及小腿用力压垫，身体向上腾起；摆动手臂体前制动，收腹提膝成蹲立，如图7-7所示。

8. 俯平衡

动作要领：由直立姿势开始，单腿慢起后举，上体前倾至水平位置；当后腿上举至最大限度时，抬头挺胸，两臂侧举，成单腿站立，如图7-8所示。

图7-7　跪跳起

图7-8　俯平衡

(二) 单杠

1. 单脚蹬地翻身上成支撑（以右脚撑地为例）

动作要领：由站立悬垂开始，两手正握单杠，与肩同宽；左腿向后、向下、向前上方摆起，屈臂引体倒肩，使腹部贴杠向后翻转；同时右腿迅速离地与左腿并拢；当身体翻转至杠上时，翻胸、抬头、挺胸、伸髋，成直臂支撑，如图7-9所示。

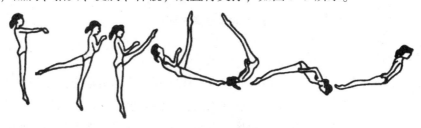

图7-9　单脚蹬地翻身上成支撑

2. 支撑单腿摆越成骑撑及还原（以右腿为例）

动作要领：由支撑开始，右臂用力推离单杠，重心左移，右腿经体侧向前摆越过杠；上体右移，右臂迅速撑杠，立腰、伸腿成骑撑。还原时，动作与前类似，不同是摆动腿经体侧向后摆越过杠，并腿成支撑，如图7-10所示。

图7-10　支撑单腿摆越成骑撑及还原

3. 骑撑后倒挂膝上（以右腿骑撑为例）

动作要领：由骑撑开始，左腿稍后摆，右腿屈膝挂杠；上体后倒，挂膝悬垂前摆，左腿伸直前摆至前上方制动；身体回摆，当髋部摆至杠下垂直部位时，左腿加速后摆，同时两臂和右腿迅速压杠，上体抬起、扣腕、右腿前伸成骑撑，如图7-11所示。

图7-11　骑撑后倒挂膝上

4. 骑撑前回环（以右腿骑撑为例）

动作要领：由两手反握骑撑开始，直臂顶肩撑杠，重心前移，右腿上举向前跨出，上体前倒，左大腿贴杠回环；当上体回环过杠下垂直位置时，右腿向前积极压杠；当回环至杠后水平位置时,直臂压杠,挺胸、拍头、翻腕、成骑撑,如图7-12所示。

图 7-12 骑撑前回环

5. 支撑后回环

动作要领：由支撑开始,直臂顶肩撑杠,上体前倾,两腿后摆至高于肩水平；身体下落,腹部贴近杠时,屈髋、两腿前摆,直臂压杠,上体后倒,腹部贴杠回环；当两腿回环至杠后水平位置时,腿制动、伸髋、翻腕、挺胸、抬头成支撑,如图7-13所示。

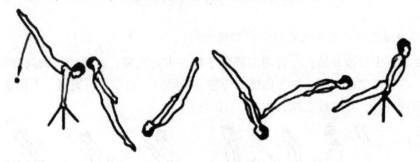

图 7-13 支撑后回环

6. 支撑后下摆

动作要领：由支撑开始,肩稍前倾,两腿向前预摆,然后迅速用力后摆,直臂顶肩成支撑后摆身姿势撑杠；当后摆身体重心上升接近最高点时,含胸、两腿制动,同时直臂顶肩推杠,抬上体挺身跳下,两臂斜向上举,屈膝缓冲落地,如图7-14所示。

图 7-14 支撑后下摆

7. 骑撑单腿摆越转体90度下（以右腿骑撑为例）

动作要领：由骑撑开始,右手距身体20~30厘米处反握撑杠,左臂推杠,上体右倾,重心右移至支撑手；左腿向侧上方摆越过杠,右腿向下压杠弹起,身体顺势向侧上方腾起；右臂直臂压杠,右腿向左腿并拢,同时向右转体90度挺身下,如图7-151所示。

图 7-15 骑撑单腿摆越转体 90 度下

(三) 双杠

1. 杠端跳上成分腿坐

动作要领：两手支撑杠，两脚用力蹬地，跳起后用双手支撑，两腿向前上方摆起，当两腿超过杠面时，迅速分腿，以腿后部触杠成直体分腿坐，如图 7-16 所示。

图 7-16 杠端跳上成分腿坐

2. 分腿坐前进

动作要领：由分腿坐开始，两手推杠，上体前移，伸髋压杠，两臂经侧举至体前 30～40 厘米处撑杠；同时，两腿伸直压杠弹起后摆，并腿进杠，如图 7-17 所示。

图 7-17 分腿坐前进

3. 分腿坐前滚翻

动作要领：由分腿坐开始，两手在体前靠近大腿处撑杠，上体前倒，低头、屈臂、提臀；当肩触杠时，两肘外展，以肩或上臂撑杠，并腿前滚翻；当臀部前移过垂直位置时，两手迅速向前换握杠；当臀部接近杠面时，分腿压杠，直臂撑杠，抬上体成分腿坐，如图 7-18 所示。

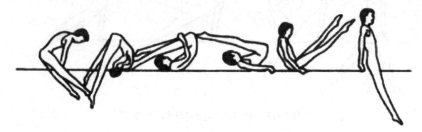

图 7-18 分腿坐前滚翻

4. 支撑摆动

动作要领：由支撑开始，举腿前伸获得自然摆动。前摆时，从后摆最高点直体自然下摆，当摆过垂直位置时，用力向前上方摆腿，带动髋部前送，直臂顶肩，低头、含胸、拉开肩角，如图 7-19 所示；后摆时，从前摆最高点直体自然下摆，展髋、远伸脚尖，当摆过垂直位置时，用力向后上方甩腿，直臂顶肩，含胸，拉开肩角。

图 7-19 支撑摆动

5. 分腿慢坐起肩倒立

动作要领：由分腿坐开始，两手于腿前撑杠，上体前倒，屈臂、提臀，两肩在手前顶杠，两肘外展；当臀部提至垂直部位时，伸髋、并腿成肩倒立，如图 7-20 所示。

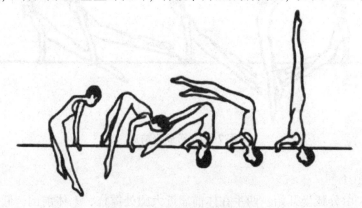

图 7-20 分腿慢坐起肩倒立

6. 支撑前下摆

动作要领：由支撑后摆最高点开始，直体自然下摆，当摆过垂直位置后，用力向前上方摆腿；当身体摆至最高点时，重心左移，向下展体伸髋，两手依次顶肩推杠，右手迅速换撑左杠，越杠挺身落下成外侧立，如图7-21所示。

图7-21 支撑前下摆

7. 支撑后摆下

动作要领：由支撑前摆最高点开始，直体自然下摆，当摆过垂直位置后，用力向后前方甩腿；当身体摆至最高点时，重心左移，右手迅速换撑左杠，左手摆至侧上举，越杠挺身落下成外侧立，如图7-22所示。

图7-22 支撑后摆下

（四）支撑跳跃

1. 助跑起跳

动作要领：由助跑开始，踏上助跳板前最后几步积极蹬摆，上体自然抬起，两臂后引；助跑最后一步单脚起跳，腾空后双腿并拢，以前脚掌踏上助跳板，两腿积极缓冲，含胸紧腰，上体稍前倾，两腿用力蹬板，获得较大的腾起力量。

2. 跳上成蹲撑，挺身跳下（横箱）

动作要领：由助跑起跳开始，两臂由后向下、向前摆，含胸、手撑器械，同时提腰，屈膝上提，前脚掌踏上器械成蹲撑；手推离器械，两臂上摆，同时两腿用力蹬离器械，身体向前上方腾起，挺身展体落地，如图7-23所示。

图 7-23　跳上成蹲撑，挺身跳下（横箱）

3. 跳上成跪撑，跪跳下

动作要领：由助跑起跳开始，两臂由后向下、向前摆，含胸、手撑器械，同时紧腰、屈膝、跪撑于器械上；手推离器械，两臂由后向前上方摆起，同时屈髋、立腰、小腿下压器械，使身体向前上方腾起；空中经跪姿，挺身展体落地，如图 77-24 所示。

图 7-24　跳上成跪撑，跪跳下

4. 跳上成分腿立撑，挺身跳下

动作要领：由助跑起跳开始，两臂前摆，含胸、手撑器械；同时提腰、提臀、顶肩、双脚踏上器械成屈体分腿立撑；手推离器械，两臂向前上方摆起，两脚蹬离器械，使身体向前上方腾起，并腿挺身展体落地，如图 7-25 所示。

图 7-25　跳上成分腿立撑，挺身跳下

5. 分腿腾跃（不要求预先后摆）

动作要领：由助跑起跳开始，两臂由后向下，再迅速前伸，含胸、手撑器械，同时提腰、分腿；手推离器械瞬间，身体腾起，以分腿姿势向前越过器械，两臂经体侧上摆，抬头挺身，并腿前伸落地，如图 7-26 所示。

图 7-26　分腿腾跃

6. 屈腿腾跃（不要求预先后摆）

动作要领：由助跑起跳开始，两臂由后向下、向前伸，含胸、手撑器械，同时提腰、提臀、屈膝靠近胸部；用力向前下顶肩，快速推手，身体腾空成"蹲"的姿势，两臂向后、向上举，起肩、立腰、伸腿、展体落地，如图 7-27 所示。

图 7-27　屈腿腾跃

第三节 艺术体操

一、艺术体操概念

艺术体操（Rhythmic Gymnastics）是一项新兴的体育项目，是一种从事徒手或手持轻器械，在音乐的伴奏下由舞蹈、跳跃、平衡、波浪形动作及部分技巧运动组成的体育运动。中国大陆与俄罗斯的叫法是"艺术体操"，在日本叫"新体操"，而在中国香港和中国台湾地区则叫"韵律体操"。

二、艺术体操起源

艺术体操起源于19世纪末20世纪初的欧洲，于20世纪50年代前经苏联传入中国。1962年被国际体操联合会确定为女子竞赛项目。1963年举办了第一届世界艺术体操锦标赛。1984年被列为奥运会表演赛项目。1988年被列为奥运会正式比赛项目。艺术体操有团体赛、个人全能赛和个人单项赛等多种形式。

三、艺术体操分类

（一）一般类

一般类艺术体操的任务是发展快速、柔韧、灵巧等身体素质，促进健康发展，培养练习者良好的身体姿态，使其获得健美的体魄。一般类艺术体操以徒手练习为主，包括各类基本动作组合及成套练习。简单的持轻器械练习也是一般类艺术体操的主要内容，器械的选用应根据各地条件和练习的任务而定，没有硬性规定。一般类艺术体操结合队形的变化，可进行集体表演，也可作为普及性的比赛内容。这些练习可以广泛地在大、中、小学开展，因为它不受场地、器械的限制，灵活性强。如今，中国不少地区已把艺术体操列入体育教学内容，成为体育教育的一种手段和开展课外活动的内容之一。

（二）竞技类

竞技类艺术体操是在一般类艺术体操基础上，通过更精确的动作技术和高度的艺术性，在规定的时间内，表现出身体与器械完美结合的一种集体或个人的比赛。如图7-28所示，竞技性艺术体操正式比赛项目有绳操、球操、圈操、带操、棒操5项，有时间、场地、人数的规定，在自选动作中，还有动作数量、动作难度、动作类型的规定，有专门的竞赛规则，裁判员根据规则要求对运动员成套动作的编排和完成情况分别评分。运动员要在比赛中获胜，必须具备高超的难度动作技巧，新颖独特的编排，高质量的动作完成，音乐与动作完美的配合，以及丰富的表现力。竞技类艺术体操吸收了芭蕾舞、现代舞、民间舞和杂技等精华，不但能够培养运动员的力量、灵巧、节奏感等素质，从心理和生理角度来看，更符合女子锻炼的要求，是深受现代女性欢迎的运动。

图 7-28　绳、圈、球、棒、带

第四节　蹦床

一、蹦床概念

蹦床（Trampoline）是一项运动员从蹦床反弹中表现杂技技巧的竞技运动，属于体操运动，有"空中芭蕾"之称。在 2000 年第 27 届悉尼奥运会上，蹦床被列为正式比赛项目。

蹦床也为体育器械名称。蹦床框架长 5.050 米，宽 2.910 米，高 1.150 米；网长 4.280 米，宽 2.140 米；弹簧 118 个。

二、蹦床分类

蹦床分为网上和单跳项目。

（一）网上

网上是借助弹力床的弹力将人体弹向空中，在空中做各种体操动作和翻筋斗的竞技运动，分为男女单人、男子双人、女子双人和团体等项目，有规定和自选各 10 个动作，根据动作的编排、难度和完成动作的质量评分。

（二）单跳

单跳比赛是在一条铺上厚毯的木质窄长专用跑道上完成的。在这条跑道上，运动员要连续完成一整套高难技术动作，包括前空翻、后空翻、侧空翻、前空翻接侧空翻、后空翻接侧空翻等，最后落在跑道尽头的垫子上。按照规定，整套动作应由 8 个以内的单个动作构成，最后必须以空翻动作结束。

第五节　比赛规则

一、体操竞赛规则

（一）体操场地及器械

（1）自由体操：比赛区域12米×12米，比赛区域外有2米的安全区域。

（2）跳马：男子跳马高度为135厘米（从地面量起），女子跳马高度为125厘米（从地面量起）。

（3）双杠：双杠高度为1.8米（从垫子上沿量起），两杠间宽度可以调节。

（4）单杠：单杠高度为2.6米（从垫子上沿量起），横杠长度为2.4米，直径为28毫米。

（5）高低杠：高低杠由两根横杠组成，高杠距地面2.5米，低杠距地面1.7米。两杠间距可以根据运动员需要和习惯进行调整，宽度可以达到1.8米左右。

（二）体操竞赛规则

（1）比赛时，运动员需要穿着规范的体操服，全队着装要统一。女运动员不得穿小过肚脐和透明的体操服，不得佩戴珠宝首饰。所有的运动员必须佩戴号码。如有违反，将被扣除相应的分数。

（2）运动员出场比赛前，应保持直立姿势，举手示意，在绿灯亮起或听到信号后30秒内必须上器械。一套动作结束，立正示意，并立即离开比赛台。动作结束后，不允许运动员重新上比赛台。

在鞍马、吊环、双杠、单杠和高低杠比赛中，运动员掉下器械到重新上器械继续做动作前，允许有30秒间断。如果运动员未能在30秒时限内重新上器械，则判定成套动作终止。

（3）在自由体操比赛中，男子需在70秒内完成一套动作，女子需在90秒内完成一套动作。运动员必须双腿并拢、静立于自由体操场地内，开始做成套动作。成套动作的评分从运动员脚的第一个动作开始。运动员可以踩场地边线，但不能过线。动作在界外开始，失去难度价值。

（4）在跳马比赛中，男女运动员助跑的距离最长为25米。所有跳马动作必须通过用手推撑跳马来完成。

（5）在单杠比赛中，运动员必须由双腿并拢静立或加助跑开始，跳起抓杠或由别人帮助上杠；上杠后身体静止或悬垂摆动。双脚离地开始评分。

（6）在双杠比赛中，运动员必须由双腿并拢站立姿势开始。运动员单手或双手触杠表示动作开始。双脚离地开始评分。

(7) 在高低杠比赛中,由运动员从踏板或垫子起跳开始评分。如运动员在助跑中出错,未接触踏板或器械,或未跑到器械下面,允许第二次助跑。

二、艺术体操竞赛规则

(1) 个人项目。

通常包括4套动作,即5个项目(绳、圈、球、棒、带)中的4项。每套动作时间为1分15秒至1分30秒。

(2) 集体项目。

集体项目应由五人组成,包括两套动作:同种器械和不同种器械,每两年换一次器械。每套动作时间为2分15秒至2分30秒。

三、蹦床竞赛规则

(1) 目前世界蹦床锦标赛设立了男单、男双、男团、女单、女双、女团6个项目。奥运会蹦床设网上男、女个人两枚金牌。

(2) 在蹦床比赛时,运动员须要完成规定动作和自选动作。蹦床项目中,一位选手需要做出3套不同的动作,每套由10个动作组成。第一套动作为规定动作套路,当中只计算其中两个动作的难度分,第二及第三套动作为自选动作套路。

(3) 比赛时,不允许运动员佩戴珠宝首饰及手表。女子运动员在比赛中必须穿白袜子。违反者将被取消该轮比赛资格。

(4) 每位参赛者可以有1名教练员上场保护;任何情况下,在网的四周不得超过4名保护者。

思考题

1. 从网上查资料,了解体操的起源和发展历程,并和同学们进行交流。
2. 竞技体操的基本技术有哪些?你在日常体操锻炼中掌握了哪些技术?
3. 说出你喜欢的体操项目,并选出你最喜欢的体操运动员,说说他(她)的主要事迹。

参考文献

[1] 王湛卿. 新编大学体育健康教程 [M]. 上海:上海交通大学出版社 2018.

[2] 郑焕然,程会娜. 大学体育文化与运动教程 [M]. 北京:清华大学出版社,2018.

第八章

篮　球

学习目标

1. 了解篮球运动的概况。
2. 熟悉篮球运动的基本技术。
3. 了解篮球运动的基本战术。
4. 了解篮球运动的比赛规则。

现代篮球运动源于1891年美国马萨诸塞州斯普林菲尔德市（即春田市），由基督教青年会的一所干部训练学校的体育教师詹姆士·奈史密斯发明，他借鉴当时已有的足球、长柄曲棍球和玛雅人古老的场地球，受启示于当地孩童采桃置筐等游戏，发明了适宜冬季在室内进行的篮球运动。起初参加游戏的人数没有限制，只是分为两队相互争夺，把球投进篮子，到1892年才制订了13条简单的规定，内容主要是限制粗暴抢球的各种犯规动作。以后队员出场的人数也逐渐减少，最后规定为5人。由于这种游戏比较有趣，并具有较好的锻炼价值，所以很快就被列为正式体育运动项目。

1936年，国际奥委会决定将男子篮球列为正式比赛项目；1976年，女子篮球也被列为奥运会正式比赛项目。国际业余篮球联合会也组织了每四年举行一次的世界篮球锦标赛。目前，世界各大洲都组织了业余篮球联合会，并开展各种性质的篮球比赛活动。

篮球运动是以投篮为中心、以得分多少决胜负的体育项目，具有集体性、对抗性和时空性的特点。经常参加篮球运动不仅能使参与者在力量、速度、灵敏和弹跳等方面得到发展，而且可以培养其集体荣誉感、严格的组织纪律性和顽强的意志品质。

第一节　基本技术

篮球技术是在篮球比赛中队员为了攻守目的所运用的各种专门动作的总称，主要包括脚步移动、传接球、运球和投篮的技术。

一、脚步移动

脚步移动是在篮球比赛中队员为了争取时间和空间上的主动优势所采用的各种脚步动作的总称，是学习篮球技术和使用机动灵活战术的基础。脚步移动主要包括起动、跑、跳、急停、滑步和转身等。

（一）基本站立姿势

基本站立姿势是脚步移动的准备姿势，以便于各种技术动作的开始和运用。

动作要领：两脚前后或左右开立，与肩同宽，两膝微曲，重心落于两脚间，上体稍前倾，两臂自然弯曲于体侧，两眼注视全场情况。

动作关键：保持重心平稳，观察场上情况。

（二）起动

起动是队员在球场上，由静止状态变为运动状态的一种起始动作，一般用于攻、守时抢占有利位置的行动中。起动包括向前起动和向侧起动两种方式。

动作要领：从基本站立姿势开始，向左侧起动时，重心左移，上体迅速左转，左脚不动，右脚前脚掌用力蹬地，并向左跨出，两臂自然摆动；向前或向右起动与向左起动的动作要领相仿，只是方向不同而已。

动作关键：蹬地迅速，重心转移快，前两步小而快。

（三）跑

跑是队员在球场上为改变位置、争取时间完成攻防任务的脚步移动方法。其特点是快速（步频）、突然、多变（方向）等。另外，篮球场上的跑主要靠下肢和躯干的协调配合来完成，上肢要完成其他动作。篮球场上常用的跑有侧身跑、变速跑、变向跑、后退跑等。

1. 侧身跑

侧身跑是队员为观察场上情况而常用的跑动方法。

动作方法：侧身跑时，脚尖指向跑动方向，头部和上体自然向有球方向扭转（靠近边线跑动时，身体向场内扭转），以便观察场上情况。

动作关键：侧身跑动，脚尖向前。

2. 变速跑

变速跑是利用跑动速度的快慢节奏变化，争取攻防主动的一种跑动方法。

动作方法：跑动中，慢跑变快跑时，上体迅速前倾，前脚掌迅速蹬地，前两步短促迅速，两臂快速摆动；由快跑变慢跑时，步幅加大，上体抬起，重心稍降，前脚掌抵地，减缓冲力。

动作关键：速度变化明显，掌握跑动节奏。

3. 变向跑

变向跑是队员在跑动中突然改变方向，来摆脱防守或阻止进攻的一种跑动方法。其特点是突然性强。

动作方法：以从右向左变向跑为例，变向时，最后一步屈膝着地，同时膝关节内收，右脚尖指向跑动方向，右脚前脚掌内侧用力蹬地，向左前侧方转体，移动重心，左脚迅速向左前方跨出一小步，用力蹬地，右脚迅速向左侧前方跨出一大步，继续加速跑动。从左向右变向时，方法相同，动作相反。

动作关键：左脚蹬地快而有力，重心转移快，右脚上步快。

4. 后退跑

后退跑是队员在由攻转守时，为观察场上情况，背对跑动方向的跑动方法。

动作方法：后退跑时，脚跟提起，两脚前脚掌交替用力蹬地（用力方向与向前跑动相反），小腿及时后收向后摆动，两臂积极摆动，上体自然放松后仰，以保持身体平衡，两眼平视场上情况。

动作关键：脚跟提起，小腿后收，前脚掌用力蹬地。

（四）跳

跳是队员争取高度控制空间优势的方法。篮球比赛中有很多技术动作在空中完成，这就需要运动员能跳得高、跳得迅速突然，控制主动，完成攻防任务。跳的特点是动作快、突然、踝关节用力的时候较多；它控制的不是绝对高度，而是起跳的时机，并且要求在原地或移动中，运用单脚、双脚向不同方向起跳来完成技术动作。跳可分为原地或移动中的双脚跳和单脚跳。

1. 双脚跳

双脚跳常用于原地跳球、投篮、抢篮板球和抢断球等情况。行进间起跳时，常和跨步、并步等脚步动作结合运用。

动作方法：两脚开立，与肩同宽，屈膝降重心。起跳时，两脚用力蹬地，两臂用力上摆，使身体腾起在空中，并保持平衡伸展。落地时，屈膝缓冲，控制身体重心，快速和其他动作衔接。

动作关键：起跳前屈膝降重心，起跳时用力蹬地，摆臂、提腰等动作要协调配合。

2. 单脚跳

单脚跳多在跑动中进行，常用于投篮、抢断球、抢篮板球等情况。

动作方法：起跳时，起跳腿迅速屈膝，脚跟着地并迅速过渡到前脚掌用力蹬地，同时腰胯用力上提，两臂用力上摆，另一腿屈膝上抬，加快起跳速度。当身体腾起到空中高点时，两腿自然伸直并拢，身体伸展。落地时双腿屈膝缓冲，控制好身体平衡。

动作关键：起跳腿用力蹬伸，摆动腿、腰腹、两臂和上体，协调配合向上用力。

（五）急停

急停是进攻队员在快速跑动过程中，突然制动并成静止状态的一种方法，常用的急停包括跨步急停和跳步急停两种方法。

1. 跨步急停

动作要领：停步时，一只脚向前跨出一大步，脚跟着地过渡到全脚掌抵地，同时迅速屈膝，上体后仰；另一只脚紧随着地时，脚尖内旋，身体顺势侧转，前脚掌内侧蹬地。两臂屈肘张开，保持身体平衡。

动作关键：着地制动、降重心，第二步前脚掌用力抵地，体内收转。

2. 跳步急停

动作要领：停步时，双脚起跳，上体稍后仰，两臂自然摆动，两脚同时平行落地，屈膝降重心，两臂屈肘张开，膝关节内收脚内扣，保持身体平衡。

动作关键：控制好起跳高度；双脚落地时，控制身体平衡。

（六）滑步

滑步是队员防守时移动的主要步法。常用的滑步包括侧滑步、前滑步和后滑步三种步法。

1. 侧滑步

动作要领：开始滑步前，两脚左右开立，微屈膝，两臂侧张开；向左滑步时，身体重心左移，左脚向左跨出一步，落地的同时，右脚迅速滑行跟进，完成一步侧滑，然后重复以上动作，如图 8-1 所示。向右滑步时，动作相反。

图 8-1　侧滑步

动作关键：重心平稳，脚沿地面滑动，上体及手臂协调配合。

2. 前滑步和后滑步

动作要领：开始滑步前，两脚前后开立，微屈膝，两臂前后张开；向前滑步时，身体重心前移，前脚向前跨一步，落地的同时，后脚迅速滑行跟进，完成向前滑一步，然后重复以上动作；向后滑步时，动作相反。

动作关键：重心平稳，步法连贯，上体和两臂协调配合。

（七）转身

转身是队员用一脚做轴（中枢脚），另一脚蹬地向前或向后跨出，身体顺势转动，以改变身体方向的一种方法。转身包括前转身和后转身两种方式。

1. 前转身

动作要领：转身时（以右脚为中枢脚），左脚前脚掌向外蹬地，同时身体重心右移，左脚经体前向右跨一步。同时中枢脚以前脚掌为轴（脚跟提起）用力碾地旋转，身体顺势右转，如图 8-2 所示。

图 8-2　前转身

动作关键：前脚掌碾地要快速有力，身体转动快，重心保持平稳。

2. 后转身

后转身和前转身的动作要领相仿，不同的是后转身时移动的脚向自己身后跨步使身体改变方向。

动作关键：重心平稳，碾地迅速有力，撤步要快。

二、传接球

传接球是篮球比赛中队员之间有目的地转移球，以更好地配合全队进攻的有效手段。传接球是组织全队进攻配合的纽带，也是提高进攻质量的重要环节。

（一）传球

传球包括双手胸前传球、双手头上传球、单手肩上传球、单手胸前传球和勾手传球等。下面对双手胸前传球和单手肩上传球进行简要的介绍。

1. 双手胸前传球

双手胸前传球是一种最基本、最常用的传球方法，适用于不同方向、不同距离的传球，其特点是准确性高，便于控制球。

动作要领：双手持球时，两脚开立，两膝微屈，重心落于两脚间，双手十指自然分开，两拇指相对成"八"字形，指根以上部位持球两侧，掌心空出，持球于胸腹之间；传球时，两臂迅速向传球方向前伸，当手臂将要伸直时，急速抖腕，同时两拇指用力下压，食指、中指用力拨球，将球传出，如图8-3所示。

图8-3　双手胸前传球手部动作

动作关键：双手用力均匀，动作协调，抖腕和下压要快。

2. 单手肩上传球

单手肩上传球，常用于中远距离传球，特点是传球力量大，有利于抢到后场篮板后长传快攻。

动作要领（以右手传球为例）：左脚向传球方向迈出半步，同时右臂引球至右肩上方，左手离球，左肩对着传球方向，重心落于右脚上，右脚内侧蹬地转身，同时迅速向前挥臂，手腕前屈，通过食指、中指拨球，将球传出，如图8-4所示。

图8-4　单手肩上传球手部动作

动作关键：持球部位要准确（托球下方），蹬地、转体、挥臂、拨球等动作协调一致。

（二）接球

接球是队员获得球的动作，是抢篮板球和断球的基础，包括双手接球和单手接球两种。

1. 双手接球

双手接球包括双手接胸部高度的球、双手接头部高度的球、双手接低于腰部的球和双手接地滚球等方法。下面简要介绍双手胸前接球的动作要领。

双手胸前接球动作要领：两眼注视来球方向，两臂向来球方向伸出，十指自然分开；当双手触及球时，手臂顺势引球，将球持于胸腹之间，如图8-5所示。

图8-5　双手胸前接球

动作关键：伸臂迎球，触球缓冲。

2. 单手接球

动作要领（以右手接球为例）：两眼注视来球方向，右臂微曲，伸向来球方向，手掌成勺形，五指自然分开，当手指触及球时，右臂顺势引球，左手立即帮助右手，双手持球于胸腹间；移动中接球时，要准确判断来球的时间和落点，并及时向来球方向跨步移动，伸臂迎球；接球后迅速降低重心，与其他技术动作衔接。

三、运球

运球是篮球比赛中个人进攻的重要技术，是控制球、支配球、组织战术配合及突破防守的重要手段。比赛中，各球队经常利用运球技术调整进攻位置，吸引对方，突破防守，扰乱对方防守阵营，为本队创造最佳进攻机会。运球包括高运球、低运球、体前变向换手运球、后转身运球和胯下运球等。下面将对高运球、低运球、体前变向换手运球和胯下运球进行简要介绍。

（一）高运球

高运球是球反弹的高度在腰、胸之间的运球方法，一般用于无防守的快速运球。

动作要领（以右手运球为例）：运球时，微屈膝，上体稍前倾，双目平视前方，以肘关节为轴，前臂自然弯曲，用右手按拍球的后上方，控制球的落点在身体右前方，球的反弹高度在腰、胸之间。

动作关键：按拍球部位要正确，手脚协调配合。

（二）低运球

当持球队员接近防守队员或防守队员来抢球时，持球队员为保护球或摆脱防守，常采用低运球方法。

动作要领：运球时，抬头，目视前方，深屈膝，上体前倾，用上体、腿和另一只手臂保护球；同时，用手短促地按拍球，控制球的反弹高度在膝关节以下。

动作关键：迅速屈膝，降重心，手按拍球短促有力，手脚协调配合。

（三）体前变向换手运球

当防守队员堵截运球队员的进攻路线或运球队员运球接近防守队员时，运球队员可运用体前变向换手运球来摆脱和突破对手。

动作要领（以运球队员左手运球突破对手左侧为例）：运球队员左手运球，当对手向右侧移动堵截时，运球队员应向右侧加速运球吸引对手偏离正常防守位置，接着突然变向，用左手按拍球的左后上方，向右侧送拍球，左、右脚先后迅速向右前方跨出，上体右转并前倾探肩，换右手按拍球的后上方，加速运球突破对手，如图 8-6 所示。

图 8-6 体前变向换手运球

动作关键：运球部位正确，跨步侧肩护球协调一致，换手加速要快。

（四）胯下运球

动作要领（以右手胯下运球为例）：运球跨步急停后，两脚前后开立，左脚在前，重心落于两脚间，右手按拍球的右上方，使球从两腿之间穿过，换左手运球，右脚向左前跨出，完成一次胯下运球。

四、投篮

投篮包括原地投篮、行进间投篮、跳起投篮、补篮和扣篮等。下面对原地投篮和行进间投篮进行简要介绍。

（一）原地投篮

原地投篮包括双手头上投篮、双手胸前投篮、单手头上投篮和单手肩上投篮。下面介绍原地单手肩上投篮的动作要领。

原地单手肩上投篮动作要领（以右手投篮为例）：从双手持球的基本站立姿势开始，左手扶球左侧，右手持球，右臂屈肘，置球于右肩上；投篮时，两脚掌蹬地，左手离球，右臂向前上方伸直时，手腕前屈，食指、中指拨球，将球投出，如图 8-7 所示。

图 8-7 原地单手肩上投篮

动作关键：准备时注意三点一线（肘、膝、脚尖）在一条线上，准备投篮时抬肘，伸臂屈腕，食指、中指用力拨球，上下肢协调用力。

（二）行进间投篮

行进间投篮包括单手肩上投篮、单手低手投篮、双手低手投篮、反手投篮和勾手投篮等。下面介绍行进间单手低手投篮的动作要领。

行进间单手低手投篮动作要领（以右手投篮为例）：运球队员结束运球变为双手持球的同时，右脚跨出第一步，左脚跨出第二步落地时，前脚掌用力蹬地向前上方起跳，右腿屈膝自然上提，右手将球引至右肩侧上方；腾空到最高点时，左手离球，右手托球，右臂向前上方伸展；接近球篮时，手腕、手指上挑，将球投出，如图8-8所示（从右至左）。

图8-8 行进间单手低手投篮

动作关键：手指向前托球要稳，手腕、手指上挑，用力均匀，腾空后身体伸展。

第二节 基本战术

篮球战术是篮球比赛中队员和队员之间有目的、有计划、有组织、有意识的协同行动，即在进攻或防守时，全队按照基本的落位阵势、移动路线、攻击地点、防守范围、侧重防区和一些改变他人规律而确定的集体配合、协同行动的特定组织形式及方法。篮球战术是以篮球技术为基础，在一定的战术指导思想和战术意识支配下的集体攻守方法，主要分为进攻和防守两种战术，其中进攻战术包括传切配合、掩护配合、突分配合和策应配合等战术，防守战术包括换防配合和补防配合等战术。

一、传切配合

传切配合包括一传一切和空切两种配合。一传一切是指持球队员传球给同伴后，自己立即切向篮下，接同伴回传的球进行投篮的方法；空切是指无球队员根据球的转移情况，从不同的方向迎球或侧向插入篮下接球的配合方法。

练习传切配合时应注意以下问题。

（1）切入队员要善于把握时机；① 在防守者只注意球或因封断传球而失去防守位置的刹那乘虚而入；②对方防守较紧时，要用假动作或动作方向、速度的变化摆脱对手，切入篮下。

（2）持球队员应利用瞄篮、突破、运球等假动作迷惑防守队员，然后及时、准确地将球传给切入队员，做到人到球到，顺利完成投篮动作。

二、掩护配合

掩护配合是队员利用身体合理地挡住同伴对手的移动路线，或主动利用同伴挡住自己对手的移动路线，从而摆脱防守队员，获得进攻机会的一种战术配合方法。掩护的种类很多，按掩护位置分有侧掩护、后掩护、前掩护，可以运用于给持球队员做掩护，给无球队员做掩护，也可以运用于行进间掩护或定位掩护，还可以运用于连续掩护和做双掩护等。按照掩护时人与球之间的关系来分，可以分为无球人给持球人掩护（挡拆）、无球人给无球人掩护、持球人给无球人掩护（策应）。

练习掩护配合时应注意以下问题。

（1）在进行掩护配合时，掩护队员的身体姿势要正确，动作要合理，距离应以既能挡住同伴防守队员的移动路线，又能避免掩护动作犯规为准（一般保持在一步左右）。

（2）进行掩护配合时，目的要明确，配合队员行动要隐蔽及时，要做假动作（如瞄篮、运球、突破等）吸引防守队员，使防守者不了解自己的意图。

（3）队员配合要默契。根据场上情况的变化，采取应变措施，灵活运用掩护方法，尽量使进攻有效。

三、突分配合

突分配合是指持球队员突破防守后遇到补防或吸引对手注意力后，及时将球传给同伴，使同伴获得进攻机会的配合方法。突分配合是篮球比赛中的战术之一，当对方采用人盯人防守或区域联防时运用突分配合，可打乱对方的整体防守部署，压缩防区，给同伴创造最佳的外围投篮或篮下进攻机会。

练习突分配合时应注意以下问题。

（1）在突破过程中既要做好投篮的准备，又要随时观察场上攻守队员的位置和行动，以便及时、准确地传球。

（2）突破动作要突然、快速。

（3）其他进攻队员要掌握时机，及时跑到有利的进攻位置上接球。

四、策应配合

策应配合是指处于内线的队员背对或侧对球篮接球，由他做枢纽，与外线队员的空切相配合而形成的一种里应外合的方法。策应配合通常高大中锋运用较多，策应时进攻队员背对或侧对球篮接球后，以他为枢纽。通常策应配合可以根据策应的区域和位置分为内策应、外策应、高策应、底线策应等，其策应配合方法基本相似。

练习策应配合时应注意以下问题。

（1）策应队员策应前要注意及时抢占有利位置。

（2）在策应的过程中，要用转身、跨步及时调整策应的方向和位置，以便协助同伴摆脱防守，增加策应的变化与威胁。

（3）传球队员要根据策应者的位置和机会，及时传球给策应队员，争取做到人到球到。传球后要及时摆脱防守，准备接球。

五、换防配合

换防配合是指防守队员为了破坏进攻队员的掩护配合，彼此之间及时呼应并交换防守对手的一种配合方法。进攻队员做掩护配合，防守队员被掩护队员挡住了移动路线时，为达到破坏掩护的目的，防守队员互相交换自己的防守对手。

练习换防配合时应注意以下问题。

（1）掩护队员的防守者发现进攻队员掩护时，应及时提醒同伴，互相配合，及时换防。

（2）防守队员被挡住移动路线时，要及时抢前、后撤，调整好防守位置，抢占掩护者和球篮之间的有利位置。

六、补防配合

补防配合是指当防守队员被对手突破或绕过时，临近的其他防守队员主动放弃自己防守的对手，去补防突破队员的配合方法。

练习补防配合时应注意以下问题。

（1）补防队员动作要果断、迅速、及时。

（2）其他队员视场上情况，根据突破队员的意图，及时抢占有利位置，时刻准备补防和断球。

第三节　比赛规则

篮球规则指篮球比赛中应用的各种规则，基于适用范围可分为FIBA规则、NBA规则、NCAA规则等。在世界上通用的篮球规则是国际篮球联合会指定的FIBA官方篮球规则。本教材主要对FIBA官方篮球规则予以介绍。

一、比赛场地

标准篮球场地是一块长28米、宽15米的长方形平地，如图8-9所示。球场必须有明显的界线，距观众、广告牌或其他障碍物至少2米。篮球场长边的界线叫边线，短边的界线叫端线。

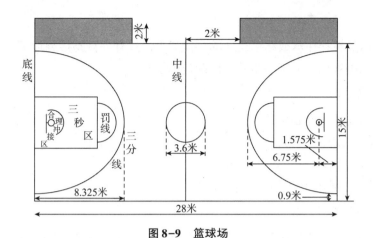

图 8-9 篮球场

二、违例

违例是违反规则的行为。在篮球比赛中，会出现多种违例行为。

1. 运球违例（两次运球或非法运球）

持球队员在原地或移动中，用单手连续按拍借助地面反弹起来的球的技术。球在一手或双手之中停留的一刹那运球即停止。不能翻腕运球（携带球），不能双手同时拍球，不能两次运球。

2. 漏接

运球开始或结束时，队员偶然地失去球，接着又恢复控制球。漏接不是运球。

3. 带球走（持球移动或走步）

（1）中枢脚的确定。

①队员双脚着地接到球（原地接球），可用任一脚作中枢脚，一脚抬起的一刹那，另一脚就成为中枢脚。

②队员在移动或运球中接到球。此时可分为两种情况。

第一种情况：队员在接到球时一脚正触及地面，另一脚一触及地面，原先那只脚就成为中枢脚；如队员跳起原先触及地面的那只脚并双脚同时落地，则哪只脚都不能成为中枢脚。

第二种情况：队员在接到球时双脚离开地面，如双脚同时落地，任一脚都可作为中枢脚；如两脚分先后落地，先触及地面的脚是中枢脚；如一脚落地又跳起这只脚并双脚同时落地，哪只脚都不能成为中枢脚。

（2）关于中枢脚的注意事项。确定中枢脚后，队员在传球或投篮中，可抬起中枢脚，但在球离手前不准落回地面；队员开始运球时，在球离手前不准提起中枢脚。哪只脚都不能作为中枢脚时，如队员传球或投篮，可抬起一脚或双脚，但在球离手前不准落回地面；如运球，在球离手前哪只脚都不可以抬起。例如，持球突破，球未离手，抬起中枢脚又落下；中枢脚在地面拖动或滑动（躲闪防守时常见）；队员持球倒地滑动、滚动或试图站

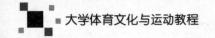

起来。

行进间的队员在接住球或结束运球的时候如果恰好有一只脚接触地面，那么他下一次触及地面的那只脚被确立为第一步并用以确定中枢脚。

4. 球回后场违例

构成球回后场的三个必备条件为：

（1）控制球队才能出现球回后场；

（2）必须是控制球队使球从前场进入后场；

（3）必须是控制球队的队员在后场首先触球。

5. 球出界与掷界外球违例

当球触及界外队员或任何其他人员、界线上或界线外的地面或任何物体、篮板的支柱或背面时，即为球出界。

掷球入界时，须将球传给（而不是用手递）场上的队友，用手递给场上的同伴有违掷球入界规则。

6. 时间类的违例

（1）3秒违例。在比赛计时钟已经启动、某队在场上控制活球时，该队队员在对方限制区内不得停留超过连续3秒钟。

（2）5秒违例。5秒违例有以下几种情况。

①罚球队员在裁判员递交球后5秒没有投篮出手。

②掷界外球的队员在裁判员递交球后或已将球放在他可处理球的地点后5秒没有将球掷入场内。

③持球队员被严密防守，在5秒内没有传、投、滚或运球时。

（3）8秒违例。进攻队员在后场控制活球时，该队没有在8秒内使球进入前场。

（4）24秒违例。当一名队员在场上控制一个活球时，该队必须在24秒内完成投篮。

（5）违例的罚则。发生违例的队失去球权，由对方在最靠近违例的地点掷界外球，直接位于篮板后面的地方除外；如果球进入球篮但投中无效，随之而来的掷界外球应在罚球线延长线界外处。

三、侵人犯规

侵人犯规是指比赛过程中，队员与对方队员的接触犯规。队员通过伸展手、臂、肘、肩、髋、腿、膝或脚来拉、阻挡、推、撞、绊，阻止对方队员行进，队员将自己的身体扭曲成反常的姿势（超出自己的圆柱体），队员对对方队员有任何粗暴的动作，都属于侵人犯规。

侵人犯规的罚则为：给犯规队员记一次侵人犯规以及判给对方球权或罚球。当判给对方球权或罚球时，按如下规定执行。

①被侵犯队员未投篮，由被侵犯队员在靠近犯规地点的界线外掷界外球。

②被侵犯队员正在投篮，投篮成功应计得分，并判给其一次罚球；投篮未中，在2分

区（或 3 分区）投篮，则判给其 2 次（或 3 次）罚球。

四、几种特定犯规及其罚则

1. 技术犯规

队员或教练员及随队人员违反规则，漠视裁判员的劝告或有不正当、不道德的行为，都被视为技术犯规。技术犯规不包含身体接触。

技术犯规的罚则为：竞赛中队员的技术犯规判给 1 次罚球和在中场掷界外球；竞赛休息期间所有人员的技术犯规均判给 2 次罚球；竞赛中球队席上的人员技术犯规，判给两罚一掷。

2. 违反体育道德的犯规

依裁判员的判断，使用超出规则的精神和意图及不合理的动作进行比赛而造成的侵人犯规，为违反体育道德的犯规。裁判员应依据下列原则来判定：①一个队员不是以打球为目的而发生身体接触；②一个队员以打球为目的，但造成过度的身体接触；③一名队员拉、打、踢或故意推对方。

3. 取消竞赛资格的犯规

任何技术犯规、侵人犯规、十分恶劣的不道德行为。罚则为两罚一掷。

4. 双方犯规

如双方队员同时犯规，比赛应以下列方式重新开始。

（1）如双方犯规发生时，球投中有效，则由投中队对方在端线掷界外球。

（2）双方犯规发生时若一队控制球或被判给球权，则由该队在离犯规发生最近处掷界外球。

（3）若双方均未控制球或未判给球权，则进行交替拥有。

5. 特殊情况下的犯规

几乎同时发生多起犯规，在此情况下的处理原则为：登记犯规；必须分出犯规的先后次序，按次序进行罚球；后面如有新的罚则，前面罚则中的掷界外球权将被取消。

6. 打架

在打架时，任何座席人员离开球队席区域的界限应被取消竞赛资格，并登记教练员一次技术犯规，按教练员技术犯规进行处罚。

思考题

1. 篮球运动在大学校园中非常受欢迎，你觉得原因有哪些？
2. 篮球的基本技术有哪些，你在日常打篮球中掌握了哪些技术？
3. 篮球的基本战术和比赛规则有哪些？
4. 说出你喜欢的篮球赛事，并选出你最喜欢的篮球运动员，说说他（她）的主要事迹。

参考文献

[1] 陈万章. 大学体育与健康 [M]. 北京：北京体育大学出版社, 2004.

[2] 陈志勇. 现代大学体育教程 [M]. 修订版. 北京：北京体育大学出版社, 2012.

[3] 朱明江. 高校篮球运动教学开展的理论与实践 [M]. 北京：中国水利水电出版社, 2017.

第九章

排 球

排球运动于1895年由美国的威廉·G. 摩根（Williams G. Morgan）发明，是以通过变化击球路线和落点造成对方失误为目的、以得分多少决胜负的集体项目，具有技巧性、对抗性和集体性等特点。排球运动是用双手做发球、垫球、传球、扣球和拦网等动作来组织进攻和防守的球类运动项目之一。排球英文"Volleyball"的原义是击空中球或"空中飞球"。

排球分为室内排球和沙滩排球两种。排球场地设备简单，比赛规则容易掌握，既可在球场上比赛和训练，也可以在一般空地上活动，运动量可大可小，适合于不同年龄、不同性别、不同体质、不同训练程度的人。排球比赛无时间限制，对抗强度较大，对人的身体素质和心理素质有着较好的锻炼作用。

第一节 基本技术

一、排球运动简介和特点

1. 排球比赛简介

排球比赛的场地长18米，宽9米，中间由球网隔开。男子网高2.43米，女子网高2.24米。比赛时双方各据一边，每队上场队员六人，分前后排站立。

如图9-1所示，比赛开始，由一方后排右侧的①号占位区队员在发球区内，用单手将球直接发过球网，然后双方按照排球竞赛规则将球击入对方场内，运用垫球、传球、扣球、拦网等技术动作，组织进攻和防守，而不使球落入本方场内。①号位队员没有发球权后顺时针转到⑥号位，⑥号位队员顺时针转到⑤号位，以此类推。各队员负责一块区域，避免自己队员抢位接球。但区域不是绝对的，要看哪个队员更利于接球。

排球运动中的传球分为一传和二传，一传就是接到对方发球后，进行第一次传球。一传之后的球，一般情况下到达二传手的手中，进行第二次传球，称为二传。球在一方球场，最多传三次，就必须到达对方场内。如果达到四次，则视为犯规，判对方得分。二传是一支排球队的核心，也是组织攻击的人。对方发球后，一传接球，传给二传，二传传给主攻手，主攻手再扣球或吊球。

垫球是两前臂并拢，接球时用蹬地加上抬前臂将球接起的方法。

传球是用双手的指尖在头顶的前上方将球弹起的方法。

扣球是扣球队员跳起后，挺胸展腹，上体稍向右转，右臂向后上方抬起，身体成反弓形。挥臂时，以迅速转体、收腹动作发力，带动肩、肘、腕各部位关节成鞭甩动作向前上方挥动。击球时，五指微张成勺形并保持紧张，用全手掌包满球，以掌心为击球中心，击球的后中部，同时主动用力屈腕屈指向前推压，使扣出的球加速上旋。

在排球运动中，拦网技术是在对方跳起扣球时，为防止球速过快而落入本方场区有无法接住的情况出现，在对方扣球时直接跳起伸开双臂，张开五指拦在球前进的路线上，尽量使球快速回头进入对方场地的一种接球方式。

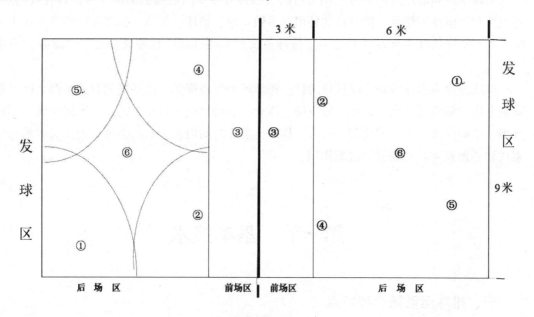

图 9-1 排球场地

2. 排球运动的特点

排球运动同其他球类运动项目一样，通过教学训练能发展力量、速度、灵敏、弹跳、耐久力等身体素质；提高人体中枢神经系统和内脏各系统器官的功能，促进身体健康发展；培养勇敢、顽强、机智、灵敏、吃苦耐劳、遵守纪律、团结友爱等思想品质。但排球运动也有其自身的特点。

（1）广泛的群众性。排球运动场地设备简单，比赛规则容易掌握，既可在体育场馆进行训练和比赛，也可以在一般空地上进行练习，且运动量可大可小，适合于不同年龄、不同性别、不同体质、不同健康程度和训练程度的人。

（2）激烈的对抗性。排球比赛中不断地由攻转守、由守转攻，在激烈快速的对抗中进行。有时一场比赛可持续两个多小时。

（3）高度的技巧性。排球规则规定，在排球比赛中，球不能在手中停留过长时间，球也不能落地，每人不得连续击球两次，每方击球不得超过三次，对时间、技巧性要求很高，从而体现出排球运动高度的技巧性。

（4）技术的全面性。排球比赛规则规定，在排球比赛中要进行位置轮转，每个队员既要轮到前排扣球和拦网，又须轮到后排防守与接应，因此排球运动员必须掌握全面的攻防技术。

（5）严密的集体性。在排球比赛中，除发球和偶然的一次击球过网外，都是在集体配合中进行的，如果没有两人或两人以上的密切配合，是无法发挥个人技战术的作用的。不论是接发球—传、二传、扣球，还是接扣球进攻中的拦网、防守、二传、扣球等，都是一环扣一环、互相串联的。如果某一环节配合不当，势必直接影响全局。一个排球队的水平越高，集体配合的默契程度就越高。

二、排球运动的基本技术

排球技术是在比赛规则允许的条件下，队员运用的各种合理击球动作和配合动作的总称，主要包括准备姿势与移动、发球、垫球、扣球、传球和拦网等。准备姿势、移动、起跳和倒地动作为配合技术，或称无球技术。合理的击球动作首先要符合规则要求，应符合人体解剖学、运动生理学的原理，同时要结合个人的特点。完成动作时要做到"协调、轻松、正确、有力"，并能充分运用时间和空间的变化。在掌握技术过程中，必须遵循"全面、熟练、准确、实用"的原则。

（一）准备姿势与移动

准备姿势与移动是排球运动中运用最多的两项基本技术，是完成发球、传球、垫球、扣球和拦网等技术的前提和基础，并且对各项技术动作的运用起着串联作用。

1. 准备姿势

按照重心的高低，准备姿势包括稍蹲、半蹲和低蹲三种。

半蹲准备姿势动作要领：两脚左右或前后开立（根据场上情况，可以左脚在前或右脚在前），稍比肩宽，脚跟提起，膝微曲，脚尖和膝稍内扣；上体前倾，重心前移，肩超膝，膝超脚尖；两臂自然弯曲，置于腹前，目视来球。

2. 移动

移动的基本步法包括并步与滑步和交叉步等。

①并步与滑步。动作要领（以向前移动为例）：从两脚前后开立的准备姿势开始，后脚用力蹬地，前脚向来球方向跨出一步，后脚迅速跟上成准备姿势。连续并步移动称为滑步。

②交叉步。动作要领：从准备姿势开始，向右移动时，上体稍向右转，左脚从右脚前面向右交叉跨一步，然后右脚再向右跨一大步，同时身体转向来球方向成准备姿势。

（二）发球

发球过程分为准备姿势、抛球和击球三个环节。下面对正面上手发球和侧面下手发球分别进行简要介绍。

1. 正面上手发球

正面上手发球的特点是力量大、速度快、弧度平、旋转强和落点易于控制。

（1）准备姿势：面对球网站立，两脚前后自然开立，左脚在前，两膝微曲，上体前倾，左手持球于胸前。

（2）抛球：左手将球垂直平稳地抛向右肩的前上方，置于头上三个球左右高；同时右臂抬肘约与肩平，前臂后引，手掌置于头后上方，上体略向后移，挺胸、展腹、身体重心后移至右脚。

（3）击球：身体重心前移，收腹，同时带动右臂迅速向肩前上方挥动，在最高点伸直手臂，用力掌击球的后中部；在触球的刹那，手腕适当地向前推压。

正面上手发球如图9-2所示。

图9-2　正面上手发球

2. 侧面下手发球

侧面下手发球的特点是发球动作较简单，容易掌握，稳定性较大，但攻击性较小。

（1）准备姿势：右肩对网站立，两脚左右开立，与肩同宽，上体稍前倾，重心落于两脚间或稍偏右脚，左手置球于腹前。

（2）抛球：左手将球抛掷于胸前，距身体约一臂远，同时右臂摆至身体右侧后下方，上体稍右转。

（3）击球：右脚内侧蹬地，身体左转，带动右臂向前摆动，在腹前用全掌击球下部，将球击出。击球时手臂要伸直，眼睛要看着球。

3. 发球练习

（1）可安排学生以集体或分组形式，对发球动作进行完整或分解练习，体会动作过程，获得肌肉运动的正确感觉。教师可根据动作要领及动作节奏，用口令控制学生的动作来完成练习。

(2) 结合球进行练习。

对抛球、挥臂击球动作进行分解练习时，先教准备姿势及抛球，教会学生抛球与引臂的正确配合，掌握抛球路线、高度。其次练习挥臂击球，练习时可先将球固定一个击球点，以体会正确抛球与挥臂的关系，然后再进行抛球后挥臂击球的练习，以体会正确用力与击球点和击球部位的关系。以上练习可一人对墙或对网练习，也可两人对练。

(3) 完整发球技术的练习。

先在距网 4 米处发球过网，在此基础上逐步后退，直至发球区或更远。这样逐渐增加发球距离，可以避免学生由于心理上的紧张而影响挥臂击球动作的准确性。

(4) 发向固定区域或固定目标的练习。

在正确掌握发球技术的前提下，提高发球的准确性与成功率，如规定发向对方固定目标。练习时为了不改变发球技术动作及手法，首先应学会利用站位远近和身体方向来调节发球落点和路线。

(5) 在比赛中运用发球。

比赛前，对每人的发球技术运用提出一定要求，并进行临场观察与统计，在比赛中或比赛后及时总结与纠正，逐步提高发球质量。

（三）传球

传球是排球运动中最基本的技术，是进行比赛和组织战术的基础。传球的种类多种多样，下面对正面双手传球（简称"正传"）和背传进行简要介绍。

1. 正传

(1) 动作要领：传球前采用稍蹲姿势，身体站稳，上体挺直看球，双手自然抬起，置于脸前；当球至距额前上方一个球左右的位置时，开始双脚蹬地、伸膝、伸双臂，张开双手，从脸前向前上方击球，将球传出，如图 9-3 所示。

图 9-3 正手传球

(2) 传球手形：当手触球时，两手自然张开成半球状，手腕稍后仰，以拇指、食指和中指拖住球的后下部，两拇指相对，接近"一"字形，两手间要有一定的距离（不超过球的直径）。

(3) 传球的用力：传球时主要是利用蹬地、伸膝、向上展体和伸臂协调动作，配合手指和手腕的弹力将球传出。

2. 背传

动作要领：传球时，上体保持正直或稍后仰，两膝半曲，重心落于两脚间，双手自然抬起，置于脸前，目视来球方向；迎球时，微仰头挺胸，下肢蹬地，同时上体向上方伸展；触球时，手腕后翻，掌心向上击球底部（手形与正传的手形相同），同时下肢蹬地、展腹抬臂、伸肘，通过手指和手腕的弹力把球向后上方传出，如图9-4所示。

图9-4 背后传球

3. 传球练习

（1）传球的练习顺序。

传球的练习应放在准备姿势与移动之后进行。首先应练习正面双手传球，再练习背传。每项传球技术动作都应先从原地开始练习，然后在移动条件下练习。传球的抛物线应从传4米左右的中距离、距网上2～3米高的球开始，然后学传调整球和低球。即从一般传球过渡到一般二传，进一步学习各种战术传球。

（2）传球的讲解。

首先要讲清传球的作用，并结合示范逐步分段讲述动作过程和技术要领。讲解内容为：

传球前的准备姿势；传球时的手形和击球点的位置；传球用力方法和全身协调动作；手指、手腕的动作；传球的合适抛物线；传球后保持再击球的要求。

（3）传球的示范。

应先做完整动作的示范，再边讲边示范。示范、讲解的顺序是：脚的站立方法→下肌→腰髋→上体→手臂动作→手的位置→手型→击球点→协调用力。

双人传球练习中要求传球时有向前移动迎球的动作，传球后作后退步返回原处，以保持较宽的接球面和养成向前移动接球的良好习惯。

（四）垫球

垫球主要包括正面双手垫球、体侧垫球、跨步垫球和挡球等。下面将对正面双手垫球和跨步垫球进行简要介绍。

1. 正面双手垫球

正面双手垫球是双手在腹前垫击来球的一种垫球方法，是各项垫球技术的基础。

（1）动作要领：垫球前，判断球的落点后迅速移动到落点，身体正对来球方向，成准备姿势站好；当球接近腹前时，两臂夹紧前伸，含胸收肩，收腕抬臂，将球准确地垫在小臂上，如图 9-5 所示。

图 9-5　正面双手垫球动作

（2）手型：两手手指上下相叠，掌根紧靠。两拇指平行相靠，紧压在上层手指中指的第二节上，两臂伸直相夹，如图 9-6 所示。

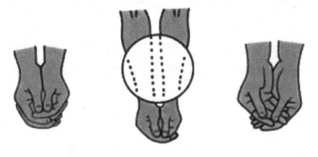

图 9-6　双手正面垫球手型

（3）击球点与垫球部位：击球点应保持在腹前约一臂处，垫球部位以前臂腕关节以上 10 厘米左右桡骨内侧平面为宜，如图 9-5 所示。

2. 跨步垫球

跨步垫球是当球距身体一步左右，但速度很快或位置较低，队员来不及移动正对时，迅速向前或向侧跨出一步垫球的动作。

动作要领：垫球前，首先判断来球的落点，然后迅速向来球方向跨出一步，屈膝制动，重心移至跨出的脚上；两臂夹紧伸直插入球下，用两前臂击球的后下部，将球平稳地向目标方向垫出。

3. 垫球练习

①集体练习。全体学员站立成二或四列横队，面对教师站立，在教师的口令下，集体做徒手模仿垫球练习。

要求：按插、夹、抬的动作要领，体会垫球技术的全过程。

②两人练习。两人练习可分为两种情况。第一，两人一组，一人用一手垫在另一人的大臂下面，另一手压在另一人的小臂垫击面上，被压人做徒手垫击动作。注意，两臂肘关

节伸直,做完整垫球动作,体会击球一刹那用力的肌肉感觉。第二,两人一组,一人持球置于另一人的小臂垫击球的部位,后者做垫球动作。注意,要体会正确的击球部位和击球点。

(五)扣球

扣球主要包括正面扣球、自我掩护扣球和勾手扣球等。下面将对正面扣球进行简要介绍。

正面扣球的动作要点如下(以两步助跑右手扣球为例)。

(1)准备姿势:采用稍蹲姿势,两臂自然下垂,观察来球,做好向各个方向助跑起跳的准备。

(2)助跑:助跑时,左脚先向前迈一小步(便于寻找和对正方向),接着右脚迅速跨出一大步,同时两臂绕体侧向后引。左脚及时跟上右脚,踏在右脚之前,两脚尖稍向右转,屈膝制动,同时两臂积极向前摆动。

(3)起跳:助跑制动之后,两臂用力向上摆,同时两脚猛力蹬地向上起跳。

(4)空中击球:起跳后,挺胸展腹,上体稍向右转,右臂向后上方抬起,身体成反弓形;挥臂时,身体左转,收腹,带动肩、肘、腕各部分关节成甩鞭动作向前上方挥动;击球时,五指微张成勺形,以掌心击球的后中部,同时屈腕、屈指向前推压,将球扣出。

(5)落地:落地时,前脚掌先着地,然后过渡到全脚掌着地,顺势屈膝收腹,以缓冲下落的力量。

正面扣球如图9-7所示。

图9-7 正面扣球

(六)拦网

拦网包括单人拦网和集体拦网两种,两者的个人动作要领相同,只不过后者更注重相互间的协调与配合。下面对单人拦网进行简要介绍。

(1)准备姿势:面对拦网,两脚左右开立,与肩同宽,两膝微曲,两臂在胸前屈肘,距网30~40厘米。

(2)移动:为了及时对正对方的进攻点,拦网队员需要及时移动。常用的移动步法有并步、滑步和交叉步等。

(3)起跳:原地起跳时,两膝弯曲(弯曲程度因人而异,以发挥最高弹跳力为原则),重心降低,双脚用力蹬地,同时两臂在体侧画小弧用力上摆,带动身体垂直起跳。

(4)空中击球:起跳过程中,两手经额前并平行球网向网上沿的前上方伸出,两臂平行伸直,前臂靠近网,两肩尽量上提;拦网时,两臂尽力过网伸向对方上空,两手自然张开,屈指、屈腕成勺形,以便包住球;手触球时,两手要突然紧张,手腕下压盖住球的前上方。

(5)落地:落地时,面对对方,屈膝缓冲,同时屈肘向下收臂。

单人拦网如图9-8所示。

图9-8 单人拦网

第二节 基本战术

排球基本战术主要包括阵容配置、进攻战术和防守战术等。

一、阵容配置

阵容配备主要有"四二"阵容配备和"五一"阵容配备。

(一)"四二"阵容配备

"四二"阵容配备是上场队员中有4个进攻队员和2个二传队员。4个进攻队员中有2个主攻队员和2个副攻队员。主(副)攻队员站在对角的位置上。

(二)"五一"阵容配备

"五一"阵容配备是上场队员中有5个扣球手和1个二传手,通常二传队员在对角位置上,配备一名有进攻能力的扣球手接应二传队员。

二、进攻战术

(一)"中一二"进攻战术

"中一二"进攻战术的阵型为:二传手站位于3号,5号垫球至3号,3号传球给2号或 4 号扣球进攻，如图 9-9 所示（实线为传球路线，虚线为队员移动路线，下同）。

（二）"边一二"进攻战术

"边一二"进攻战术的阵型为：二传站位于 2 号，6 号垫球至 2 号，2 号传球给 3 号或 4 号扣球进攻，如图 9-10 所示。

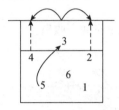
图 9-9 "中一二"进攻战术

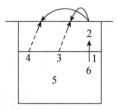
图 9-10 "边一二"进攻战术

三、防守战术

防守战术是组织进攻和反攻战术的基础，主要包括接发球防守和接扣球防守等。

（一）接发球防守

下面对 5 人接发球防守战术和 4 人接发球防守战术进行简要介绍。

1. 5 人接发球防守战术

5 人接发球防守战术是比赛中最基本、最常用的接发球方法，它的阵型是除前排 1 名二传手或后排准备插上的二传手外，其余 5 名队员都参与接发球。5 人接发球时，球员的位置应根据本方进攻战术来确定。

2. 4 人接发球防守战术

4 人接发球防守战术的阵型是除前排 1 名二传手和后排准备插上的二传选手外，其余 4 名队员都参与接发球。它的特点是可以缩短插上和扣快球队员跑动的距离，有利于提高进攻的速度。

（二）接扣球防守

接扣球防守战术由拦网和后排防守两部分组成，分为无人拦网、单人拦网、双人拦网和三人拦网防守战术。下面对双人拦网防守战术进行简要介绍。

双人拦网防守战术适用于当对手的扣球力量较大，线路变化多时，其方法包括"边跟进"防守和"心跟进"防守等。

1. "边跟进"防守

"边跟进"防守的阵型是队员成"M"型站位时，2 号和 3 号网前拦网，4 号后退至攻防线后参与后场防守，1 号或 5 号跟进保护和防守对方吊球。它适用于对方进攻力量强、扣球多、吊球少时。"M"型站位如图 9-11 所示。

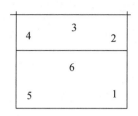

图 9-11 "M"型站位

2. "心跟进"防守

"心跟进"防守的阵型是队员成"M"型站位时,2 号和 3 号网前拦网,4 号后退至攻防线后参与后场防守,6 号队员专职跟进、保护拦网和防吊球。

第三节 比赛规则

一、比赛场地

排球场包括比赛区域和无障碍区两部分:比赛区域为 18 米×9 米的长方形,如图 9-12 所示;比赛场地边线外的无障碍区至少宽 5 米,端线外的无障碍区至少宽 8 米,比赛区域上空的无障碍空间至少高 12.5 米(从地面量起)。

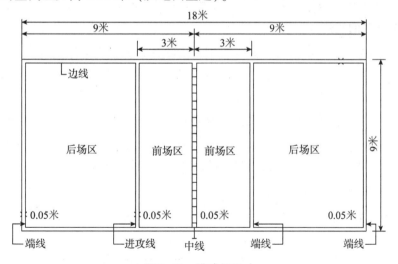

图 9-12 排球场尺寸

二、犯规

（一）发球

1. 发球时的击球犯规

（1）发球次序错误。某队未按照记分表所登记的发球次序发球，为发球次序错误。

（2）发球区外发球。队员发球击球时或跳发球时，踏及场区或发球区外地面，为发球区外发球犯规。

（3）发球击球时球未抛起或持球手未撤离。

（4）发球五秒。第一裁判员鸣哨后5秒内，发球队员未将球击出，为发球五秒法规。

2. 发球击球后的犯规

（1）发出的球触及发球队队员、未通过球网垂直面。

（2）界外球。

①发出的球的整个落点完全在场区界线以外的地面上。

②发出的球触及场外物体、天花板或非比赛队员等。

③发出的球触及标志杆、网绳、网柱或球网的标志杆以外的部分。

④球的整体或部分从过网区以外过网，特殊情况除外。

⑤球的整体从网下空间穿过。

（3）发球掩护。任何一名发球方的队员，以挥臂、跳跃或左右晃动等动作妨碍对方接发球，而且发出的球从对方的上方飞过，则构成个人掩护。

（二）击球时的犯规

（1）四次击球。一个队连续四次（拦网一次除外）为四次击球犯规。

（2）持球。一名队员没有将球击出，使球停止（如捞捧、推揶、携带等），为持球犯规。

（3）连击。一名队员连续击球两次或球连续触及其身体不同部位（拦网一次除外），为连击犯规。

（4）借助击球。借助同伴或任何物体的支持击球，为借助击球犯规。

（三）队员在球网附近的犯规

（1）过网击球。对方进行进攻性击球前或击球时，在对方空间触及球或对方队员，为过网击球犯规。

（2）过中线。比赛进行中，队员整个脚或身体的其他任何部位越过中线并接触对方场区时，为过中线犯规。

（3）从网下穿越进入对方空间并妨碍对方比赛。

（4）触网。比赛进行中，任何队员击球时触及9.5米以内的球网、标志杆、标志带，为触网犯规。

（四）拦网犯规

（1）过网拦网。在对方进攻击球前或击球时，在对方空间拦网触球，为过网拦网犯规。

（2）后排队员拦网。后排队员靠近球网，将手伸向高于球网处阻拦对方来球并触及球，为后排队员拦网犯规。

（3）拦发球。拦对方发过来的球，为拦发球犯规。

（4）从标志杆外伸入对方空间拦网并触球，为犯规。

（5）拦网出界，也为犯规。

（五）进攻性击球犯规

（1）后排队员进攻性击球犯规。后排队员在前场区内，或踏及进攻线（或其延长线），击整体高于球网上沿水平面的球，并使球的整体由过网区通过球网垂直面或触及对方拦网队员，则为后排队员进攻性击球犯规。

（2）在前场区对对方发过来的、并且整体高于球网的球，完成进攻性击球（如扣发球、吊发球等），为犯规。

（六）不良行为

（1）非道德行为。争辩、恫吓等。

（2）粗鲁行为。违背道德原则和文明举止，有侮辱性表示。

（3）冒犯行为。带着诽谤、侮辱意味的言语或手势。

（4）侵犯行为。人身侵犯或企图侵犯。

锻炼常识

1. 安全教育

（1）练习前做好充分的准备运动，特别是下肢各关节的准备活动。

（2）应穿好运动鞋、服，戴好护膝、护踝等保护工具。

（3）救球时，学会自我保护。

（4）鱼跃垫球等高难度的垫球动作，一定要在教师的指导下开展学习

（5）接扣球练习时，最好不要戴眼镜，以免球打到眼镜而伤到眼睛。

2. 手指挫伤的处理

初学打排球，由于动作不正确等原因，手指有时会受到挫伤。传球动作不正确是发生手指挫伤的主要原因。所以在练习前应做好手指、手腕各关节的准备活动，平时还应注意手部的力量性和柔韧性练习。一旦发生手指挫伤，应及时停止练习，进行冷敷、包扎。伤势重者应到医院做进一步的治疗。

3. 踝关节扭伤的处理

在做扣球练习时，由于落地动作不正确或意外原因，有时会不慎扭伤踝关节。遇到这种情况，应立即停止活动，先进行冷敷，严重时立即送校医室处理。一般情况下，24小时后改热敷或进行按摩，休息几天后，伤势会好转或痊愈。

思考题

1. 排球的基本技术有哪些？你在日常打排球中掌握了哪些技术？
2. 排球的基本战术和比赛规则有哪些？
3. 中国女排在2016年里约奥运会中不畏强敌、顽强拼搏，勇夺奥运会金牌。说说你看中国女排比赛的感受。

参考文献

[1] 曾亮. 大学体育排球课技术教学的重点与难点分析——以集美大学为例 [J]. 体育科学研究，2013（4）：80-86.

[2] 杨忠. 体育与健康 [M]. 北京：人民邮电大学出版社，2008.

[3] 钟虎. 促进大学体育排球快乐教学的方法探讨 [J]. 当代体育科技，2013（20）：60-61.

第十章

足 球

第一节 足球运动概述

足球是以脚为主支配球,并把球射入对手球门的集体性、对抗性、技能性较强的一项球类运动。它是世界上开展最广泛、国际交往最频繁、影响力最大的竞技运动项目。古代足球起源于中国。《轩辕黄帝传》记载:"黄帝令作蹴鞠之戏,以练武士。"《太平清话》中也提道:"蹴鞠始于轩后,军中练武之剧,以革为圆囊,充以毛发。"根据考古发现,在更远时期"足球舞"即被刻画在骨甲上。之后,这种被称为"蹴鞠"的足球游戏历经数千年不衰,至唐、宋、元明时代,除开展对抗性的足球竞赛,还盛行各种形式的个人足球表演。中国古代足球的活动方式,已与现代足球大致相似。现代足球起源于英国,由12世纪英国古代足球发展而来。1863年10月26日,英国首先出现了足球运动协会,并制定了第一部较为统一的比赛规则。1872年欧洲举行了足球运动的第一次正式比赛,这是英格兰与苏格兰之间的一次泛英足球比赛。在其后的30年间,足球运动逐渐成为英国和欧美其他国家广泛开展的运动项目。至此,人们对足球的热爱已远超其他运动项目。因为有了如此广泛的群众基础,这项极富魅力的运动,很快在全世界传播。

足球运动的权威组织是国际足球联合会(简称"国际足联"),英文缩写为FIFA。它成立于1904年5月21日,总部设在瑞士的苏黎世。最重要的国际性足球比赛是由国际足联主办的世界杯足球赛。首届世界杯足球赛于1930年在乌拉圭举行,规定业余与职业运动员均可参加,每四年举办一届,由各会员协会派出一支最强队参加,奖杯为冠军获得者的流动杯。至2018年已举办了21届世界杯赛(1942年和1946年停办两届)。随着足球运动的日趋普及,国际足联组织也在不断发展,现已拥有六个大洲的足联组织及211个成员。若以1904年算起,至今国际足联已选举过九位主席,现任主席是意大利的吉安尼·

因凡蒂诺。

现代足球运动攻守对抗日趋激烈,整体攻守速度日益加快,运动员的竞技能力得到全面发展。现代足球运动员的竞技能力一般由七大因素组成,即技术、战术、素质、形态、机能、心理和智力等。国际足联三大赛事为世界杯足球赛、奥运会足球赛、世界青年足球锦标赛,另有17岁以下世界锦标赛、五人足球世界锦标赛、世界女子足球锦标赛等。

第二节 基本技术

足球技术是运动员在比赛中运用身体的合理部位所完成的动作方法的总称。

一、移动技术

(1) 起动。原地起动,活动中起动。
(2) 跑。快跑、冲刺跑、曲线跑、折线跑、侧身跑、插肩跑、后退跑。
(3) 急停。正面急停、转身急停。
(4) 转身。前转身、后转身。
(5) 假动作。无球假动作、有球假动作。

二、踢球技术

踢球是足球基本技术中的主要技术。踢球是有目的地把球传给同伴或射门,它是完成战术配合的主要手段。踢球的方法主要有正脚背踢球、脚背外侧踢球、脚背内侧踢球、脚内侧踢球,此外还有脚尖踢球和脚跟踢球。踢球的技术动作包括助跑、支撑脚的位置、踢球腿的摆动、脚与球的接触部位和踢球后的身体随前动作五个组成部分。

踢球的一般要求为:踢球前和踢球后,踝关节尽量放松,但在触球时要紧张用力;助跑的最后一步要稍大,支撑脚踏地要适当,身体重心要落在支撑脚上;支撑脚的脚尖一般应指向击球方向,踢活动球时,如踢顺方向的地滚球,支撑脚要踏在球的侧前方,如踢迎面地滚球,要踏在球的侧后方;踢球腿摆幅大小和速率的快慢,直接影响击球的力量;踢球前要养成随时观察场上情况的习惯,不要死盯住球,为了适应比赛的要求做到左右脚都能踢球。

(一)正脚背踢球的动作要领

踢定位球时,直线助跑,支撑脚踏在与球平行和距球一脚的左右侧方,脚尖正对出球方向,膝稍屈;同时踢球腿向后摆起,膝弯曲。踢球腿前摆时,要用大腿带动小腿。当大腿前摆至垂直地面位置时,小腿加速前摆。在脚触球的刹那,脚背绷直,稍收腹,以正脚背部位触球的后中部。踢球后,身体要有随前动作,并跨出一两步。正脚背踢球足部动作如图10-1所示。

图 10-1　正脚背踢球足部动作

（二）脚背外侧踢球的动作要领

与正脚背踢球的动作基本相同，只是用脚背外侧触球，如图 10-2 所示。在踢球的一刹那，脚背要绷直，脚趾用力下扣，脚尖内转，踢球的后中部，如图 10-3 所示。

图 10-2　脚背外侧踢球动作

图 10-3　脚背外侧踢球足部动作

（三）脚背内侧踢球的动作要领

沿着与球成 45 度角的斜线助跑，支撑脚踏在球的侧后方约两脚左右处，膝弯曲，以脚掌外侧着地支撑身体重心，上体稍向支撑脚一侧倾斜，踢球脚自然后摆。踢球时，以大腿带动小腿，呈弧形迅速前摆，脚稍向外转，脚面绷直，脚趾扣紧，脚尖斜指前下方，以里脚背触球的后中部。踢球后，腿随球摆出。脚背内侧踢球动作如图 10-4 所示。

图 10-4　脚背内侧踢球动作

(四) 脚内侧踢球的动作要领

脚内侧踢定位球和地滚球时，支撑脚踏在球的侧方约 15 厘米处，膝盖微屈，踢球脚以髋关节为轴，稍向后摆；前摆时，膝外转，脚迅速外转 90 度，脚尖稍翘起，脚掌与地面平行，脚腕用力绷紧，脚内侧触球的后中部踢球后。脚随球前摆，但不宜过大，如图 10-5 所示。

图 10-5 脚内侧踢球动作

(五) 接球 (停球)

接球是指有意识地将球停接下来，控制在自己的活动范围以内，以便更好地处理球。

接球的方法，根据身体部位划分为六类：胸部接球、脚掌接球、脚弓接球、正脚背接球、外脚背接球、大腿接球和头部接球。根据球的活动状态可分为接地滚球、接反弹球和接空中球。下面简单介绍胸部接球、脚掌接球、脚弓接球、正脚背接球、外脚背接球的动作要领。

1. 胸部接球

用胸部接球时，由于胸部面积大，接球稳当，便于接空中高球。胸部接球有挺胸和收胸两种

(1) 挺胸接球。挺胸接球适用于接弧度较大的来球。

动作要领：身体正对来球，两脚前后开立，两膝弯曲，上体稍后仰；当球到头部前上方时，两臂自然向两侧张开；在球触及胸部时，要挺胸憋气，使球触胸后向前上方弹起，然后用头或用脚将球控制好，如图 10-6 所示。

图 10-6 挺胸接球

（2）收胸接球。收胸接球多用于接速度快、力量较大的平球和反弹球。

动作要领：身体正对来球，两脚前后开立；接球时，胸部对准来球，并稍上前挺迎球；球一接触胸部，两肩前引，迅速收胸、收腹缓冲来球力量，将来球接在身前，如图10-7所示。

2. 脚掌接球

这种接球方法比较容易掌握，接球稳，便于控制，一般用于接正面地滚球和反弹球。

动作要领：接地滚球时，身体正对来球的方向，支撑腿稍屈，上体稍前倾，保持身体平衡，接球脚提起（不超过球的高度），屈膝，脚尖翘起高过脚跟，当球滚到脚前侧时，脚掌轻轻下压，以脚前掌将球接在脚下，如图10-8所示

图10-7　收胸接球

图10-8　脚掌接球

3. 脚弓接球

脚弓接球动作较容易掌握，球与脚的接触面积大，易接稳，并便于改善方向，连接下一个动作，可以用来接地滚球、反弹性和空中球。

动作要领：接地滚球时，支撑脚正对来球方向，膝稍屈，当接触时，接球脚向前下轻压，将球接于身前；如来球力量大时，接球脚可稍后撤，以缓冲来球力量，如图10-9所示。

图10-9　脚弓接球

4. 正脚背接球

这种接球方法适用于接空中下落的球。

动作要领：身体正对来球，接球腿屈膝提起，以脚背对准来球，在球与脚接触的一刹那，小腿和脚腕放松下撤，缓和来球力量，使球落在身前；也可接球腿稍抬起，在球接近地面时，用正脚背触球，随球下撤落地。

如要改变方向，可在球下落刚触及脚背时，接球脚轻轻往后撤，同时向左（右）转身，用右（左）脚接球。

5. 外脚背接球

外脚背接球常与假动作结合运用。这种接球具有隐蔽性，但因重心移动较大，较难掌握。

动作要领：接地滚球时，身体重心先放在支撑脚上，支撑腿稍屈，同时接球脚提起，膝稍屈，放在支撑脚的侧前方，脚背外侧对准来球的方向；在球与脚接触时，接球脚轻轻下压，将球接于身前；如欲将球接向体侧时，脚尖和髋部外展，将球接于身旁，如图10-10所示。

图 10-10 外脚背接球

三、运球技术（带球）

运球是为战术配合和个人突破服务的。运球只是手段不是目的，如果无目的地盘带，就会延缓进攻的推进速度，使对方能及时回防，从而影响进攻。

一般常用外脚背、脚弓和正脚背部位带球。

（一）外脚背带球

外脚背带球时，身体转动不大，对跑的速度影响较小，多用于直线快速带球。这种带球方法容易改变方向，隐蔽性强，便于传球或射门。

动作要领：脚触球的部位和外脚背踢球相同；带球时，上体要稍前倾，带球脚的脚尖和髋关节稍向里转，膝微屈，脚腕放松；在向前迈步将要落地前，用外脚背推拨球的后下部，如图10-11所示。

（二）正脚背带球

正脚背带球适用于直线快速突破。动作要领与外脚背带球基本相同，只是触球部位不同。

（三）脚弓带球

脚弓带球时，由于球和脚接触面积较大，因此容易控制，并便于做转变方向的曲线带球，也便于传球或射门。

动作要领：脚接触球的部位同脚弓踢球；带球时，支撑脚向前跨出一步，落在球的侧前方，膝稍屈，重心放在支撑脚上，同时上体向带球方向前倾，带球脚提起后用脚弓推拨球的后中部，如图10-12所示。

图10-11　外脚背带球

图10-12　脚弓带球

四、射门

比赛中运用技术、战术的最终目的是射门得分，所以能否临门一脚或用头顶将球射进对方球门，是比赛胜负的关键。射门根据不同部位，具有不同分类。

（一）里脚背射门

里脚背射门力量大，多用于转身射门。当球在身体侧前方或离身体稍远时，可用里脚背射门。它可以突然改变射门角度，如斜线插入时，守门员必然会移动位置，以封住近角，此时进行半转身射门，易使球射入远角。

（二）外脚背射门

外脚背射门威胁力大，突然性强，具有隐蔽性，能射各种方向来球，如射正面、小角度、横侧、前后斜侧、凌空球等，并能射出直线球和弧线球。

（三）脚弓射门

脚弓射门准确性高，但力量小，宜做各种近距离射门和罚球点球等。

（四）正脚背射门

正脚背射门力量大、准确性高，运用最广，是射门的基础脚法。射正面、斜侧、转身等地滚球，用横扫、摆、弹、抽、倒勾等射凌空球，都会用到正脚背射门。

(五) 脚尖射门

脚尖射门快速、突然，在门前争夺激烈时，没有起脚摆腿的时间，用脚尖"捅球"射门能出奇制胜，但有时准确性差。

五、防守

(一) 断球

断球是指球由对方传出，在空间运行或在地面滚动时，把球抢断过来。因此在断球之前，要判断好对方的传球方向、落点和球速。断球时，要根据不同方向、高度和速度，使用头、胸、腹和脚等部位把球断过来。

(二) 破坏

比赛时，防守队不可能把每个球都抢截过来。为了不让对方掌握住球，在不得已情况下可把球踢出，破坏对方有组织的进攻。

(三) 抢球

抢球是球在对方控制范围内或双方都有同等的抢球机会时进行的。

(四) 堵球

堵球是在没有把握抢夺球的情况下运用的。在以少防多的局面下，进行堵截可以减慢对方进攻的速度，使本方队员有充裕的时间进行回防。

(五) 抢截

抢截技术是一种积极有效的防守手段。抢截是防守技术的综合体现，是用争夺、堵截、破坏等方式延缓或阻拦对方的进攻。一旦把球争夺过来，就意味着组织进攻的开始。掌握和不断提高抢截技术有助于快速反击。

1. 迎面抢截

在对方带球队员迎面而来时，可采用迎面抢截。

动作要领：两脚前后稍开立，两膝稍屈，身体重心下降，并平均落在两脚上，面向对手。当对方带球脚触球即将着地或刚刚着地时，立即抢球。抢球脚的脚弓对正球，并跨出一步，膝关节弯曲，上体前倾，身体重心移至抢球脚上。如对方已有准备，在双方脚同时触球时，脚触球后要顺势向上提拉，使球从对方脚背滚过，身体迅速跟上，把球控制住。双方上体接触时，抢球人可用合理部位冲撞对方，使之失去平衡，将球控制在自己脚下，如图 10-13 所示。

另外还可以用弓步抢球。抢球时，向斜前方跨步，两脚前后开立，重心稍下降，以维持身体平衡。先用前脚脚弓堵球，紧跟着后脚脚弓再堵球，两脚动作频率要快，使对方无法处理球，如图 10-14 所示。

图 10-13　迎面抢截　　　　图 10-14　弓步抢球

2. 侧面抢截

当防守队员与带球进攻的队员并肩跑动，或二人争夺迎面来球时，双方都可采用侧面抢截。

动作要领：当与对方平行跑动争球时，身体重心要降低，两臂贴紧身体。在对方靠近自己的脚离地时，可用肩和上臂做合理的冲撞动作，使对方身体失去平衡，从而把球抢过来，如图10-15所示。

图 10-15　侧面抢截

3. 铲球（后面抢截）

铲球是抢截技术中较困难的一种，一般在用其他方法抢不到球时才运用。

铲球有两种方法：一种是脚掌铲球，一种是脚尖或脚背铲球。

动作要领：当防守人追至距运球人右后方1米左右时，可用右脚掌或左脚尖（脚背）进行铲球。在运球人的左侧时，则用左脚掌或右脚尖（脚背）进行铲球。如用右（左）脚掌铲球，可在运球人刚刚将球拨出时，先蹬左（右）腿，跨右（左）腿，膝关节弯曲，以脚外侧从地面滑出，用脚掌将球踢出，然后小腿、大腿、臀部、上体依次着地，身体随铲球动作向前滚动。

如用右脚尖或左脚背铲球时，左（右）腿要用力蹬地，右（左）腿向前跨出，以脚外侧从地面滑出。在脚快要触球时，可用力弹小腿，将球踢出，然后铲球腿的小腿、大腿、臀部依次着地，上体向铲球腿方向滚翻，两手撑地起立。

六、顶球

顶球技术是传球、射门、抢截的有效手段，特别是在争高空球时，头顶球技术更为重要。顶球技术的特点不需要等球落地就可以在空中直接处理球，因此可以争取时间上的优势和主动。

顶球应该用前额骨触球。因前额骨是头部最坚硬、最平坦和最宽大的部分，它处于头的正前方和两眼的上面，便于在顶球时观察来球及周围的情况，而且出球准确有力。

顶球一般分为正额顶球和额侧顶球两种，具体方法有原地、助跑、跳起和鱼跃顶球等。

（一）正额原地顶球

动作要领：面对来球，两脚前后开立，膝微屈，重心放在两脚上。顶球前，上体先后仰，重心移到后腿上，两臂自然摆动，保持身体平衡，两眼注视来球。顶球时用力蹬地，两腿迅速伸直，上体由后向前快速摆动，借腰腹及颈部力量，用前额正面将球顶出。顶球过程中，身体重心从后腿移到前腿。正额原地顶球如图10-16所示。

（二）移动跳起顶球

动作要领：起跳前要有三至五步的助跑。最后一步踏跳时要用力，步幅要稍大些，踏跳脚以脚跟先着地再迅速移到脚掌，同时另一腿屈膝上提，两臂向上摆动。身体腾起后上体随之后仰。顶球时，上体由后向前摆动，借助腰、腹和颈部力量将球顶出。然后两脚自然落地。移动跳起顶球如图10-17所示。

图10-16　正额原地顶球　　　　图10-17　移动跳起顶球

（三）原地跳起顶球

动作要领：两膝先弯曲，然后两脚蹬地向上跳起，同时两臂屈肘上摆，上体后仰，两眼注视来球，接着两臂自然张开，以保持身体平衡。当跳到最高点并在来球接近身体垂直线时，收腹、甩头，用正额将球顶出。原地跳起顶球如图10-18所示。

图 10-18　原地跳起顶球

七、掷界外球

在一场比赛中，掷界外球的机会很多。接掷界外球的队员不受越位限制，扩大了进攻队员的活动范围，有利于进攻。

对于掷界外球动作，规则上有如下规定：掷球时，队员必须面向场内，掷球队员的两脚立于边线上或边线外，任何一脚不得全部离地，要用一个连续动作，将球从头后经头顶用双手掷入场内。

掷界外球有原地的和助跑的两种方式。

（一）原地掷界外球

动作要领：两手手指自然张开，持球的后半部，两拇指靠近，虎口相对。两脚前后或平行开立，膝关节稍屈，将球举在头后，身体重心放在两脚上，上体后仰。掷球时，两脚蹬地，收腹屈体，同时两臂快速前摆，身体重心前移，手腕、手臂、腰和腹部同时用力将球掷出。原地掷界外球如图 10-19 所示。

图 10-19　原地掷界外球

（二）助跑掷界外球

动作要领：与原地掷界外球相同，只是增加 5 米左右的助跑。助跑时，两手持球放在胸前。在迈出最后一步时（两脚要前后站立），将球上举至头后，然后将球掷出，同时后脚从地面上向前滑进，但不得离地。

八、守门员技术

（一）准备姿势

守门员的准备姿势是完成下一步技术动作的基础。

动作要领：两脚左右开立，约与肩同宽；两膝自然弯曲，身体略向前倾；两脚跟稍提起，重心放在前脚掌上；两臂自然弯曲，掌心向下；两眼注视来球。准备姿势如图10-20所示。

图 10-20　准备姿势

（二）脚步移动

守门员要守住宽7.32米、高2.44米的球门，既要掌握手臂动作，又要有灵活、快速的脚步移动。这样才能接、扑对方射出的各种来球。

脚步移动可分侧滑步移动和交叉步移动。

1. 侧滑步移动

动作要领：从准备姿势开始，两脚顺序向斜侧方向移动，两脚与球门线成60度角左右，如图10-21（a）所示。侧滑步移动多用于扑救射向守门员近侧来球。

2. 交叉步移动

动作要领：移动时，两脚交叉向斜侧方移动，两脚与球门线成60度角左右，如图10-21（b）所示。交叉步移动多应用于扑救射向守门员远侧的来球。

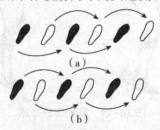

图 10-21
（a）侧滑步移动；（b）交叉步移动

（三）选位

守门员必须选择正确合理的位置，才能更好地接球和扑球。

当对方射门时，守门员要封住射门角度。射门角是由射门点与两个球门柱所构成的角度。射门点改变后，射门角度也就相应地改变，守门员的位置也应随之改变。当对方在罚球区外正面射门时，守门员应站在球门中央，并距球门线 30~40 厘米左右，如图 10-22 所示；当对方在侧面射门时，守门员首先要封住前角，兼顾后角，如图 10-23 所示。

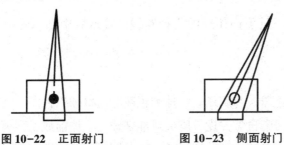

图 10-22　正面射门　　　　图 10-23　侧面射门

对方距球门很近射门时，为了便于接球、扑球，可稍向前一些。如射门距球门较远，不要盲目跑出，应站在球门线附近，以免对方将球吊进。

在对方切进到端线附近时，守门员可根据球距门的远近进行选位：球接近角球区时，应稍靠后站；球在罚球区附近，应站在球门中间或稍后；前锋切到球门区附近时，应站在球门柱前，准确随时扑脚下球或传中球。

球在对方半场时，守门员可站在罚球点附近或稍前，并与后卫保持距离，借以扩大活动范围，随时把对方长传越过后卫的球控制住。

守门员要随时根据对方射门角度改变位置。在改变位置时，脚步移动要灵活、快速和有节奏。对方起脚射门时应完全站稳。守门员在选位时，还应选择便于向前扑球的位置，避免后退扑球。因为向前比向后扑球接球容易和方便。

（四）接球

动作要领：接球时，两手自然张开，拇指相对，食指与拇指成一"桃形"，要接触球的后中部，触球部位以手指为主，手掌上端轻微触球（掌心不能触球）。在接球的一刹那，两手要有缓冲动作，将球牢牢接在手中。

1. 不跳起接球

接略高过头部的来球时，两臂屈肘上举，并按上述接球手形将球接后，收至胸前。接近侧略过头顶的高球时，可以利用脚步移动或身体向侧倾斜将球接住，并收至胸前。

2. 跳起接球

跳起接球分双脚跳起和单脚跳起。

①双脚跳起接球多用于接正上方的高球。接球过程可分为判断、踏跳、腾空、接球、落地五个步骤。最后将球收至胸前。

②单脚跳起接球应用范围较广，而且接球点比较高，多用接远侧高球、高吊球、传中球等。接球步骤与双脚跳起接球相同，只是用单脚起跳。

3. 腹部接球

接低于胸部来球时，两腿直立，上体前倾，两臂前伸迎球，掌心向上。在接球刹那，收腹，两臂靠拢并迅速回撤，两手手腕上翻，把球收至腹部。

4. 接体侧平球

身体斜向前方，一只手挡住球的飞行路线，接球后中部；另一只手接球上部，接球后，将球收至胸前。

5. 接地滚球

接地滚地分直立接球、单膝跪立接球和正面跪立接球三种。

①直立接球时，两脚自然并拢，脚尖对准来球，上体前屈，两臂自然下垂，手指自然张开，手心向前，两手接球底部。接球后，两臂同时弯曲，并互相靠拢，将球抱至胸前。

②单膝跪立接球时，两腿向侧前方开立，前腿弯曲，支持身体重心，后腿跪立，膝关节接近地面，并靠近前脚踵，上体前倾，手臂下垂，掌心对准来球方向，两手接球底部。接球后将球抱至胸前。

③正面跪立接球时，两脚前后开立，身体正对来球方向，重心放在前脚掌上，后脚脚尖支撑地面，保持身体平衡，身体前倾，两手接近地面，掌心向前，接球底部。接球后将球抱至胸前。这种接球动作多用于跑出球门接直线地滚球。

6. 接反弹球

在确定了球的反弹点后，身体前倾，一脚向前跨出。在球落地反弹瞬间，用接地滚球方法将球接住，并抱至胸前。

第三节　基本战术

战术是在比赛攻守过程中，为了战胜对手，根据主客观的实际所采取的个人行动和集体配合的总称。

足球比赛是由攻守这对矛盾组成，比赛中进攻与防守不断地变换，组成了比赛的全过程。因此，足球战术可分为进攻战术和防守战术两大系统，无论进攻还是防守的战术都包含着个人和集体的战术，如图10-24所示。

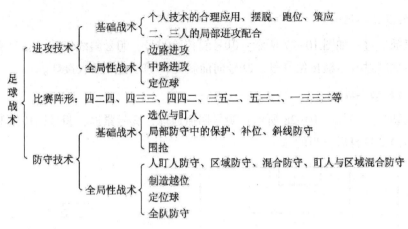

图10-24 足球战术分类

在进行练习及训练中,一定要强调:进攻时注意创造和利用空间,传球与跑动,定位球进攻;防守时注意限制时间与空间,逼抢与保护,定位球防守。

一、个人进攻战术

摆脱与跑位是队员个人的进攻战术,其目的是拉出空当、甩掉防守队员,制造有利的传球位置,为同伴的传球和射门创造有利的条件。

摆脱如图10-25所示:反切,⑦号向东侧跑去准备接⑥号的传球,把防守队员④号引出来,再突然转身切入,摆脱④号的防守。这种自己为自己制造空当的方法,对一个跑得快的前锋来说,能发挥技术和速度优势,是比较有利的。

跑位如图10-26所示:⑧号得球,⑩号前跑接应,⑦号向侧跑起到扯动的作用,让右后卫②号有可以插上的空隙,⑨号回跑假作接应,突然反身切入,扯动⑤号造成的空当,⑥号立即高速切入空当接球,⑩号在左边牵制②号。

图10-25 摆脱　　　　　　　　图10-26 跑位

二、两人局部战术（二过一配合）

二过一配合战术是指在局部地区,两个进攻队员通过两次以上的连续传球配合越过一个防守队员的默契配合行动。

1. 斜传直插二过一

斜传直插二过一如图 10-27 所示：⑪号斜传给⑩号，⑩号斜线传球，⑪号直线插入接球；⑦号运球越过⑥号横传给⑨号，⑨号向前斜传，⑦号直线插入接球。

2. 回传反切二过一

回传反切二过一如图 10-28 所示：⑩号回撤迎球，②号紧逼，⑩号回传给⑪号并转身反切接⑪传至②号身后空当的球。

 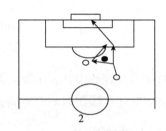

图 10-27　斜传直插二过一　　　　　图 10-28　回传反切二过一

三、全队进攻战术

（一）边路进攻

当由守转攻时，获球者可将球传至边锋，发动边线进攻。经过局部配合突破后，将球传到中央，由其他进攻者包抄射门。比赛中，中间地区防守队员比较集中，边线地区防守队员相对较少，因此从边线进攻容易突破对方防线。

结束阶段采用的手段多是传中、切底回传、另一侧和中间同队队员包抄抢点射门或跟进射门。

（二）中路进攻

中路进攻一般有后场发动进攻、中场发动进攻、前场发动进攻三种形式。后场发动进攻一般由守门员、后卫发动进攻。中场发动进攻是采用短传配合的方式，采用各种"二过一"摆脱对方的防守。前场发动进攻主要靠前锋回撤后在身后形成的空当反切插入，或者由后排的前卫、后卫插入。在罚球区附近作踢墙"二过一"的配合。

全场比赛是在符合比赛要求的情况下进行的攻、守配合训练。目的是训练队员在实战中的应变能力，培养战术意识，检验战术配合的能力。

（三）定位球战术

利用"死球"后重新开球比赛的机会组织进攻与防守配合的战术方法。定位球战术包括中圈开球、角球、任意球、点球、掷界外球等。

在势均力敌的高水平比赛中，定位球战术有时起决定性作用。在配合上要利用简练的一次配合取得射门机会，配合越复杂成功率就越低。故要进行专门的练习，才能在比赛中奏效。

（四）快速反击

比赛中当攻方进攻时，后卫线往往压至中场附近，防守人数也由于插上进攻和助攻而相对减少，此时对方防区空隙较大和回防较慢，如能抓住机会，乘其失球发动快速反击，往往能取得良好效果。

快速反击是最具威胁性的进攻手段，有效的进攻在于突然的快速反击，但其难度较大，既要冒险，又要准确、快速的传切配合技能。快速反击要有组织，配合得要极为默契，必须进行专门的训练，否则很难在比赛中实施。常用战术有后卫长传等。

四、防守战术

（一）个人防守战术

1. 选位

防守队员选择位置，原则上是站在对手与本方球门中心所构成的一条直线上，与对手的距离要根据场区以及球所处的位置来决定。

2. 盯人

盯人是指防守者本身所处的位置能够限制、看守对手的活动，达到及时地封堵对手接球或传球的目的。

（二）局部防守战术

1. 局部的防守配合

局部的防守配合即保护与补位。补位是防守队员间的相互协助，可以及时补上漏洞，形成纵深防线，发挥集体防守的作用。补位有两种：一种是队员去补空当，如边后卫插上进攻退守不及时，就由其他同伴暂时补他的位置，以防对方利用这一空当打快速反击；另一种是临近队员相互补位，即交换防守。

2. 围抢

围抢是指比赛中在某局部位置上，防守一方利用人数上的相对优势（通常是两三个队员）同时围堵对方的持球队员，以求在短时间内达到抢断和破坏对方的目的。

3. 全队防守战术

全队防守战术包括区域防守、紧逼盯人防守、混合防守等。比赛中采用区域防守和紧逼盯人结合的混合防守较多。紧逼盯人防守的优点在于对进攻队员紧逼，使其活动困难，但往往由于进攻队员交叉换位和策应而造成防守上较大的空隙，结合区域防守则可以弥补这个缺点。当进攻队员交叉换位时，防守队员可以交换看人而位置不变。

五、战术阵形

（一）阵形的种类

为了适应比赛中攻守战术的需要，队员在场上位置的排列和职责分工称为比赛阵形。

阵形是以各位置队员排列的形状或数量命名。人数排列由后向前，分成后卫线、前卫线和前锋线。守门员的职责是固定的，一般不做计算。通常用的比赛阵形有四二四、四三三、四一二三、四四二。

（二）各位置的职责

1. 守门员

守门员的主要职责是守住球门。守门员处在最后，能纵观全局，及时发现本队进攻及防守上的不足，他要及时提醒队员，起一定的指挥作用。守门员接住球后，又是本队进攻的第一个发起者，将球迅速而准确地传给处在有利位置的同伴。

2. 边后卫

边后卫的主要职责是防守对方的边锋或进入边锋位置的其他队员，尽力不让对手得球和从边线切入。对方从中路进攻时，除注意对方边锋外，还应向中央收缩，准备补中卫的漏洞。现代足球踢法的特点之一，是边后卫直接参加进攻。守门员接住球后，边后卫要立即跑向边路空当，准备接球组织进攻。边锋内切或回撤而拉出边路空当时，应及时插上进攻，起边锋作用。

3. 中卫

中卫是防守支柱，主要职责是封锁通向球门的主要通道，保护门前的危险区，制止对方射门，并随时准备弥补边后卫的漏洞，组织好防守阵形。现代足球比赛中，出现了"自由中卫"，即中卫跟在几个后卫的后面，弥补整条防线的漏洞，是组织防守的指挥者，也是进攻的积极参与者。

4. 前卫

前卫是进攻的组织者，主要职责是控制中场，做锋卫的桥梁和攻防的枢纽，并控制进攻的速度和节奏。在现代足球比赛中，没有快速、全面型的前卫，是组织不起全攻全守型打法的。当突前中锋拉到边线或回撤时，前卫要及时插上，担任中锋角色；边锋内切或回撤时，前卫要插到边线起边锋作用。前后左右大范围交叉换位的频繁插上进攻、射门，是现代前卫的特点。

5. 突前中锋

突前中锋位于进攻最前线，是队内的尖刀和炮手，主要职责是突破射门。进攻时，突前中锋依靠传球配合，运球突破和积极的穿插、接应等创造射门机会，同时还经常与边锋、前卫交叉换位，扰乱对方防线，为同伴创造插上、切入或射门机会。由攻转守时，应立即回抢，阻挠对方反攻，破坏其第一传或延缓其进攻速度。

6. 边锋

边锋活动于球场两侧边线地区，负责边路进攻。进攻时，依靠个人突破和配合突破从边路打开缺口。边锋应具备熟练的运球过人技术，机智快速的起动和奔跑能力，以及准确的传中和射门技术。边锋还要负责踢角球。一侧突破后，另一侧边锋要及时冲向本侧球门柱进行包抄射门。边锋经常要与突前中锋或另侧边锋交叉换位。由攻转守时，要紧盯防守自己的后卫，阻止其自由助攻，除在前场、中场担负防守任务外，当同侧边后卫因插上助攻来不及回防时，还要回防到后场。

第四节　足球运动竞赛规则简介

一、比赛场地

比赛场地应为长方形，其长度不得多于120米或少于90米，宽度不得多于90米或少于45米（国际比赛的场地长度不得多于110米或少于100米，宽度不得多于75米或少于64米）。在任何情况下，长度必须超过宽度。球场内各区域的界线，均应包括在各区域的范围以内。因此，边线及球门线均属于比赛场地。

二、比赛用球

比赛用球应为圆形，它的外壳应用皮革或其他适当的材料制成，在它的结构中不得使用可能伤害运动员的材料。球的圆周不长于70厘米，短于68厘米；球的重量，不多于450克，不少于410克。充气后其压力应相等于0.6~1.1个大气压力（海平面上），即相等于600~1 100克/平方厘米。在比赛中，未经裁判员许可，不得更换比赛用球。

三、比赛队员

上场比赛的两个队每队队员人数不得超过11人。每队必须有一名守门名。每队在比赛时可有1~3名替补队员，如果是"友谊比赛"，可以有5名以下的替补队员。在经裁判员同意后，在比赛暂停时，替补队员可替换队员。

四、裁判

每场比赛应委派一名裁判员执行裁判任务。在他进入比赛场地时，即开始行使规则赋予他的职权。在比赛暂停或比赛成死球时出现的犯规，裁判员均有判罚权。裁判员在比赛进行中，根据比赛实际情况，诸如比赛结果等所作的判决，应为最后判决。每场比赛应委派两名巡边员，他们的职责（由裁判员决定）应为示意。

五、比赛时间

正式比赛时间应分为两个相等的半场，每半场45分钟，上下半场之间的休息时间不得超过5分钟。

六、选择

比赛开始前，应用投币方式选定开球或场地，先挑的一方应有开球或场地的选择权。

比赛应在裁判员发出信号后，由开球队的一名队员将球踢动，即为开始。在球被踢出前，每个队员都应在本方半场内，开球队的对方队员还应当保持距球不少于9.15米；球被踢出后，须滚动到它自己的圆周距离时，才应认为比赛开始，开球队员在球经其他队员触或踢之前不得再次触球。

七、进球后

在进一球后，应由负方一名队员以同样方式重新开球，继续比赛。下半场开始时，两队应互换场地，并由上半场开球队的对方开球。

八、越位

越位是足球规则中很重要的一条规则，也是较复杂的规则。凡进攻队员在对方半场较球更接近于对方球门线，且对方队员少于两人者，即为处于越位位置。当队员踢或触及球的一瞬间，同队队员处于越位位置时，裁判员认为该队员有下列行为，则应判为越位：在干扰比赛或干扰对方；企图从越位位置获得利益。

九、任意球

任意球分两种：直接任意球（球可以直接射入犯规队球门得分）及间接任意球（踢球队员不得直接射门得分，除非球在进入球门以前曾被其他队员踢或触及）。罚球点球应从罚球点上踢出，必须明确主罚队员。踢球时除主罚队员和对方守门员外，其他队员均应在该罚球区外及比赛场内，并至少距罚球点9.15米。对方守门员在球被踢出前，必须站在两门柱间的球门线上（两脚不得移动）。主罚队员必须将球向前踢出；在其他队员踢或触及前不得再次触球。

十、出界

当球的整体不论在地面或空中越出边线时，应由出界前最后触球队员的对方队员，在球出界处掷向场内任何方向。掷球时，掷球队员必须面向球场，两脚均应有一部分站立在边线上或边线外，不得全部离地，用双手将球从头后经头顶掷入场内。球一进场内比赛立即恢复。掷球队员在球被其他队员踢或触及前，不得再次触球。掷界外球不得直接掷入球门得分。

十一、其他特殊情况

当球的整体不论在空中或地面从球门外越出球门线，而最后踢或触球者为攻方队员时，由守方队员在球门区内任何地点直接踢出罚球区恢复比赛。守门员不得将球接入手中后再踢出进入比赛。踢球门球的队员在球被其他队员踢或触及前，不得再次触球。踢球门球不得直接射门得分，踢球门球时，对方队员在球被踢出罚球区前都应站在罚球区外。

当球的整体不论在空中或地面从球门外越出球门线，而最后踢或触球者为守方队员时，由攻方队员将球的整体放在离球出界处较近的角球区内踢角球。踢角球时，不得移动角旗杆。角球可直接胜一球。踢角球队员的对方队员在球未进入比赛时，即球未动至球的圆周距离时，不得进入距球 9.15 米以内。踢角球队员在球被其他队员踢或触及前，不得再次触球。

思考题

1. 现代足球运动员的发展趋势有哪些？
2. 何为越位位置？怎样构成越位犯规？
3. 常用运球突破的方法有哪些？
4. 足球运动中经常采用的二人局部配合有哪些？
5. 足球运动经济价值是什么？

参考文献

［1］中国足球协会足球竞赛规则 2019/2020 ［M］．北京：人民体育出版社，2019．

［2］王崇喜．球类运动——足球 ［M］．3 版．北京：高等教育出版社，2014．

［3］柯肯德尔．足球运动系统训练 ［M］．曾少宁，译．北京：人民邮电出版社，2015．

第十一章

网 球

> **学习目标**
> 1. 了解网球运动的概况。
> 2. 熟悉网球运动的基本技术。
> 3. 了解网球运动的基本战术。
> 4. 了解网球运动的比赛规则。

网球运动起源于法国，诞生在英国，普及和形成的高潮在美国，被称为世界第二大球类运动。它是一项优美而激烈的运动，能够充分施展个性，放松身心。比赛项目包括男子单打、女子单打、男子双打、女子双打、混合双打、男子团体和女子团体。

网球运动重大赛事有：戴维斯杯网球赛（男子团体比赛），联合会杯网球赛（女子团体比赛）；澳大利亚网球公开赛、法国网球公开赛、温布尔登网球公开赛和美国网球公开赛（被誉为世界"四大满贯"网球赛事）；年终总决赛。

第一节 基本技术

一、握拍方法

网球拍有四种基本的握拍方式，即大陆式、东方式、半西方式和西方式。为了能够更加直观地展示握拍的方法，这里用拍柄的平面图展示，如图11-1所示。

（一）大陆式

大陆式握拍法俗称"握锤式"，虎口处在拍柄的上平面，如图 11-2 所示。

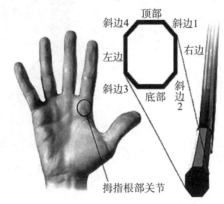

图 11-1　大陆式　　　　　图 11-2　拍柄平面图

（二）东方式

东方式握拍法俗称握手式握拍法，包括正手握拍和反手握拍。正手握拍时拇指与食指形成的"V"形虎口处在球拍的右上斜面；反手握拍法是在正手握拍法的基础上，虎口沿逆时针方向旋转两个平面，如图 11-3 所示。

（三）半西方式

相对于东方式握拍，这种握拍可以让打出更多上旋，球更容易过网，路线控制较好，很适合打上旋高球和小角度的击球，如图 11-4 所示。

图 11-3　东方式　　　　　图 11-4　半西方式

（四）西方式

西方式握拍法俗称"一把抓"，虎口处在拍柄的右平面，如图 11-5 所示。

图 11-5　西方式

二、正手击球的基本组成

正手击球技术由准备姿势、转体引拍、挥拍击球和随挥四个基本环节组成。

（一）准备姿势

面对球网，双脚向前自然分开，与肩同宽，双膝微屈放松，身体略向前倾，重心落在双脚的前脚掌上，右手握拍，左手轻托拍颈，双肘微屈，球拍自然地放在身前，拍头稍高于拍柄并指向前方，两眼注视对方来球，如图 11-6 所示。

（二）转体引拍

判断来球，脚步移动到位，向右转肩，转髋带动球拍向后引拍，左肩对着来球方向。转体引拍时肘部弯曲、自然下垂，拍头一般应高于持拍手，手腕放松，左手伸向前方指向来球，保持身体平衡；转体引拍时重心移向右脚，将拍头指向场地后方，如图 11-7 所示。

图 11-6　准备姿势

图 11-7　转体引拍

（三）挥拍击球

在击球时，右脚蹬地，转动身体，重心移至左脚，以肩关节为轴，带动手臂，手腕后伸并固定，沿着来球轨迹挥出，如图 11-8 所示。

（四）随挥

球触拍后，挥拍沿着球飞行的方向前送，重心前移至左脚，身体也随着转向球网，挥拍动作在左肩上方结束，肘关节向前，拍形固定不变，如图 11-9 所示。随挥结束，恢复准备姿势。

图 11-8　挥拍击球　　　　图 11-9　随挥

三、反手击球的基本组成

反手击球分为单手反手击球和双手反手击球。击球技术由准备姿势、转体引拍、挥拍击球和随挥四个环节组成。

（一）准备姿势

面对球网，双脚自然开立，与肩同宽，屈膝，重心在前脚掌上，左手扶拍颈，拍面垂直于地面，如图 11-10 所示。

（二）转体引拍

判断来球，移动到位，转肩的同时，重心移至左脚，右脚随身体左后方转动做向前方上步动作，成"关闭式"步法，如图 11-11 所示。

图 11-10　准备姿势　　　　图 11-11　转体引拍

（三）挥拍击球

击球时，左腿蹬地，向右转动身体，由下向上、向前挥拍。击球时，手腕应固定，拍面垂直于地面,击打球的后中部,如图 11-12 所示。

(四)随挥

反手击球后,球拍随球前送。单手击球的右手挥拍至头的高度,左手向后伸展,两臂展开,胸部面对球场左前方,身体重心移至右脚。双手反手击球,前送挥拍至右肩上,如图 11-13 所示。

图 11-12　挥拍击球　　　　　　　图 11-13　随挥

四、步伐

(1) 关闭式。右脚略向斜侧,左脚与来球方向平行,如图 11-14 所示。
(2) 开放式。双脚分开站立,双脚和身体面向球网,如图 11-15 所示。
(3) 半开放式。持拍手同侧脚在后,持拍手异侧手脚在前,双脚和身体与球网成 45 度,如图 11-16 所示。

图 11-14　关闭式　　　　图 11-15　开放式　　　　图 11-16　半开放式

五、发球技术

(一) 基本技术

1. 握拍

发球的握拍方法一般为大陆式握拍法,也可采用东方式反手握拍法。

2. 准备姿势

全身放松,侧身站立在底线处,左肩对向发球区,双脚分开,与肩同宽或略宽于肩,重心在两脚之间,左脚与底线约成 45 度,右脚与底线平行。右手持拍,拍子自然放于身前,左手持球,用左手拇指、食指及中指托住球,无名指和小指自然触球,掌心向上放于拍颈处,如图 11-17 所示。

3. 抛球

抛球和后摆引拍同时进行,持球手自下而上将球抛起,手臂为直臂,掌心向上,以拇指、食指、中指三指将球平稳托起。身体做转体、屈膝、展肩,重心下降并移至左脚。球抛起后,左手指向球,右手举拍,拍头指向天空,身体形成背弓,如图 11-18 所示。

球抛到空中的高度不低于持拍伸直手臂所触及的高度,根据个人情况而定。

图 11-17　准备姿势　　　　　　　图 11-18　抛球

4. 挥拍击球

球拍向上摆起,肘关节放松,身体向前转动,拍头下垂指向地面,球下降到接近击球点时,双脚蹬地、转体,身体和手臂充分伸展,击球时手臂外翻,向内回转形成"鞭打"动作,如图 11-19 所示。

5. 随挥

击球后身体及挥拍保持连续完整的向下、向前动作,结束于身体的左侧;重心前移,保持身体平衡,如图 11-20 所示。

图 11-19　挥拍击球

图 11-20　随挥

(二) 常见发球方法

发球一般有平击发球、切削发球和上旋发球三种。

1. 平击发球

击球点在身体向上伸展的最高点，以拍面中心平直对准球，击球的后中上部，身体充分向上向前伸展，以获得最高击球点，提高发球命中率。

2. 切削发球

发球时把球抛到右侧斜上方，球拍快速从球的右上方往左下方切削击球。

3. 上旋发球

上旋发球时把球抛到头后偏左的位置，击球时身体后仰成弓形，球拍快速从左下方向右上方挥动，从下向上擦击球的背面，并向右带出，使球产生右侧上旋。

六、常见击球方法

(一) 截击球

来球落地之前被凌空击回，这种打法称为截击球，又称为拦网。打截击球时，引拍动作不宜过大，击球点保持在身体前方约一臂处。击球时手腕固定，紧握球拍，拍面不要转动。

(二) 高压球

当自己上网，对方挑高球时，可在头部上空用扣杀动作还击来球，这种打法一般称为高压球。高压球的握拍、击球与发球时相似，稍有不同的是，由于对方击过来的球下落速度比发球时快，所以要以较小的身体动作，较短而直接的后收拍，完成击球动作。

(三) 挑高球

挑高球是将球向高空挑起，越过对方头顶，落入对方后场区域。当对方上网时，可用挑高球迫使对方后退，为自己得回到场中有利位置的时间。击球时拍面朝上，由后下方向前上方平缓挥拍击球的中下部，动作要柔和，但手拍不能放松。

(四) 放小球

放小球就是将球轻轻击到对方网前。击球时拍面稍开，动作柔和，击球的下部，使之产生下旋，并加以前推或上托动作，使球以适当的弧线落在对方球场近网处，一般离网不超过1.5米。

第二节　基本战术

一、发球、接发球战术

站在右区发球时，站位应靠近中点，发直线球来迫使对方反手接球；站在左区发球时，站位可以距中点稍远，便于以更大斜线发到对方反拍区，同时扩大自己正拍防守的区域。

接发球时，站位应尽量在端线内半米左右，在对方可能把球发到的范围内的角分线上，这样可以压制对方，自己上网。

二、上网战术和底线战术

上网战术指在发球或接发球后，冲到离网较近的位置，不等对方回击的球落地便进行空中截击或高压的一种战术。上网时尽可能站在距离球网约2米处，近网进攻威胁性大，封网角度小，防守控制面积大。

在底线击球时要利用整个场地，可以使用斜线对拉打法大范围调动对手，以争取时间寻找有利的进攻时机。击球时，快速、准确取胜。

第三节　比赛规则

一、网球场

一片标准网球场地的占地面积不小于36.6米×18.3米。在这个面积内，网球运动场地是一个长方形，长为23.77米，单打场地宽为8.23米，双打场地宽为10.973米，如图11-21所示。

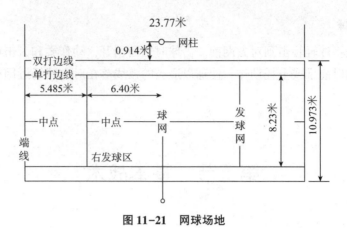

图 11-21　网球场地

二、发球规则

发球员应站在端线后，中点和边线的假定延长线之间的区域里。每局开始时，从线后的 A 位置开始发球，发出的球应落在对角的对方发球区有效范围内（右区）。结束 1 分时，换到 B 位置发球，如图 11-22 所示。

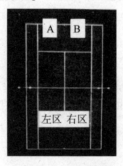

图 11-22　发球区域

三、计分方法

男子比赛一般采用五盘三胜制，女子比赛多采用三盘二胜制。

（一）失分

发生下列任何一种情况，均判失分。

（1）在球第二次落地前，未能还击过网。

（2）还击的球触及对方区域界线以外的地面、固定物。

（3）还击空中球失败（场外击空中球失败也算失分）。

（4）故意球拍触球超过一次。

（5）"活球"期间，运动员的身体、球拍或穿戴的其他物件触及球网、网柱、单打支柱、绳或钢丝绳、中心带、网边白布和对方场区以内的场地地面。

（6）来球未过网进行空中还击（过网击球）。

（7）活球期间运动员的身体或穿戴的物件触球。

（8）比赛进行中，运动员故意改变其球拍形状。

（二）发球方得 1 分

（1）发球员发出的球落地前触及接球员的身体或穿戴物。
（2）对方直接得分，ACE 球。
（3）违反失分规定中的任何一项。

（三）接发球方得 1 分

发生下列任何一种情况，均判接发球方得分。
（1）发球员连续两次发球失误时。
（2）发球员违反失分规定的。

（四）胜 1 局

（1）每胜 1 球得 1 分，先胜 4 分者胜 1 局。
（2）双方各得 3 分时为"平分"，平分后，净胜 2 分为胜 1 局。

（五）胜 1 盘

（1）一方先胜 6 局为胜 1 盘。
（2）双方各胜 5 局时，一方净胜两局为胜 1 盘。
（3）在每盘的局数为 6 平时，有以下两种计分制。
①长盘制：一方净胜 2 局为胜 1 盘。
②短盘制（抢七）：先得 7 分者胜该局及本盘。

思考题

1. 网球运动中有哪些重大赛事？
2. 网球比赛中赢 1 分、赢 1 局和赢 1 盘分别是怎样计算的？

参考文献

［1］陈万章．大学体育与健康［M］．北京：北京体育大学出版社，2004．
［2］陈志勇．现代大学体育教程［M］．修订版．北京：北京体育大学出版社，2013．
［3］陈建强，魏琳．网球教学与练习［M］．上海：复旦大学出版社，2017．

第十二章

乒乓球

> **学习目标**
> 1. 了解乒乓球运动的概况。
> 2. 熟悉乒乓球运动的基本技术。
> 3. 了解乒乓球运动的基本战术。
> 4. 了解乒乓球运动的比赛规则。

乒乓球运动起源于英国，所用设备简单，容易开展，运动量可大可小，参加者不受年龄、性别等限制。乒乓球运动在我国开展得非常普遍，是人们所喜爱的体育运动项目之一。乒乓球运动的特点有：球小、速度快、变化多；设备简单，在室内、室外都可进行；运动量可大可小，不同年龄、不同性别和不同身体条件的人都能参与。经常参加乒乓球运动，不仅可以发展人的灵敏性和协调性，提高动作的速度和上下肢活动的能力，改善心血管系统的机能，增强体质，而且有助于培养顽强拼搏、机智果断、沉着冷静等优良品质。乒乓球在我国有良好的群众基础，深受青年学生的欢迎。乒乓球设有男子单打、女子单打、男子双打、女子双打、男子团体、女子团体和男女混合双打七个比赛项目。

第一节 基本技术

一、球拍的种类与性能

乒乓球拍是打球的主要工具。乒乓球技术的不断发展促进了球拍的革新，而球拍的革新又推动了乒乓球技术的发展。

下面介绍几种常见的球拍。

(一) 普通胶皮拍

普通胶皮拍是由普通颗粒胶直接与底板黏合而成的。胶皮颗粒长度一般为0.8~1毫米。这种球拍的最大特点是击球稳健，控球能力强，容易掌握，因其弹性较小，摩擦力也不太大，故用它打球速度较慢，旋转力也不很强。

(二) 长胶球拍

长胶球拍的胶皮颗粒长，一般在1.6毫米以上。长胶球拍一般不易主动制造强烈旋转，在回击对方的轻拉球或不转的搓球时，多为不转球；接对方的加转弧圈球或突击球，回球呈强烈下旋；接对方的下旋发球或搓球时，回球是上旋；对方来球旋转越强，力量越大，回球的反向旋转越强烈。发球一般为不转球，但若能快速集中用力摩擦球，也可发出旋转球。在中远台接突击球，采用上臂发力将球送回的方法，可削出不转球。这种球拍的控球能力不如普通胶皮拍。

长胶球拍主要为两面不同性能球拍打法的运动员采用。为了有利于发挥长胶的特殊性能和进攻能力，一般在其下面黏合厚度为0.8~1毫米的薄海绵。也有少数削球运动员在使用长胶时，干脆不用海绵，将长胶胶皮直接粘贴在底板上，使长胶性能更纯。

国际乒联器材委员会给长胶下的定义是：颗粒高与颗粒直径之比大于0.9。国际乒联并没有直接提出取消长胶，只是将颗粒高于颗粒直径之比定为小于或等于1.1。这样0.9与1.1之间就留出了0.2的余地，使一部分长胶可以继续使用，如邓亚萍使用的长胶"友谊755"就在保留之列。

(三) 正贴海绵胶拍

用正贴海绵胶拍击球容易发挥海绵、胶皮和底板的作用，不仅具有较好的稳定性，而且速度快。但正贴胶皮缺乏黏性，摩擦系数不如反贴胶皮大，用它攻抵弧圈球和强烈下旋球时，不如反胶拉冲易于制造合理的弧线，因此技术难度大。使用正贴海绵胶拍的运动员，不仅在技术上应擅长攻打，而且在心理上还必须具有胆大、果断的品质，正胶攻过去的球向下沉，对方不易适应。

用正贴海绵胶拍打快攻的运动员，若反手以推挡为主，应选用次硬型海绵，若反手以攻为主，应选用较软型海绵。海绵软，反弹力小，易于控制球。两面攻打法并善于自身发力的运动员，多选用这种球拍。若用正贴打削球，宜选用稍薄略软的海绵，配以802号或563号胶皮为好。

(四) 反贴海绵胶拍

反贴黏性大，能制造强烈的旋转。但相对而言，反弹力稍小，能"吃"住球，击球速度不如正胶快，回击对方的旋转球时较易"吃转"。

反胶进攻型打法的运动员，无论是以打快为主，还是以拉冲或拉打结合为主，宜选用厚度在2毫米~2.2毫米的稍软点的硬型海绵，因为这种海绵反弹力大、出手快。在速度与旋转相结合的现代乒坛，选用此种海绵与反贴胶相配的选手较多。

用反胶打削球的运动员，应采用稍软略薄的海绵，以在增加旋转变化的同时，提高削球的稳定性。反贴胶皮有短齿和长齿两种。将短齿反贴皮和略带硬性的海绵黏合在一起，有利于增加削球的旋转强度，加大转与不转的变化，但削接弧圈球的控制力稍差。为弥补此不足，可选用稍硬薄型的海绵。手感好且又擅长削球旋转变化的选手，宜选用短齿型的反贴胶皮；若削球者不擅旋转变化，可采用长齿反贴胶皮与较薄略软的海绵相配，使用这种球拍稳健，对付弧圈球较好，但削球的旋转变化不如短齿胶皮大。

（五）生胶海绵拍

生胶胶皮在规格上和正胶极其相似，长在 0.8 毫米～1 毫米，仅是含胶量比正胶大，颗粒较软，弹性较大，击球速度快。在对推、对攻或接弧圈球时，回球落台后有迅速下沉现象，在发力打时，控球能力较好，并有利于消减弧圈球的强烈上旋。但在轻打时，稳定性不如正胶，接弧圈球容易打滑，一般不宜制造强烈的旋转，如爆发力好，摩擦球力集中，亦可产生一定的旋转。站位近台、手感较好、擅长发力的进攻型运动员，可使用生胶海绵球拍，采用生胶胶皮时，最好选用薄型硬海绵相配，这种海绵的反弹力小，击球时，要求运动员必须主动发力，以利于发挥生胶的特点和作用。也可选用 1.7 毫米～1.9 毫米的次硬型海绵相配。

（六）防弧海绵拍

在弹性很小的软型海绵上粘一块防弧胶皮，为防弧海绵拍。防弧胶皮的胶齿较短，底皮厚而硬，无黏性，弹力和摩擦力都很小，其性能大体与长胶海绵拍相近，有利于消减弧圈球的强烈上旋，增强控制球的能力。但防弧海绵拍可以加转，回球的速度慢，前进力小，甚至在自己用力加转的情况下，回球还会出现停滞不前的现象，用其挡球或攻球时，球亦不大往前走。采用防弧海绵球拍者一般会使用两面不同性能的球拍，以削球为主的运动员应选用 2 毫米厚的较软型海绵相配。

选用底板时，以吃球而又不震手为宜，进攻型打法的运动员，能选到弹性大而又吃球的底板最好，也有个别自身主动发力较好的进攻型选手，喜欢用弹性稍小的底板；削球运动员则宜选用弹性较小的底板。此外，进攻型打法的运动员，宜选用重量轻的底板，否则影响攻击球时手臂的摆速。打大球比打小球时的底板稍大。

二、握拍的方法

（一）直握拍法

直拍握法的特点是正反手都用球拍的同一面击球，不需要两面换，出手较快，便于从速度、球路和力量上取得主动；手腕动作灵活，发球可作较多变化。但防守时照顾面较小。

1. 近台快攻型握拍法

拍前，以食指第二指关节和拇指第一指关节扣拍；拍后，三指弯曲贴于拍的 1/3 上端。这种握拍法，简称中钳式，如图 12-1 所示。

图 12-1　近台快攻型握拍法

2. 弧圈球型握拍法

拍前，拇指紧贴在拍柄的左侧，食指扣住拍柄，形成一个小环状，紧握拍柄；拍后，三指自然弯曲，顶住球拍的中部，如图 12-2 所示。

图 12-2　弧圈球型握拍法

3. 削球握拍法

大拇指弯曲，紧贴拍柄的左侧，用力下压，其余四指自然分开托住拍的后面。正手削球时，尽量使球拍后仰，减少来球的冲力；反手削球时，拍后四指灵活地把球拍兜起，使拍柄向下，如图 12-3 所示。

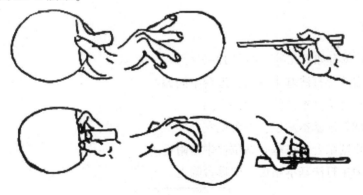

图 12-3　削球握拍法

（二）横拍握法

横拍的基本握法是：虎口贴拍，食指在拍前，拇指在拍后。这种握法又称八字式，如图 12-4 所示。正手攻球时，食指稍向上移动，反手攻球时，拇指稍向上移动。横握拍法又可分为标准握法、深握法、浅握法。

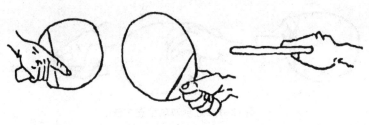

图 12-4　横拍握法

1. 标准握法

拇指在球拍的正面轻贴手中指旁边，食指自然伸直，斜贴在球拍的背面，虎口正中央贴拍柄正侧面，中指、无名指辅助配合小指自然地握住拍柄。

2. 深握法

如果虎口稍紧贴拍柄正侧面，可称为深握法。

3. 浅握法

如果虎口处稍离开拍柄肩侧，可称为浅握法。

横拍握法的特点是照顾的面积比直拍大，攻球和削球时握拍的手法变化不大；反手攻球不受身体阻碍，便于发力；削球有力、方便，易于发挥手臂的力量和掌握旋转变化。但在还击左右两面来球时，需要转动拍面，动作大，影响摆臂速度；攻直线球时，动作明显易被对方识破，台内正手攻球也较难掌握。

三、站位

乒乓球的站位有如下几种，如图 12-5 所示。
（1）左推右攻形打法基本站位：近台中间偏左。
（2）两面攻打法基本站位：近台中间。
（3）弧圈球打法基本站位：中台偏左。
（4）横拍攻削结合打法基本站位：中台附近。
（5）以削为主打法基本站位：中远台附近。

图 12-5　站位

四、击球点

击球点主要包含三个方面的内容。

（1）击球点相对身体的前后位置。

（2）击球点相对身体的左右位置。

（3）击球点相对身体的高低位置。

五、击球时间

击球时间分为上升、高点、下降三个时期，如图 12-6 所示。

1. 上升期

来球从台面弹起到接近最高点这段过程称为上升期。上升期又可分为上升前期和上升后期。

2. 高点期

弹起的球处于最高点或接近最高点这段过程称为高点期。

3. 下降期

球从高点期回落至地面这段过程称为下降期。下降期又可分为下降前期和下降后期。

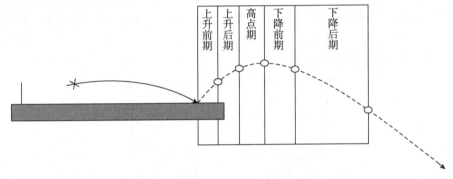

图 12-6 击球时间

六、击球部位

击球部位是指触球瞬间，球拍击在球体上的位置。按钟表一半的刻度划分为 7 个部分，如图 12-7 所示。上部为接近 12 点的部位，上中部为接近 1 点的部位，中上部为接近 2 点的部位，中部为接近 3 点的部位，中下部为接近 4 点的部位，下中部为接近 5 点的部位，下部为接近 6 点的部位。

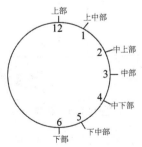

图 12-7 击球部位

七、基本步伐

(一) 单步

以一脚的前脚掌为轴,另一脚向前、后、左、右某个方向移动一步,如图 12-8 所示。单步的特点是移动范围较小,重心较为稳定。多在来球离身体不远的情况下使用。

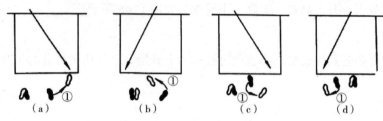

图 12-8 单步

(a) 单步向右前方移动;(b) 单步向左前方移动;(c) 单步向右后方移动;(d) 单步向左后方移动

(二) 并步

一脚先向另一只脚移(或叫并)半步或一小步,另一只脚在并步脚落地后即向同方向移动,如图 12-9 所示。其特点是身体不腾空,重心起伏小,很稳定。并步一般为进攻型选手或削球选手在左右移动时运用。

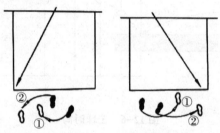

图 12-9 并步

(三) 跨步

以一脚向来球方向跨出一大步,另一脚跟着移动,如图 12-10 所示。跨步的特点是移动范围较大,身体重心起伏也大,多在来球急、角度大的情况下使用。

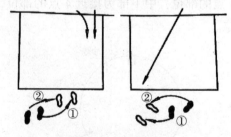

图 12-10 跨步

(四) 跳步

以来球同方向脚蹬地为主,双足有瞬间的腾空,离来球较远的脚先落地,另一只脚跟着离地,如图 12-11 所示。跳步移动范围比跨步大,利于发力进攻,攻球选手在左右移动时常用。

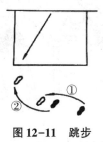

图 12-11　跳步

(五) 交叉步

离球远的脚朝来球方向跨出一大步,并从前面超过另一脚形成交叉状,另一脚再向来球方向移出一步,如图 12-12 所示。多在来球远离身体的情况下采用。

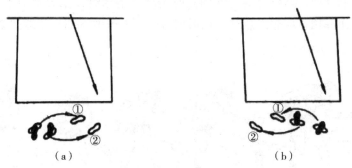

(a)　　　　　　　　　　　(b)

图 12-12　交叉步

(a) 交叉步从左向右移动;(b) 交叉步从右向左移动

(六) 小碎步

较高频率的小垫步,主要适用于步法的调节,在步法移动到一定的位置时还没有找到合适的击球点,就要通过小碎步来调整,争取更好的击球点。小碎步是步法中尤为重要的步法,也是衡量一个人步法是否合理、协调的重要因素。

八、发球与接发球

(一) 发球的技术动作

1. 平击发球

平击发球速度慢,无旋转,力量轻容易掌握,一般不带旋转,是发球的入门技术的基础,如图 12-13 所示。

动作要领:将球置于掌心,手掌伸平,然后将球抛起;向前挥拍时,拍形稍前倾,击球中上部;击球后的第一落点应在球台的中区。

图 12-13　平击发球

2. 反手发急球

这种发球方式球速快，弧线低，前冲力大，如图 12-14 所示。

动作要领：抛球后，球降至约与网同高时击球；击球时，拍形稍前倾，击球中上部，同时手臂向前迅速挥拍，如想发急球，拍形稍后仰，击球中下部；发球的第一落点要靠近端线。

图 12-14　反手发急球

3. 反手发侧上（下）旋球

这种发球方式旋转力强，对方挡球后，其向左侧上（下）反弹，如图 12-15 所示。

动作要领：击球前，拍形稍向右倾斜，前臂和手腕由左向右挥动；击球时，拍从球的正中部向右侧下摩擦，击的球是右侧下旋球，如拍从球的正中部向右侧上摩擦，击出的球是右侧上旋球。

图 12-15　反手发右侧上旋球

4. 正手发奔球

正手发奔球的特点是球速急，落点长，冲力大，球的飞行弧线向左偏斜，如图12-16所示。

动作要领：击球前，拍形向左偏斜，前臂放松；击球时，前臂和手腕由右侧向左前上挥动，拍从球的右侧向右侧上摩擦；发球的第一落点要靠近端线。

图12-16 正手发奔球

5. 正手发左侧上（下）旋球

这种发球方式球速一般不是很急，左侧上（下）旋转力较强，对方挡球后，向其右侧上（下）反弹，如图12-17所示。

动作要领：击球前，拍形稍向左偏斜，前臂和手腕由右向左挥动；击球时，拍从球的正中部向左上摩擦，击出的球为左侧上旋球，如想发左侧下旋球，拍稍后仰，从球的中下部向左侧下摩擦。

图12-17 正手发左侧上旋球

6. 正（反）手发转与不转球

这种发球方式球速较慢，前冲力小，主要是发球手法接近，以旋转变化来迷惑对方，使其回接困难，如图12-18所示。

动作要领：抛球不宜过高，发球前手腕和前臂放松；击球时向前下方摩擦用力；发转球时，拍形稍后仰，从中下部向底部摩擦，发不转球时，拍形减少后角并稍加前推的力量。

图 12-18　正手发转与不转球

7. 发短球

这种发球方式击球动作幅度小、出手快，球落于对方球台后。发短球可以牵制对方，如图 12-19 所示。

动作要领：抛球不要太高，等球下降时击球；击球时，手腕和前臂要敢于摩擦发力，手腕的力量要多于前臂的力量。

图 12-19　反手发轻短球

（二）接发球

1. 接发球的站位和判断

（1）站位的选择。接好发球的基础是选择好站位。要根据对方发球的位置来决定自己的站位。如果对方用正手在球台右方发球则站位应偏右，如果对方用反手或侧身在球台左方发球则站位应偏左。通常为了便于照顾长球又能接短球，站位不宜离台太近或太远。

（2）判断旋转和落点的方法。一般从下列三方面进行判断，这三个方面是相互联系的。

①从对方出手的动作来判断。可从对方击球时的拍形角度来判断发球的方向，从对方击球时力量的轻重来判断球的落点，从对方发球时挥拍动作和拍触球后移动的方向来判断球的旋转性能。

②从对方的动态来判断。如果对方以发短球为主，就应主动站得近一些，但也要警惕对方发长球。

③从来球的弧线来判断。如果球的最高点在对方台面上空或接近球网，通常为短球，反之则为长球。如果第一跳落台短、弧线长，则过来的球是长急球。

2. 接发球方法

(1) 接急球。当对方用反手发来左角急球时，一般用推挡回接。如回斜线球应尽可能角度大，注意手腕外旋，用后触球的左侧面，使对方难以侧身抢攻或快速变为直线。有时也可回中路靠右或以直线反袭空当。

接急下旋球时，如用推挡回接，必须使拍面稍后仰，用拍触球的左侧下部，同时手腕外旋将球推过去。还可以用推下旋方法推回，等球跳到最高点时，拍形稍后仰，手腕固定往前下方推出去。

侧身回击急下旋球时，要适当加大提拉的力量，并加快前臂内旋的速度，这样才容易将球回得准确。如用反手攻接球，同样要适当加大提拉的力量，并注意加快前臂外旋的速度。

横板两面攻选手，可用反手拉弧圈球的方法回接。首先要稍后退，拍形稍前倾，在球的下降期接击球的中部或中下部，将球拉过去。

(2) 接短球。当对方发来近网的短球时，可以把球也回到对方的近网处，使其不易发力进攻。当球跳到高点期使拍形稍竖起，靠手腕和前臂的力量迅速发力回击。回接下旋球时要注意适当加大提拉的力量。

用快蹭的方法回接时，要在球跳到高点期时，使板形竖起，靠手腕和前臂的力量迅速发力回击，利用速度和落点控制对方。

在对方发下旋短球时，可用搓球回接。搓球时，除了后面要略后仰外，还要稍用力向前送球。如来球下旋力强，则向前用力要相对加大，使回球的弧线增高，以免下网。

(3) 接左侧上（下）旋球。对于发来的左侧上旋球，可用推挡回接，推接时将球拍略向左偏斜，并迅速使球拍稍前倾，然后用力将球推压过去。如要把球回到对方的右角，则拍形正对对方右角，并用力将球推到靠近边线的地方。如要把球回到对方的左角，则拍面应对着对方球台的中央，尽量利用拍面的偏斜角度来抵消来球的左侧旋力。也可用侧身攻球或反手攻球来回接。在拍触球的刹那间，除控制好拍面外，还要注意击球的板形下压，主要靠手腕和前臂发力回击。如用削球回接，除使拍面稍向左侧偏斜外，也要注意拍略竖直，手臂加大向前下方摩擦的力量，以免将球回高。

当对方发来左侧下旋球时，可用搓球或削球回接。接球时，拍面略向左偏斜，拍形稍后仰，前臂向前下方用力切球。如来球旋转力强，则向前用力要相对加大，但搓球与削球回接时击球时间有所不同：削球回接时必须稍迟一些，或在下降期击球；搓球在下降前期击球。

以抽球回接左侧下旋球时，最好用拉抽的方法。接球时，拍面略向左偏斜，并适当加大提拉的力量，这样才易提高准确性。

(4) 接右侧上（下）旋球。当对方发来右侧上旋球时，可用推挡回接。接球时，先将球拍略向右偏斜，并迅速使拍面稍前倾，然后将球用力推压过去，如果把球回到对方的左角，则拍面正对对方左角，并用力将球推到靠近线的地方；如把球回到右角，则拍在应对着对方球台中央，尽量用拍面的偏斜角度来抵消球的右侧旋力。还可以用侧身攻球、反手攻球或削球来回接右侧上旋球。

当对方发来右侧下旋球时，可用搓球或削球去接。接球时，拍面应向右偏斜。

以抽球回接右侧下旋球时，最好是用拉抽的方法。接球时，拍面略向右偏斜，并适当加大提拉的力量，以利于提高准确性。

九、挡球和推挡球

（一）挡球

挡球球速慢，力量轻，动作简单，容易掌握，是初学者入门的技术。反复练习挡球可以熟悉球性，提高控制球的能力，如图 12-20 所示。

动作方法（以下均以右手为例）：两脚平行或左脚稍前，身体离球台约 50 厘米。击球前，前臂与台面平行伸向来球。拍触球时，前臂和手腕稍向前移动，主要借助来球反弹力将球挡回。在来球的上升期击球的中部，拍形与台面接近垂直。击球后迅速收回球拍，还原成击球前的准备姿势。

图 12-20 推挡球

（二）减力挡

减力挡可用来减弱回球的力量，一般在对方来球力量较重时使用。

动作方法：在拍触球的刹那，手臂前移的动作骤然停止，甚至根据来球情况把球拍轻轻后移，以减弱来球的反弹力。

（三）快推

动作方法：持球手臂和肘内收，前臂略外旋。击球时，前臂向前推出，同时手腕外旋，食指压拍，拇指放松，使拍形前倾。在来球上升期击球的中部，将球快推过去。击球后，手臂前送，手腕配合外旋，使球拍下压。

（四）加力推

加力推回球力量重，球速快，击球点较高，可充分发挥手臂前推力量，能压制对方攻势，有利于争取主动，如图 12-21 所示。

动作方法：加力推的击球时间比快推稍慢，在准备推挡时，前臂向后收，使球拍略提高，并及时根据来球弹起的高度，调整好拍形角度，在上升后期或高点期击球中上部。

图 12-21 加力推

（五）推下旋

推下旋可使回球下旋，弧线较低，球下沉快。使用推下旋能减弱对方推压的力量，或使对方回球困难，如图 12-22 所示。

动作方法：准备击球时，手腕不要外转，拇指压拍，拍面保持一定后仰，在上升期后段击球中下部。推击时应适当增大向前和稍向下的力量，以压低回球弧线。

图 12-22 推下旋

（六）快挡

快挡是横拍技术，动作简单，回球速度快。用它来接突击球，或回击弧圈球和对方发来的急球，都有很好的效果。

反手快挡动作：球拍置于身前，前臂自然弯曲，准备击球时，拍稍后移。如挡直线，当球从后面弹起时，前臂向前迎球，拍形稍前倾，使拍面对对方右上角，在上升期击球中上部。

正手快挡动作：准备击球时，前臂稍向右移动。如挡直线，当球从台面弹起时，前臂向前迎球，手腕略向外展，拍稍微竖起，拍面对准对方左角，在球上升期击球的中上部，拍形稍前倾。

十、正手攻球的技术动作

（一）正手快抽

正手快抽站位近，动作幅度小，球速快，借球的反弹力还击，能缩短对方准备回击的时间，争取主动，如图 12-23 所示。

动作方法：左脚稍前，身体离球台约 40 厘米左右。击球前，持拍手臂要向前伸迎球，前臂自然放松，球拍呈半横状。当球从台面弹起时，前臂和手腕向前上方挥动，并配合内旋转腕的动作，使拍形前倾，在球上升期击球的中上部。触球时，拇指压拍，同时加快手腕内旋的速度，使拍面沿球体做弧形挥动。击球后，挥拍至头部高度。

横拍击球时，手臂要自然弯曲，手腕与前臂近乎成直线并约与地面平行。前臂和手腕稍向前上方用力，击球时间、部位和拍形与直拍基本相同。

图 12-23 正手快攻

（二）正手远抽

这种击球方式站位远，动作幅度大，力量重。它是主动发力，并在来球前进力减弱时的一种击球方法。对攻中，力量配合落点变化能争取主动或直接得分。被动防守时也可用这种方法进行反击，如图 12-24 所示。

动作方法：左脚稍前，身体离球台 1 米以外。击球前，持拍手臂向左后方引拍，球拍呈半横状，拍形稍后仰。击球时，手臂由后向前挥动。触球前，前臂在上臂带动下向前上方用力，手腕边挥边转，拍形逐渐前倾，在球下降前期击球的中部或中下部。拍触球时，前臂加速用力向前、向上方抽去，击球后，手臂随势向前上方挥动，前臂和手腕向上将球拍挥至头部高度，同时上体左转，重心移至左脚。

横拍正手抽球时，手臂向后引拍，手腕稍下沉，球拍成横状，然后手臂向前上方用力。击球时间、部位和拍形与直拍基本相同。

图 12-24 正手远抽

（三）正手扣杀

正手扣球动作幅度大，力量重，球速快，攻击性强，在还击半高球时，能充分发挥击球力量，是得分的一种重要手段，如图 12-25 所示。

动作方法：左脚在前站立，击球前持拍手臂向右后方引拍，拍稍高于台面，球拍呈半横状。当球弹起至高点时，上臂带动前臂由后向前挥，将触球时，前臂加速用力向左前挥击，手腕跟着移动，在高点期击球中上部，拍形稍前倾。拍触球时，整个手臂的力量应发挥到最大限度，同时腰部配合向左转动，触球点一般在脑前 50 厘米左右。击球后重心由后脚移至前脚。

图 12-25　正手扣杀

（四）正手抽拉

正手抽拉站位较远，动作较慢，由下向上挥击，球速不很快，靠主动发力击球。它是还击下旋球的有效方法，如图 12-26 所示。

动作方法：左脚在前站立，身体离台约 60 厘米，球拍呈半横状略下垂，拍形稍后仰。触球前，前臂加速用力向左上提拉，同时配合手腕动作向上摩擦球，在球下降期击球中下部。遇来球低或下旋较强时，腰部应配合向上用力。击球后要随势将球拍挥至额前，重心移至左脚。

图 12-26　正手抽拉

（五）反手快抽

反手快抽站位近，动作幅度小，球速快，借来球反弹力还击，是两面攻的重要技术之一，如图 12-27 所示。

动作方法：右脚稍前，身体离球台约 40 厘米，持拍手臂自然弯曲，将球拍移至腹前偏左的位置；击球时前臂和手腕向右前上方挥动，同时配合外旋转腕动作，使拍形前倾；在球上升期击球中上部，击球后随势将球拍挥至右肩前。

图 12-27　反手快抽

（六）反手拉抽

反手拉抽动作幅度大，主动发力，可用力还击左方来的下旋球，对搓球或削球也可以争取主动或直接得分，如图12-28所示。

动作方法：右脚稍前，身体离台约60厘米。击球时上臂稍向前，同时配合向外转腕动作，前臂向右前上方迅速挥动，在球下降期击球的中部或中下部。在触球时有一个前上拉的动作，腰部协助用力，击球后随势将拍挥至右侧，身体重心移至右脚。

图12-28 反手拉抽

十一、搓球

（一）快搓

快搓动作幅度小，回球较快，能借球力回击，是对付削球和搓球的有效方法，如图12-29所示。

动作方法：右脚稍前移，身体靠近球台。来球在身体左侧时，可运用反手搓球。击球时，上臂迅速前伸，前臂跟随向前，拍形稍后仰，利用上臂前送力量，在球上升期击球中下部。在用正手搓身右侧球时，身体稍向右转，手臂向前右上引拍，然后前臂和手腕向前下方用力，在上升期击球中下部。

图12-29 搓球

（二）慢搓

慢搓动作幅度较大，回球较慢，旋转变化用得好，可以为进攻创造条件或直接得分。

动作方法：反手慢搓是右脚稍前，身体离台约50厘米，持拍手臂向左上引拍，击球时前臂和手腕向前下方用力，同进配合内旋转腕动作，拍形后仰，在球下降后期击球的中下部。击球后前臂随势送出。横拍搓球，拍形略竖，击球后前臂向右下方挥摆。

正手慢搓是左脚稍前，身体稍向右转。击球前手臂向右上方引拍，然后前臂手腕向左前下方用力搓球，在球的下降后期击球的中下部。

十二、削球

（一）远削

远削动作幅度大，球速慢，弧线长。回球下旋，可通过旋转和落点的变化伺机反攻，如图 12-30 所示。

动作方法：正手远削时，左脚稍前，身体离球台 1 米以外，上体稍右转，重心在右脚上。击球前手臂自然弯曲，将球拍向右上引至同肩高。击球时手臂向左前下方挥动，在球下降期击球中下部，拍形稍后仰。拍触球时前臂加速削击，同时手腕向下转动用力。击球后随势前送，重心移到左脚。

图 12-30　正手削球

反手远削时，右脚稍前，身体左转，手臂弯曲，球拍自上方引至与肩同高，拍柄向下，重心放在左脚上。击球时手臂向右前下方挥动，前臂和手腕加速用力削击来球，在球下降期击球中下部，拍形后仰。击球后上体向右转动，球拍随势挥至身体右侧，重心移到右脚，如图 12-31 所示。

图 12-31　反手削球

（二）近削

近削动作幅度小，球速快，前进力较强。近削逼角能使对手回球困难，从而伺机反攻。

动作方法：正手近削时，左脚稍前，身体离台 50 厘米左右，上体稍向右转。击球时手臂弯曲，后引至与肩同高，拍形稍后仰。触球时前臂用力向左前下方挥动，手腕配合下压，在球上升后期或高点期，击球的中部或中下部。

反手近削时，右脚稍前，手臂弯曲向左上引拍。击球时前臂向右前下方挥动，手腕配合用力下压，在球上升后期或高点期击球的中部或中下部。

（三）削弧圈球

一般情况下，有两种削球方法可以还击对方拉过来的弧圈球，一种是加转削球，另一种是变化削球角度。

十三、弧圈球

弧圈球是一种上旋力非常强的进攻技术。比赛时运用弧圈球可为快攻创造机会，而且被动时可作为过渡，主动时发力拉冲可直接得分。

（一）正手高吊弧圈球

正手高吊弧圈球球速较慢，弧线较高，上旋性特强，着台后向下滑落快，对方回击不当易出界或击出高球，为扣杀创造机会。一般遇到低而转动的来球时，打这种球比较多，如图 12-32 所示。

图 12-32　正手高吊弧圈球

动作方法：准备击球时，持拍手臂自然下垂，并向后下方引拍，右肩略低于左肩，拇指压拍使拍形略为前倾，呈半横立状，并使拍形固定。当来球从台面弹起时，手臂向前上方挥动，前臂在上臂带动下爆发性用力做快收动作，将要触球时，手腕向前上方加力，并在来球下降期用拍摩擦球的中部或中上部。球拍摩擦球时，要注意配合腰部向左上方转动和右腿蹬地的力量。击球后，重心移至左脚。

（二）正手前冲弧圈球

正手前冲弧圈球弧线低、上旋力强，球速快，着台后前冲力大，如图 12-33 所示。

动作方法：球拍自然引至身体与台面同高，拍形前倾，与水平面成 35 度～40 度夹角。当球从台面弹起还未达到高点时，腰部向左转动，手臂向前上方挥动，上臂带动下臂加速内收，手腕略微转动，在高点期用拍摩擦球的中上部，使之成为较低的弧线落至对方的台面上，击球后重心移至左脚。

图 12-33　正手前冲弧圈球

（三）正手侧旋弧圈球

正手侧旋弧圈球带有强烈上旋力及侧旋力，着台后下落快，还会出现拐弯现象，能增加对方回击的难度，如图 12-34 所示。

图 12-34　正手侧旋弧圈球

动作方法：拍面呈半横状，并略向右侧，上臂带动前臂和手腕，结合腰部向左转动的力量，在下降期用拍摩擦球的右中部或中上右部，使球有强烈的右旋力，击球后重心移到左脚。

（四）反手弧圈球

这种打法多为横拍选手所用。击球前将拍引至下腹部，拍形前倾。当球弹起时，以肘为轴，前臂迅速向上挥动，结合手腕向上转动的力量，在下降期摩擦球的中部或中上部，在击球过程中，两腿向上蹬伸，如图 12-35 所示。

图 12-35　反手弧圈球

第二节 基本战术

乒乓球的战术灵活多变,没有一个固定的模式,在一个回合中常常会用到多个组合战术。战术运用得当,在比赛中会事半功倍;战术运用成功,可以战胜强于我方的对手。然而,无论什么组合战术,都离不开以下九种基本的战术。

一、推攻战术

(一) 特点

推攻战术主要运用正手攻球和反手推挡的速度及力量,并结合落点变化和节奏变化来压制与调动对方,以争取主动或得分。推攻战术是左推右攻型打法对付攻击型打法的主要战术。有反手推挡能力的两面攻运动员、攻削结合的运动员等,也时常用此战术。

(二) 方法

(1) 左推右攻。
(2) 推挡侧身攻。
(3) 推挡、侧身攻后扑正手。
(4) 左推结合反手攻。
(5) 左推、反手攻后侧身攻。
(6) 左推、反手攻、侧身攻后扑正手。

二、两面攻战术

(一) 特点

两面攻战术主要利用正手、反手攻球技术的速度和力量压制对方,争取主动和创造扣杀机会。两面攻战术是两面攻打法对付攻击型打法的主要战术。

(二) 方法

(1) 攻左扣右,即进攻对方左角,寻找机会猛扣对方正手空当。
(2) 攻打两角,猛扣中路。

三、拉攻战术

(一) 特点

拉攻战术的主要特点是连续运用正手快拉创造进攻机会,然后采用突击和扣杀来作为得分手段。拉攻战术是快攻打法对付削球类打法的主要战术。

（二）方法

（1）正手拉后扣杀。
（2）反手拉后扣杀。一般为两面攻运动员遇到左侧大角度的削球时采用。

四、拉、扣、吊结合战术

（一）特点

由拉攻战术与放短球战术相结合而成，是快攻型打法对付削球打法的常用战术。

（二）方法

（1）在拉攻战术的扣杀或突击后放短球。这时，对方站位一般离台较远，放短球效果最好。
（2）在拉攻战术中放短球后，结合扣杀或突击。这时，对方站位往往离台很近，扣杀或突击最容易得分。

五、接攻战术

（一）特点

接攻战术主要运用"转、低、快、变"的提球控制对方，以寻找有利时机，采用低突、快点或快拉等技术展开攻势并进入连续攻，在接球中遇到机会球时进行扣杀；常常带有突然性，可以直接得分。接攻战术是乒乓球其他各种打法都不可缺少的辅助战术。

（二）方法

（1）正手、反手搓球结合正手快拉、快点、突击或扣杀。
（2）正手、反手搓球结合反手快拉、快点、突击或扣杀。

六、削中反攻战术

（一）特点

由削球和攻球结合而成，常以逼角加转削球为主，间机反攻，或以转、低、稳、变的削球，迫使对手在走动中拉攻，以从中寻找机会。予以反攻。这种战术有逼、变、凶、攻的特点，是攻削结合打法的主要战术。

（二）方法

（1）正手、反手削球逼角（即落点逼近对方球台的左角），结合正手攻或侧身，攻击对方右侧空当。
（2）正手、反手削两大角长球，结合正手、反手（或侧身）反攻。

七、发球抢攻（抢冲）战术

（一）特点

以旋转、线路、落点及速度不同的发球来增加对方回击的难度，使其出现机会球，或降低回球质量,然后抢先进攻,以争取主动或直接得分。这是乒乓球所有打法特别是进攻型打法的主要战术和得分手段。

(二) 方法

(1) 反手发右侧上(下)旋球,发至对方靠中路近网处,伺机攻对方左角。

(2) 发追身长球(球速要快),使对方不易发挥攻球的威力,伺机攻对方中路或两角。这种战术对两面攻选手较为有效。

(3) 发下旋长球(球速要快)至对方左角,配合以近网短球,然后侧身抢攻。第一板应针对对方弱点攻击。这种战术对付弧圈球和快攻选手有效。

(4) 正后发左侧上(下)旋短球至对方左角(角度要大),配合发长球进行抢攻。

八、接发球抢攻(抢冲)战术

(一) 特点

由某一单项攻(冲)球技术所形成,进攻性强,可变接发球的不利地位为有利地位,也可直接得分,是乒乓球运动各种打法特别是进攻型打法的主要战术。

(二) 方法

用快点、快攻或中等力量突击进行接发球抢攻。

九、快攻型打法战术

(一) 特点

快攻型打法战术的特点是站位近台,以速度为主,打在前面,先发制人。快速,准确,凶狠,多变,可用"快、准、狠、变、转"五字概括。

(二) 方法

1. 推挡侧身攻

(1) 在对推中,比力量、比速度、比落点,伺机侧身抢攻。

(2) 在对推中用推球力量的突然变化,迫使对方回球过高,伺机侧身攻球。

(3) 如推球技术好,可压对方反手,伺机侧身抢攻。

(4) 用推挡压住对方中路后再侧身攻。这种战术对付两面攻选手有效。

2. 推挡变线

(1) 用推挡连压对方左角取得主动,突然推直线袭击对方右角空当。

(2) 遇连续侧身攻的对手,可用推挡变线加以牵制。

3. 左推右攻

(1) 当推挡略占优势时,或侧身抢攻后,对方往往会主动变线到正手,此时应以有力的正手攻球进行回击。

(2) 主动推变直线,引诱对手回球到正手(斜线),用正手攻直线反袭对方空当。

(3）可伴作侧身攻，诱使对方变线，给自己创造正手攻球的机会。

第三节　乒乓球运动比赛规则

本节主要介绍乒乓球运动的竞赛规则，包括场地与器材、比赛项目、一局比赛与一场比赛、合法发球、合法还击、重发球、得1分、间歇，以及发球、接发球和方位的次序。

一、场地与器材

乒乓球球台长274厘米，宽152.5厘米，高76厘米。沿每个274厘米的比赛台面边缘各有一条2厘米的白色线，叫边线，沿每个152.5厘米的比赛台面边缘各有一条2厘米的白色线，叫端线。球网装置由球网、悬网绳、网柱及夹钳四部分组成。球网的高度是15.25厘米。整个球网的底部应尽量贴近台面，球网两端应尽量贴近网柱。

乒乓球应为圆球体，直径为40毫米，质量为2.7克。球应用赛璐珞或类似的材料制成，呈白色、黄色或橙色，且无光泽。

球拍的大小、形状和质量不限，但底板应平整、坚硬。底板至少应有85%的天然木料。

球拍两面不论是否有覆盖物，必须无光泽，一面为红色，另一面为黑色。用来击球的拍面用一层颗粒向外的普通颗粒胶覆盖，连同黏合剂，厚度不超过2毫米；或用颗粒向内向外的海绵胶覆盖，连同黏合剂，厚度不超过4毫米。

二、比赛项目

乒乓球比赛的项目一般包括团体比赛（男子团体、女子团体）和单项比赛（男子单打、女子单打、男子双打、女子双打和混合双打）。

三、一局比赛与一场比赛

在一局比赛中，先得11分的一方为胜方；10平后，先多得2分的一方为胜方。当一场比赛有奇数局时，一方赢够规定局数，即一场比赛结束。在团体赛中，当一个队赢够规定场次时，一场团体赛结束。单打淘汰赛采用七局四胜制，双打淘汰赛和团体赛采用五局三胜制。

四、合法发球

（1）发球开始时，将球自然地置于不持拍手的手掌上，手掌张开，保持静止。

（2）发球时必须用手把球几乎垂直地向上抛起，不得使球旋转，并使球在离开不持拍手的手掌之后上升不少于16厘米，球下降到被击出前不能碰到任何物体。

（3）当球从最高点下降时，发球员方可击球，使球首先触及本方台区，然后越过或绕过球网装置，再触及接发球员的台区。在双打中，球应先后触及发球员和接发球员的右半区。

（4）从发球开始到球被击出，球要始终在比赛台面的水平面以上和发球员的端线以外，而且不能被发球员或其双打同伴的身体或他们所穿戴（带）的任何物品挡住。

（5）球一旦被抛出，发球员的不持拍手臂应立即从球和球网之间的区域移开。

五、合法还击

对方发球或还击后，本方运动员必须击球，使球直接越过或绕过球网装置，或触及球网装置后，再触及对方台区。

六、重发球

（1）发球员发出的球在越过或绕过球网装置时，触及球网装置，此后成为合法发球或被接发球球员或其同伴阻挡。

（2）接发球员或同伴未准备好时，球已发出，而且接发球员或其同伴均没有企图击球。

（3）由于发生了运动员无法控制的干扰，而使运动员未能合法发球、合法还击或遵守规则。

（4）裁判员或副裁判员暂停比赛。

（5）在双打时，运动员错发、错接。

七、得1分

除被判重发球的回合，下列情况下运动员得1分。

（1）对方运动员未能合法发球。

（2）对方运动员未能合法还击。

（3）运动员合法发球或合法还击后，对方运动员在击球前，球触及除球网装置以外的任何物体。

（4）对方运动员击出的球已越过本方端线或比赛台面，且始终没有触及本方台区。

（5）对方阻挡。

（6）对方连击。

（7）对方用不符合规定的拍面击球。

（8）对方运动员或其穿戴的任何物品使球台移动。

（9）对方运动员或其穿戴的任何物品触及球网装置，

（10）对方运动员非持拍手触及比赛台面。

（11）双打比赛中，对方运动员击球次序错误。

（12）执行轮换发球法时，接发球方连续13次合法还击，包括接发球。

八、间歇

（1）在局与局之间，有不超过 1 分钟的暂停。

（2）在一场比赛中，双方各有一次不超过 1 分钟的暂停。

（3）每局比赛中，每得 6 分球后，或决胜局交换方位时，有短暂的时间擦汗。

九、发球、接发球和方位的次序

（1）赛前由抽签决定选择发球（或接发球）和方位的权力，中签者可以选择先发球（或先接发球），或选择先站在某一边比赛。在一方运动员选择了先发球（或先接发球），或选择了先站在某一边比赛后，另一方运动员应进行另一种选择。

（2）在每获 2 分之后，接发球方即成为接球方，以此类推，直至该局比赛结束，或者直至双方比分都达到 10 分或实行轮换发球法，这时，发球和接发球次序仍然不变，但每人只轮发 1 分球。

（3）在双打的第一局比赛中，先发球方确定第一发球员，再由先接发球方确定第一接发球员。在以后的各局比赛中，第一发球员确定后，第一接发球员应是前一局发球给他的运动员。此后，每次换发球时，前面的接发球员应成为发球员，前面的发球员的同伴应成为接发球员。

（4）一局中首先发球的一方，在该场下一局应首先接发球。在双打决胜局中，当一方先得 5 分时，接发球方应交换接发球次序。

（5）一局中，在某一方位比赛的一方，在该场下一局应换到另一方位。在决胜局中，一方先得 5 分时，双方应交换方位。

思考题

1. 乒乓球的基本技术有哪些？你在日常打乒乓球中掌握了哪些技术？

2. 乒乓球的基本战术和比赛规则有哪些？

3. 乒乓球被称为我国的"国球"，网友们戏称"对乒乓球选手来说，在中国成为全国冠军比拿世界冠军还难"。说说你看中国乒乓球队比赛的感受。

参考文献

[1] 刘建和. 乒乓球教学与训练 [M]. 北京：人民体育出版社，2004.

[2] 唐建军. 乒乓球 [M]. 北京：北京体育大学出版社，2016.

[3] 苏丕仁. 现代乒乓球运动教学与训练 [M]. 北京：人民体育出版社，2003.

第十三章

羽毛球

学习目标

1. 了解羽毛球运动的概况。
2. 熟悉羽毛球运动的基本技术。
3. 了解羽毛球运动的基本战术。
4. 了解羽毛球运动的比赛规则。

现代羽毛球运动诞生于英国，由网球派生而来。它简单易学，设备简单，适合男女老幼，运动量可根据个人年龄、体质、运动水平和场地环境而定。羽毛球设有男子单打、女子单打、男子双打、女子双打、男子团体、女子团体和男女混合双打七个比赛项目。汤姆斯杯赛、尤伯杯赛、苏迪曼杯以及全英羽毛球锦标赛等是羽毛球比赛中的大赛事。

第一节　基本技术

一、握拍方法

握拍方法有正手握拍和反手握拍两种，如图13-1、图13-2所示。

（一）正手握拍法

虎口对着拍柄窄面的小棱边，拇指和食指贴在拍柄的两个宽面上，食指和中指稍分开，中指、无名指和小指并拢握住拍柄。

（二）反手握拍法

在正手握拍的基础上，拇指和食指稍向外转。

图 13-1　正手握拍　　　　　　　　图 13-2　反手握拍

二、发球方法

（一）发高远球

（1）站位：站在距发球线 1.5 米以内的距离，靠近中线。

（2）准备姿势：左脚在前，脚尖指向发球方向，右脚在后，与左脚成丁字步站位，两脚与肩同宽，重心在中间，如图 13-3 所示。

（3）引拍动作：身体向右转，左肩对向球网，身体重心转向右脚，右手向后上方引拍，左手向前上方持球，如图 13-4 所示。

 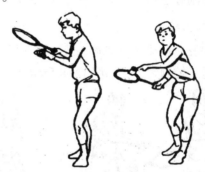

图 13-3　准备姿势　　　　　　　　图 13-4　引拍动作

（4）挥拍击球：右腿蹬地，重心向左腿转移，左手松球，当球落到右臂向前下方伸直能够接触到球的刹那，紧握球拍，并利用手腕曲收的力量向前上方发力，然后顺势向前向上击球，身体转向球网，如图 13-5 所示。

（5）随挥动作：完成击球后，右手随惯性送到左肩上，肘位置不能太高，如图 13-6 所示。

图 13-5　挥拍击球　　　　　　　　图 13-6　随挥

（二）发平高球

发平高球动作要领：动作与发高远球大致相同，只是在击球的一刹那，前臂加速带动手腕向前上方抖动，拍面要向前上方倾斜。弧度比高远球低，飞行速度比高远球快，飞行路线如图 13-7 所示。

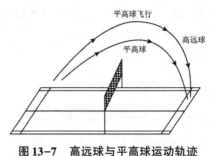

图 13-7　高远球与平高球运动轨迹

（三）发网前球

网前球是指刚好越网而过、落在发球线附近的球。

1. 正手发网前球

发网前球和发高远球动作基本一致，但挥拍时前臂动作小，前臂带动手腕向前切送，击球后停止前送，控制发力，如图 13-8 所示。

图 13-8　正手发网前球

2. 反手发网前球

（1）发球站位：距发球线较近，站在贴中线的位置上。

（2）准备姿势：面向球网，右脚在前，左脚在后，重心在右脚，身体向前倾斜，右手反手握拍，肘关节向上抬，左手持球。

（3）挥拍击球：球拍向后引拍，动作要小，前臂和手腕向斜上推送，利用拇指进行发力；拍触球时拍面应呈切削状，手腕柔和发力，由后向前推送击球。

（4）随挥：击球后，挥拍动作停止，如图 13-9 所示。

图 13-9　反手发网前球

三、击球方法

（一）击高远球

1. 正手击高远球

（1）准备动作：左脚在前，右脚在后，重心在右脚，肩对向球网，双脚与肩同宽，右手持拍，肘部向上放到右侧，左手向上举。

（2）挥拍击球：右腿蹬地发力，转体，手臂肘部向前向上提，前臂急速内旋，往前上方挥动，手腕发力击球的后部，如图 13-10 所示。

图 13-10　正手击高远球

2. 反手击高远球

（1）准备动作：身体向左后方转体，右脚向侧后方迈出一步，身体背对球网，反手握拍，手臂上提至胸部，如图 13-11 所示。

（2）击球动作：右腿蹬地发力，转体，手臂向上发力，前臂向右上方挥拍，手腕同时发力拇指向前顶，击球的后下部位，如图 13-12 所示。

（3）随挥：击球后前送，之后手臂迅速收回，同时身体面对球网，如图 13-13 所示。

图 13-11　准备动作

图 13-12　击球动作

图 13-13　随挥

(二) 击平高球

击平高球与击高远球的动作类似,只是在击球的一刹那,手腕是向前用力而不是向前上方用力,球的弧线不能太高,击球速度快。

(三) 吊球

球下落到接近击球点高度时,右腿开始蹲伸,身体由右向左转动。腰腹协调用力,上臂带动前臂,利用伸肘关节、前臂内旋和屈腕的力量,向前下方轻击来球,如图13-14所示。

图13-14 吊球

(四) 挑球

挑球是把对方击来的吊球或网前球挑高回击到对方后场去。来球时球拍后引,以肘关节为轴,前臂内旋,握紧球拍,用食指及手腕的力量将球向前上方击出,正手挑球如图13-15所示。

图13-15 正手挑球

(五) 扣杀球

快速后退,向上引拍;在球开始下落时靠脚尖蹬地的力量起跳,击球时充分利用手腕力量,以大小臂带动手腕快速下扣,如图13-16所示。

图13-16 扣杀球

四、基本步法

(一) 上网步法

上网步法是完成上网搓球、推球、勾球、扑球及挑球的步法，它包括蹬跨步上网、垫步加跨步上网、交叉步加跨步上网等，如图 13-17 所示。

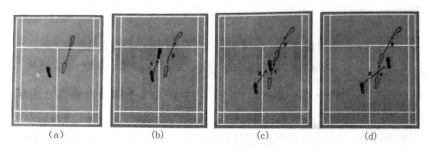

图 13-17　蹬跨步上网步法

(a) 正手蹬跨步上网；(b) 正手两步蹬跨步；(c) 正手垫步加蹬跨步；(d) 正手交叉步加蹬跨步

(二) 后退步法

后退步法是指从中心位置后退到底线的步法，一般用于后退回击高球、吊球、杀球、后场抽球等。后退步法如图 13-18 所示。

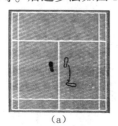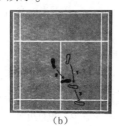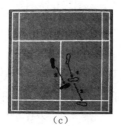

图 13-18　后退步法

(a) 侧身后退一步步法；(b) 侧身并步后退步法；(c) 交叉步后退步法

(三) 两侧移动步法

两侧移动步法是指从中心位置向左、右两侧边线移动的步法，一般用于中场接球、扣杀球或起跳突击等。两侧移动步法如图 13-19 所示。

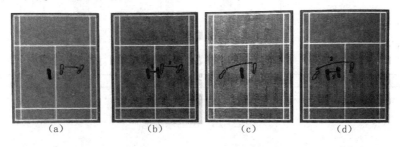

图 13-19　两侧移动步法

(a) 向右侧蹬跨步；(b) 向右并步加蹬跨步；(c) 向左蹬转跨步；(d) 向左垫步加蹬转跨步

第二节 基本战术与比赛规则

一、基本战术

（1）发球抢攻战术。从发球的第一拍起，争取控制对方，以攻杀得分。这种战术一般为发网前低球结合平高球，争取第三拍主动进攻。

（2）攻后场战术。此战术是通过击高球、重复压对方的底线两角，造成对方被动，然后寻找机会进攻。

（3）攻前场战术。对网前技术较差的对手，可运用此战术先将其吸引到网前，然后再攻击其后场。要采用此战术，自己首先要有较好的网前击球技术。

（4）杀、吊上网战术。对对手打来的后场高球，本方先以杀球配合吊球把球下压，落点选在场区的两条边线附近，致使对手被动回球。

（5）打对角线战术。对付身体灵活性差、转体较慢的对手，不论是进攻还是防守，均应以打对角线球为主。

二、比赛规则

（一）场地

羽毛球运动场长为13.40米，单打场地宽为5.18米，双打场地宽为6.10米，球场四周2米以内、上空9米以内不得有任何障碍物，如图13-20所示。

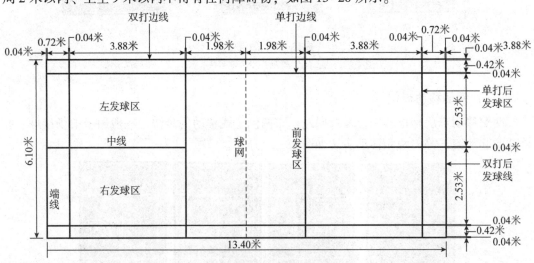

图13-20 羽毛球场地

（二）发球、接发球和场区选择

开始时，双方应掷挑边器，获胜方选择先发球或先接发球，以及场区。

在单打比赛中，当发球员的分数为 0 或双数时，双方运动员均应在各自的右发球区发球或接发球；当发球员的分数为单数时，双方运动员均应在各自的左发球区发球或接发球。一回合中，球应由发球员和接球员交替从各自所在场地一边的任何位置击出，直至成死球为止。

在双打比赛中，当发球方的分数为 0 或双数时，发球方均应从右发球区发球；当发球方的分数为单数时，发球方均应从左发球区发球。接发球方上一回合最后一次发球的运动员应在原发球区接发球，其同伴接发球的站位则与其相反。接发球员应是站在发球员斜对角发球区的运动员。发球方每得一分后，原发球员则变换发球区再发球。

每局比赛的发球权必须按如下顺序进行：首先是发球员从右发球区发球，其次是首先接发球员的同伴从左发球区发球，然后是首先发球员的同伴发球，接着是首先接发球员发球，再接着是首先发球员发球，如此循环。一局胜方的任一运动员可在下一局先发球；一局负方的任一运动员可在下一局先接发球。

（三）计分方法

除非另有规定，一场比赛应以三局两胜定胜负，率先得到 21 分的一方赢得当局比赛，如果双方比分打成 20 比 20，获胜一方需超过对手 2 分才算取胜；如果双方比分打成 29 比 29，则率先得到第 30 分的一方取胜。首局获胜一方在接下来的一局比赛中率先发球，对方违例或球触及对方场区内的地面成死球，则该方胜这一回合并得 1 分。

思考题

1. 羽毛球的基本技术有哪些？你在日常打羽毛球中掌握了哪些技术？
2. 羽毛球的基本战术和比赛规则有哪些？
3. 说出你喜欢的羽毛球赛事，并选出你最喜欢的羽毛球运动员，说说他（她）的主要事迹。

参考文献

［1］陈万章．大学体育与健康［M］．北京：北京体育大学出版社，2004．

［2］陈志勇．现代大学体育教程［M］．修订版．北京：北京体育大学出版社，2013．

［3］林建成．羽毛球入门与提高［M］．福州：福建科学出版社，1999．

第十四章

武术套路

学习目标

1. 了解武术运动的概况。
2. 熟悉武术基本功的练习方法。
3. 了解初级刀的基本套路。
4. 熟悉24式简化太极拳的基本动作。
5. 了解武术比赛规则。

第一节　武术运动概述

武术起源于我国古代的生产劳动。在古代的狩猎和战争中，人类为了生活和自卫，掌握了一些简单的攻防格斗技能，如拳打、脚踢、躲闪和摔跤等，为武术的发展奠定了基础。明清时期，武术得到了大发展，形成了太极拳、形意拳和八卦拳等主要的拳种体系。

中华人民共和国成立后，武术运动得到了蓬勃发展。1958年中国武术协会成立，武术成为表演项目，并于次年正式成为国家体育竞赛项目。1994年，国际武联被世界单项体育联合会正式接纳入会，进一步确立了武术比赛的国际体育地位。

武术运动通常可以分为拳术、器械、对练和集体操练四大类。武术具有广泛的适应性、攻防技击性和内外合一、形神兼备的特点。经常参与武术运动，可以增强体质，培养意志和使人们掌握一些格斗技能，为终身健身打下基础。

第二节　武术基本功

武术基本功是指武术运动中具有共性的基础训练内容，以获得和运用武术技法必备的各种能力为锻炼目的。它包括手形手法、步型、肩臂、腰、腿等的练习

一、手形手法练习

手法练习是运用拳、掌和勾三种手形，结合上肢冲、架、推和亮等运动方法，操练上肢手法的基本方法。下面将对手形和手法进行简要介绍。

（一）手形

（1）拳：四指并拢卷握，拇指紧扣食指和中指第二指节，如图 14-1 所示。

（2）拳：四指并拢伸直，拇指弯曲紧扣于虎口处，如图 14-2 所示。

（3）勾：五指的第一指节捏拢在一起，屈腕，如图 14-3 所示。

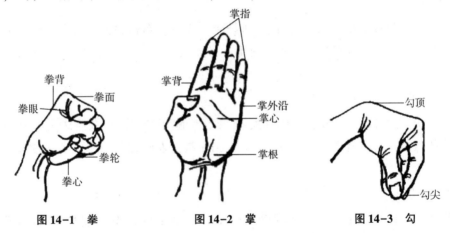

图 14-1　拳　　　　　图 14-2　掌　　　　　图 14-3　勾

（二）手法

常用的手法有冲拳、推掌和亮掌。

1. 冲拳

冲拳分平拳和立拳两种。平拳拳心向上，立拳拳眼向上。

预备姿势：两脚左右开立，与肩同宽，两拳抱于腰间，拳心向上，肘尖向后。

动作说明：挺胸、收腹、直腰，右拳从腰间猛力冲出，左肘向后牵拉。同时左转腰顺肩，内旋臂，力达拳面，臂要伸直，与肩平，目平视。练习时两手交替进行。

2. 推掌

预备姿势：与冲拳相同。

动作说明：右拳变掌，前臂内旋，以掌根为力点向前猛力推出，左肘向后牵拉，同时

左转腰顺肩，臂伸直，与肩平，目平视。练习时两手交替进行。

3. 亮掌

预备姿势：与冲拳相同。

动作说明：右拳变掌经体侧向前、向右、向上画弧，至头部右前方时抖腕亮掌，掌心向前，虎口向下，臂成弧形，头随右手动作左转。亮掌时双眼注视左方。练习时两手交替进行。

二、步型练习

步型练习的目的是增强腿部力量，以提高两腿的稳固性。基本步型包括弓步、马步、虚步、仆步和歇步等。

（一）弓步

动作说明：两脚前后开立一大步（约为本人脚长的4~5倍），前脚脚尖稍内扣，前腿屈膝半蹲（大腿接近水平），膝与脚尖垂直。后腿伸直，脚尖内扣斜向前方。两脚全脚掌着地。上体正对前方，目平视，两手抱拳于腰间，拳心向上。

（二）马步

动作说明：两脚左右开立（约为本人脚长的3倍），两脚尖正对前方，屈膝半蹲，膝盖不超过脚尖，大腿接近水平，全脚掌着地，身体重心落于两脚之间，双手抱拳于腰间，拳心向上。

（三）虚步

动作说明：两脚前后开立，后脚外展45度，后腿屈膝半蹲。前脚脚尖虚点地，稍内扣。前腿膝微曲，重心落于后腿。双手叉腰，目平视，左脚在前为左虚步，右脚在前为右虚步。

（四）仆步

动作说明（以左仆步为例）：两脚左右开立，右腿屈膝半蹲，大腿与小腿靠紧，臀部接近小腿，右脚全脚掌着地，脚尖和膝关节外展。左腿挺直平仆，脚尖里扣，全脚掌着地。两手抱拳于腰间，拳心向上，眼向左方平视。右仆步为仆右腿，动作要领与左仆步相仿。

（五）歇步

动作说明（以左歇步为例）：两腿交叉靠拢，全蹲，左脚在前，全脚掌着地，脚尖外展。右脚前脚掌着地，膝部贴于左腿外侧，臀部坐于右腿接近脚跟处。两手抱拳于腰间，拳心向上，眼向左前方平视。右歇步为右脚在前，动作要领与左歇步相仿。

三、肩臂练习

肩臂练习的目的是增进肩关节柔韧性和发展臂部力量。肩臂练习包括压肩、单臂绕环和双臂绕环等。

(一) 压肩

预备姿势：面对肋木站立，距离肋木一大步，两脚左右开立，与肩同宽。

动作说明：两手抓握肋木，上体前俯并做下振压肩动作，如图 14-4 图所示；做压肩动作时，也可以两人面对面站立，互相扶按肩部，做上体前曲的向下振压肩动作，如图 14-5 图所示。

图 14-4　压肩（用肋木）　　　　图 14-5　压肩（两人）

(二) 单臂绕环

预备姿势（以右臂绕环为例）：左弓步站立，左手扶按左膝，右臂垂于体侧。

动作说明：向后绕环时，右臂由下向前、向上、向后绕环一周，如图 14-6 所示；向前绕环时，右臂由下向后、向上、向前绕环一周。练习时，左右臂交替进行。做左臂绕环时，换右弓步站立。

图 14-6　单臂绕环

(三) 双臂绕环

预备姿势：开步站立，两臂垂于体侧。

动作说明：以肩关节为轴，两臂分别向前和向后做直臂绕环。顺时针、逆时针绕环交替进行，如图 14-7 所示。

图 14-7　双臂绕环

四、腰部练习

腰部练习的目的是增强腰部灵活性和协调控制上下肢运动的能力。腰部练习包括下腰、甩腰和涮腰等。

（一）下腰

预备姿势：开步站立，两臂伸直上举。

动作说明：腰向后弯，抬头、挺腰，双手撑地，身体成桥形。

（二）甩腰

预备姿势：开步站立，两臂伸直上举。

动作说明：以腰、髋关节为轴，上体做前后屈伸和甩动动作，两臂也跟着甩动，两腿伸直。

（三）涮腰

预备姿势：两脚开立，略宽于肩，两臂自然垂于体侧。

动作说明：上体前俯，两臂向左前下方伸出，以髋关节为轴，两臂经前向右、向后、向左翻转绕环。左右涮腰交替进行。

五、腿部练习

腿部练习的目的是发展腿部的柔韧性、灵活性和力量等素质。腿部练习包括正压腿、侧压腿、竖叉、正踢腿、外摆腿、里合腿等。

（一）正压腿

预备姿势：面对肋木或一定高度的物体，并步站立。

动作说明：左腿抬起，脚跟放在肋木上，脚尖勾起，踝关节曲紧，两手扶按在左腿上或两手抓握左脚。两腿伸直、立腰、收髋，上体前曲，并向前下方做压振动作，如图14-8所示。练习时两腿交替进行。

图 14-8　正压腿

（二）侧压腿

预备姿势：侧对肋木或一定高度的物体，并步站立。

动作说明：右腿支撑，脚尖稍外撇。左腿抬起，脚跟放在肋木上，脚尖勾起，踝关节曲紧。右手立掌（掌心向上）向头后伸展，尽量摸到左脚尖，左掌附右胸前。两腿伸直、立腰、开髋，右臂带动上体向左侧压振，如图14-9所示。练习时两腿交替进行。

图 14-9　侧压腿

（三）竖叉

预备姿势：并步站立。

动作说明：两手左右扶地或两臂侧平举，两腿前后分开成直线（左腿在前）。左腿后侧着地，脚尖勾起。右腿前侧或内侧着地，脚面绷直扣于地面，两臂立掌侧平举，掌指向上，如图14-10所示。练习时两腿交替进行。

图 14-10　竖叉

（四）正踢腿

预备姿势：并步站立，两臂侧平举，立掌，掌指向上。

动作说明：左脚上前半步，左腿支撑，右腿挺膝，脚尖勾起向前额处猛踢。目平视。如图 14-11 所示。练习时两腿交替进行。

图 14-11　正踢腿

（五）外摆腿

预备姿势：同正踢腿。

动作说明：右脚向右前方上半步，右腿支撑。左脚脚尖勾紧，向右侧踢起，经面前向左侧上方外摆，直腿落于右腿内侧。目平视，如图 14-12 所示。可用左手掌在左侧上方迎击左脚面，也可不做。练习时两腿交替进行。

图 14-12　外摆腿

（六）里合腿

预备姿势：同正踢腿。

动作说明：右脚向右前方上半步，右腿支撑。左脚脚尖勾起里扣，并向左侧踢起，经面前向右侧上方直腿里合，落于右腿外侧，如图14-13所示。可用右手掌在右侧上方迎击左脚面，也可不做。练习时两腿交替进行。

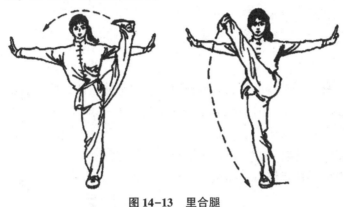

图14-13 里合腿

第三节 初级刀

初级刀术除起势和收势外，共有四段三十二级动作，每段动作将在下文讲述。

一、起势

动作要领：并步站立，左手抱刀，右手贴于右胯侧。左手向上提刀，刀背贴靠于前臂内侧；右手按掌至右腰侧，摆头目视左侧。右手向右上方绕环上举至左腋下，两手交叉向前上方穿出，右手经胸前上举至头顶，抖腕亮掌；同时左手抱刀至左腰侧，成左虚步，目视左侧，如图14-14所示。

图14-14 起势

二、第一段

(一) 弓步缠头

动作要领：左脚向左侧开步，成左弓步；右手持刀，经左肩缠头绕至左腰侧；左臂屈肘上举，至头顶上方成横掌；目视前方，如图 14-15 所示。

易犯错误：缠头时刀背未贴背绕行；速度缓慢。

纠正方法：刀贴紧背绕行，快速完成。

(二) 虚步藏刀

动作要领：上身右转，右手持刀做裹脑刀，左手平伸左侧，收于右腋下；右手持刀顺势，带刀于右腰侧后方，左手向前推出，左脚收回成左虚步；目视左掌，如图 14-16 所示。

易犯错误：刀背未贴靠肩背，藏刀时松腕。

纠正方法：刀背要贴背绕行，扣腕。

图 14-15　弓步缠头

图 14-16　虚步藏刀

(三) 弓步前刺

动作要领：左脚稍前移踏实，右脚上步成右弓步，左掌变勾手，向斜后方直臂弧形绕环，至身后平举；右手持刀前刺，刀尖朝前；目视刀尖，如图 14-17 所示。

易犯错误：前刺刀无力。

纠正方法：右脚蹬地，以腰摧力。

(四) 并步上挑

动作要领：左脚不动，右脚回收至左脚处；右手持刀向上挑起，刀背贴靠背脊；左勾手侧平举，与肩同高；目视前方，如图 14-18 所示。

易犯错误：含胸，弯腰，刀尖未贴背。

纠正方法：挺胸抬头，刀背贴靠脊背。

图 14-17　弓步前刺

图 14-18　并步上挑

（五）左抡劈

动作要领：左脚不动，右脚向左前方上步，右手向左斜前方劈下，刀尖向上翘；同时，左脚向左斜前方上步成左弓步，左臂上举至头顶上方成横掌；目视前方，如图 14-19 所示。

易犯错误：劈刀与上步不协调。

纠正方法：劈刀与上步要同时进行。

（六）右抡劈

动作要领：重心后移至右腿，左脚向右斜前方上步，左掌向左侧下方绕环，右脚向右斜前方上步，成右弓步；同时，右手持刀经上向左斜前方劈下，刀尖稍向上翘，左掌弧形绕环至头顶上方成横掌，目视刀尖；如图 14-20 所示。

易犯错误：上步时走直线，未绕行。

纠正方法：上步要走弧形绕步。

图 14-19　左抡劈

图 14-20　右抡劈

（七）弓步撩刀

动作要领：右手持刀臂外旋屈肘使刀刃朝上，右脚提起离地，随即向前落步；右手环形绕下，左掌按于刀背，左脚上步成左弓步；右手持刀向前撩起，刀尖斜朝下，上身前倾，目视刀尖，如图 14-21 所示。

易犯错误：撩刀动作与步法不协调，身体过于直正。

纠正方法：刀随身起，刀随身行，力达刀刃前部。

（八）弓步藏刀

动作要领：上身右转，右脚向身后撤步，右手持刀做裹脑动作，收于右胯侧；同时，左脚退步成右弓步，左掌向前直推；手高与眉平齐，如图14-22所示。

易犯错误：裹脑时刀背没有贴背，左手推掌与摆头不一致。

纠正方法：左脚向右后撤步与裹脑刀同时进行，推手与裹脑收刀要协调一致。

图14-21　弓步撩刀

图14-22　弓步藏刀

三、第二段

（九）提膝缠头

动作要领：左脚上步，右脚提膝，同时做缠头动作，左手上举至头顶成横掌，目视右前方，如图14-23所示。

易犯错误：支撑腿弯曲，提膝脚尖未绷直，手脚配合不协调。

纠正方法：上步单腿提膝练习，缠头刀练习，上下肢结合练习。

（十）弓步平斩

动作要领：左脚不动，右脚向右落步，成右弓步。右手持刀经左肋处向前平斩；左掌经上向后平落，掌指朝后；目视刀尖，如图14-24所示。

图14-23　提膝缠头

图14-24　弓步平斩

易犯错误：斩击刀时前手过高或过低。

纠正方法：平斩刀时刀高与右肩平。

（十一）仆步带刀

动作要领：右手持刀，手臂外旋使刀刃朝上，向左屈肘带回，同时左腿屈膝全蹲，成右仆步；左掌屈肘附于刀把内侧，拇指一侧朝下；目视右前方，如图 14-25 所示。

易犯错误：仆步时右脚尖易外撇，身体后仰。

纠正方法：两脚掌着地，右脚尖内扣，身体微前倾。

（十二）歇步下砍

动作要领：右手持刀，经右肩外侧做裹脑刀，向右前方斜砍；左脚插步成歇步，左掌随之向左上方摆成横掌；目视刀身，如图 14-26 所示。

易犯错误：下砍时易松腕。

纠正方法：右手持刀下砍时力达刀身后段，手腕握紧。

图 14-25　仆步带刀

图 14-26　歇步下砍

（十三）左劈刀

动作要领：身体起立，向左后转一周，同时右手持刀，做缠头刀；左脚向左斜前方上步成右虚步，右手持刀向左侧做抡劈；左掌附于右腕处，目随刀动，如图 14-27 所示。

易犯错误：上步与下劈刀动作不协调。

纠正方法：劈刀与上步要一致。

（十四）右劈刀

动作要领：右脚上步，右手持刀做右抡劈，如图 14-28 所示。左掌随之附于右腕处。

易犯错误：劈刀时刀尖易触地。

纠正方法：抡劈刀时，右手持刀扣腕。

图 14-27　左劈刀　　　　　　　　图 14-28　右劈刀

（十五）歇步按刀

动作要领：左脚上步，右脚经身后向左侧插步成左歇步，同时右手持刀绕环向左侧下按，左手附于刀背，刀尖朝身后，目视刀身，如图 14-29 所示。

易犯错误：刀刃易触地，上体太直。

纠正方法：在按刀时微翘腕，上体含胸、略前倾。

（十六）马步平劈

动作要领：上身向右后转 180 度成马步，同时右手持刀由左经头顶划弧向右劈下，刀尖向上；左掌在头顶上方屈肘成横掌；目视刀尖，如图 14-30 所示。

易犯错误：成马步时，两脚尖向外撇，大腿没有蹲平。

纠正方法：马步时，脚尖里扣，大腿蹲平。

图 14-29　歇步按刀　　　　　　　图 14-30　马步平劈

四、第三段

（十七）弓步撩刀

动作要领：左掌绕环至右肩经左胸向前、向后绕环上举，右脚向左上步，成右弓步；同时右手持刀向前撩起，刀刃斜朝上，刀尖斜朝下，目视刀尖，如图 14-31 所示。

易犯错误：左右手不协调，撩刀不贴身。

纠正方法：以左手带右手，贴身向前撩起，力达刀刃前部。

（十八）插步反撩

动作要领：上身左转成左弓步，右手持刀经体前向左、向后绕环反撩，刀刃朝上，随即左掌向左侧成横掌推出；目视刀尖，如图14-32所示。

易犯错误：插步与反撩不能同时完成。

纠正方法：插步与反撩刀要同时完成。

图14-31　弓步撩刀　　　　　　　　图14-32　插步反撩

（十九）转身挂劈

动作要领：以两脚掌为轴碾地，身体向左后翻转，右手持刀做挂劈刀；右脚上步，右手经体前向后挂刀，左掌附于右腕；右脚向右跨步，右腿伸直，左腿提膝，上身右倾，右手持刀经上向右用力下劈，刀尖上翘，左掌上举至头顶成横掌；目视刀尖，如图14-33所示。

易犯错误：挂刀和劈刀的动作不连贯，重心不稳。

纠正方法：做挂刀和劈刀需连贯完成，独立脚五指抓紧。

（二十）仆步下砍

动作要领：左脚向左侧落步，成右仆步，右手持刀做裹脑向右前下方平砍，左掌同时屈肘举于头顶上方成横掌；目视刀身，如图14-34所示。

图14-33　转身挂劈　　　　　　　　图14-34　仆步下砍

易犯错误：右仆步与平砍刀动作不一致。

纠正方法：仆步与下砍刀同时完成。

（二十一）架刀前刺

动作要领：左腿向前上步，身体右转一周，右手持刀内旋向上横架，同时左掌附于右手腕上；以左脚掌为轴碾地，右腿提起，右手持刀向前直刺，同时左掌向左后方平伸；目视刀尖，如图14-35所示。

易犯错误：进步架刀、提膝转身、弓步前刺的动作不连贯。

纠正方法：注意架刀、提膝转身方向须协调一致。

（二十二）左斜劈

动作要领：右手持刀，刀背沿左肩外侧向后绕环，左手平摆置右腋下；左腿屈膝提起，右手持刀向左下劈，左掌附于右前臂，上身略前倾，右臂内旋屈腕，使刀尖向左后上方摆起，如图14-36所示。

易犯错误：提膝快，斜劈动作慢。

纠正方法：向左下方斜劈与提膝要同时完成。

图14-35　架刀前刺

图14-36　左斜劈

（二十三）右斜劈

动作要领：左脚向前落步，身体后转，右腿随之提膝离地；右手持刀向右前下方斜劈，左掌随之向左侧斜上方举伸；目视刀尖，如图14-37所示。

易犯错误：力达刀尖。

纠正方法：以腰发力，力达刀身。

（二十四）虚步藏刀

动作要领：右脚向后落步成左虚步，右手持刀做裹脑刀收至右腰侧，肘略屈，刀尖朝前，同时左掌向前直推；目视左掌，如图14-38所示。

易犯错误：藏刀时，右手腕松弛，与推掌不协调。

纠正方法：右手握刀须扣腕，与推掌要协调。

图 14-37 右斜劈

图 14-38 虚步藏刀

五、第四段

（二十五）旋转扫刀

动作要领：左脚外撇，身体左转，右脚向前方上步，左掌附于右腕处；左脚插步，两腿屈膝全蹲成歇步，左掌经右向左平摆；右手持刀手心朝上，经右肩外侧向前下方平扫一周；目视刀身，如图 14-39 所示。

易犯错误：扫刀时两臂易屈肘，上下肢不协调。

纠正方法：扫刀时力达刀刃前部，两脚碾转身的同时扫刀一周。

图 14-39 旋转扫刀

(二十六) 翻身劈刀

动作要领：身体右转，右手持刀向右侧下劈，左掌附于右前臂；右脚向左侧摆起，左脚蹬地跳起，上身向左后翻转一周，右脚与左脚同时落步，成右仆步，上身前倾；左掌随提转绕环一周，屈肘成横掌，右手持刀转身经上向下劈；目视刀尖，如图14-40所示。

易犯错误：翻身跃步劈刀没有走立圆，刀未贴身。

纠正方法：翻身劈刀须走立圆，贴身。

图14-40　翻身劈刀

(二十七) 缠头箭踢

动作要领：左脚蹬直使上身立起，右手持刀做缠头刀动作，右脚蹬地的同时左脚向前摆起，紧接右脚向前弹踢，左右手持刀缠头平扫；左掌随之屈肘上举至头顶上方成横掌，左脚此时即用前脚掌落地，如图14-41所示。

易犯错误：缠头缓慢，弹踢无力，动作不协调。

纠正方法：两个动作需要快速、同时完成。

图14-41　缠头箭踢

(二十八) 仆步按刀

动作要领：左脚蹬地跳起，向右后转身换跳，成左仆步；同时右手持刀向后下方劈刀，左手随体转展开后附于右手腕，刀刃朝下；目左平视，如图14-42所示。

易犯错误：纵跳和转身劈刀不连贯。

纠正方法：纵跳与转身同时完成。

图 14-42　仆步按刀

（二十九）缠头蹬腿

动作要领：右腿直立，左膝提起，脚尖绷直，右手持刀收于右腰侧，同时左掌向前推出；左脚向前落步，屈膝半蹲，右腿挺膝伸直，成左弓步，右手持刀做缠头刀动作，贴靠左肋，左掌随之屈肘上举至头顶上方成横掌；右脚脚尖上翘，用脚跟向前上方蹬腿；目视脚尖，如图 14-43 所示。

易犯错误：缠头刀刀背不贴身。

纠正方法：缠头刀必须贴背绕行。

图 14-43　缠头蹬腿

(三十) 虚步藏刀

动作要领：右脚向前落步，左脚向前跃步，右脚趁势提起，上身右转踏实，左脚尖点地成虚步。右手持刀随转身裹脑平扫一周收于右腰侧，刀尖朝前，左掌同时向前推出；目视左掌，如图 14-44 所示。

易犯错误：跃步、转身与裹脑平扫刀不协调。

纠正方法：动作需要连贯、协调。

(三十一) 弓步缠头

动作要领：左脚向左前方半步，右腿挺膝伸直成左弓步，同时右手持刀做缠头动作，左掌屈肘上举至头顶上方成横掌，目向前平视，如图 14-45 所示。

易犯错误：缠头时刀背未贴身绕行。

纠正方法：缠头刀时，抓握刀柄不宜过紧，刀背必须贴背绕行。

图 14-44　虚步藏刀

图 14-45　弓步缠头

(三十二) 并步抱刀

动作要领：上身右转，右手持刀向右平扫，左手接刀，两手握刀，左脚靠并右脚站立，目视前方，如图 14-46 所示。

易犯错误：并步与接刀的动作不协调。

纠正方法：并步与接刀须连贯。

图 14-46　并步抱刀

六、收势

动作要领：左手抱刀，刀背贴靠臂肘，两脚向后各退一步，同时右掌经下向后、向上绕向右耳侧成横掌，左手握刀不动，左脚后退向右脚靠拢，并步直立；右掌随即经右耳侧向下按落，肘略曲并向外撑开；目向左平视，如图14-47所示。

图 14-47　收势

第四节　24 式简化太极拳

太极拳是我国民族文化中的一颗璀璨明珠，是一种较好的增强体质和预防疾病的体育项目，其特点是动作柔和、缓慢和连贯等。24 式简化太极拳又称 24 式太极拳或简化太极拳，是国家体委（现为国家体育总局）于 1956 年组织太极拳专家汲取杨氏太极拳之精华而编成，共包括 24 个动作，以下来进行简要介绍。

一、预备势

动作说明：身体自然直立，两膝并拢，两腿自然伸直。胸腹放松，两臂垂于两腿外侧，手指微曲。头颈正直，下颌微收，口闭齿扣，舌抵上腭。精神集中，表情自然，目平视前方。

二、24 式太极拳

（一）起势

动作说明：左脚向左迈一步，两脚平行开立与肩同宽；两臂由身体两侧慢慢向前、向上平举至与肩同高、同宽，手心向下；两腿慢慢屈膝半蹲，重心落于两脚间，成马步。同时两掌轻轻下按至腹前，上体舒展正直，目平视前方，如图 14-48 所示。

图 14-48 起势

（二）左右野马分鬃

（1）左野马分鬃。动作说明如下。

①体稍右转，重心右移。同时右臂弯曲置于胸前，掌心翻转向下。左手画弧下落，屈肘置于腹前，掌心翻转向上，与右掌相对成抱球状。两臂屈肘。左脚收至右脚内侧，脚尖点地，目视右手。

②上体左转，左脚向左前方迈出一步，脚跟轻轻着地，重心仍在右腿上。

③上体继续左转，重心前移，左脚全脚掌着地，左腿屈膝成左弓步。同时两掌前后分开，左手至体前与眼同高，手心斜向上；右手按至右胯旁，手心向下，指尖向前。两臂微曲，目视左掌，如图 14-49 所示。

图 14-49 左野马分鬃

（2）右野马分鬃。动作说明如下。

①重心稍后移，屈右膝，左腿伸直，左脚尖翘起外撇45度~60度。

②上体左转，重心移至左腿，左脚全脚掌着地，左腿前弓，右脚收至左脚内侧，脚尖着地，同时左臂弯曲置于左胸前，掌心翻转向下。右手画弧下落，屈肘置于腹前，掌心翻转向上，与左掌相对成抱球状。目视左手。

③上体稍右转，重心仍在左腿上，右脚向右前方迈出一步，脚跟轻轻着地，同时两掌开始前后分开。

④上体继续右转，重心前移，右脚全脚掌着地，右腿屈膝成右弓步。右手分至体前与眼同高，手心斜向上；左手按至左胯旁，手心向下，指尖向前。两臂微曲，目视右手。右野马分鬃与左野马分鬃动作相同、脚步相反。

（三）白鹤亮翅

动作说明如下。

①体稍左转，右脚向前收拢半步，前脚掌轻轻落地，与左脚相距约一脚长，同时左臂弯曲置于胸前，掌心翻转向下。右手画弧下落，屈肘置于腹前，掌心翻转向上，与左掌相对成抱球状。目视左手。

②重心后移，右脚全脚掌着地，并向右转体。两手随转体交错分开，右手上举，左手下落。目视右手。

③上体转正，左脚稍向前移动，成左虚步；右手上举，手心向左后方，左手按于左髋旁，指尖向前。目平视前方，如图14-50所示。

图14-50　白鹤亮翅

（四）左右搂膝拗步

（1）左搂膝拗步。动作说明如下。

①体稍左转，右手向下摆至体前，手心向上。目视右手。

②上体右转，左脚收落于右脚内侧，脚尖点地。同时两臂交叉摆动，右手由体前经右胯侧向右后方上举至与头同高，手心向上；左手由左胸前经头前向右画弧至右肩前，手心向下。目视右手。

③上体稍左转，左脚向左前方迈一步，脚跟轻轻着地。同时右臂屈肘，右手摆至右肩

上，虎口对耳，掌心斜向前；左手落于腹前，掌心向下。目视前方。

④上体继续左转，重心前移，左脚全脚掌着地，左腿屈膝成左弓步。同时左手经左膝前向左搂过，按于左腿外侧，指尖向前；右手向前推出，指尖与鼻尖相对，掌心向前，指尖向上。右臂自然伸直，目视右手，如图14-51所示。

图14-51　左搂膝拗步

（2）右搂膝拗步。动作说明如下。

①上体左转，重心稍后移，左脚尖翘起外撇。同时两臂外旋，开始向左摆动。目视右手。

②上体继续左转，重心前移，左脚全脚掌着地，右腿收至左脚内侧，脚尖点地。同时右手经面前画弧摆至左肩前，掌心向下，左手向左上方画弧上举，与头同高，掌心向上，左臂自然伸直，肘微曲，目视左手。

③上体稍右转，右脚向右前方迈一步，脚跟轻轻落地。同时左臂屈肘，左手收至左肩上，虎口对耳，掌心斜向前。右手下落至腹前，掌心向下，肘微曲，目视前方。

④上体继续右转，重心前移，右脚全脚掌着地，右腿屈膝成右弓步。同时右手经右膝前上方向右搂过，按于右腿外侧，指尖向前；左手向前推出，指尖与鼻尖同高，掌心向前，指尖向上。左臂自然伸直，肘微曲。目视左手。

右搂膝拗步与左搂膝拗步动作相同、脚步相反。

（五）手挥琵琶

动作说明如下。

①右脚向前收拢半步，落于左脚后，与左脚相距约一脚长，脚尖点地。同时右臂稍向前伸，腕关节放松。

②上体右转，重心后移，右脚全脚掌着地。同时左手向左、向上画弧摆至体前，手臂自然伸直，掌心斜向下；右臂屈肘向左下方画弧，收至胸前，掌心斜向上。目视左手。

③上体稍向左回转，左脚稍向前移，脚跟着地。同时两臂外旋，屈肘合抱，前后交错。左手与鼻相对，掌心向右；右手与左肘相对，掌心向左。目视左手，如图14-52所示。

图 14-52　手挥琵琶

（六）左右倒卷肱

（1）右倒卷肱。动作说明如下。

①上体稍右转，右手随转体向下经腰侧向后上方画弧至掌指与头同高，掌心翻转向上，右臂微曲；左手翻转，掌心向上停于体前。视线先随转体向右看，再转向前方看左手。

②上体稍左转，左脚提收经右腿内侧向后退一步，前脚掌轻轻着地。同时右臂曲肘，右手收至肩上耳侧，掌心斜向下方；左手翻转掌心向上。目视左手。

③上体继续左转，重心后移，左脚全脚掌着地，右脚以前脚掌为轴扭直，右腿微曲成右虚步。同时右掌推至体前，腕与肩同高，掌心向前；左手向后、向下收至左腰侧，掌心向上。目视右手，如图 14-53 所示。

图 14-53　右倒卷肱

（2）左倒卷肱。动作说明如下。

①上体稍左转，左手随转体向左后上方画弧，掌指与头同高，掌心向上，左臂微曲；右手外翻，掌心向上停于体前。视线先随转体向左看，再转向前方看右手。

②上体稍右转，右脚提收向后退一步，前脚掌轻轻着地。同时左臂屈肘，左手收至肩上耳侧，掌心斜向前下方；右手翻转掌心向上。目视右手。

③上体继续右转，重心后移，右脚全脚掌着地，左膝微曲成左虚步。同时左掌推至体前，腕与肩同高，掌心向前；右手向后、向下画弧收至右腰侧，掌心向上。目视左手。

左倒卷肱与右倒卷肱动作相同、脚步相反。

（七）左揽雀尾

动作说明如下。

①上体微右转，同时右手由腰侧向右上方画弧至手与肩同高，掌心斜向上，右臂微曲；左臂自然置于体前，腕与肩同高，手心向下。目视左手。

②左脚收至右脚内侧，脚尖点地。同时右手屈臂置于右胸前，掌心翻转向下；左手画弧下落，屈肘置于腹前，掌心翻转向上，与右掌相对成抱球状。目视右手。

③上体微左转，左脚向左前方迈出一步，脚跟着地，同时两手开始前后分开。目视前方。

④上体继续左转，重心前移，左脚全脚掌着地，左腿屈膝成左弓步。左臂半屈于体前，腕与肩同高，掌心向内。右手向下画弧按于右胯旁，指尖向前。目视左手。

⑤上体稍左转，左手向左前方伸出，掌心转向下，同时右臂外旋，右手经腹前向上、向前画弧至左前臂内侧，掌心向上。目视左手。

⑥上体右转，重心后移，右腿屈膝，左腿自然伸直。同时两手经腹前向下、向右后方画弧后捋，右手举至身体侧后方，与头同高，掌心向外，左臂平屈于胸前，掌心向内。头随体转，目视右手。

⑦上体左转，正对前方。同时右臂屈肘，右手收至胸前，搭于左腕内侧，掌心向前；左前臂仍曲收于胸前，掌心向内，指尖向右。目视前方。

⑧重心前移，左腿屈膝成左弓步。同时右手推送左前臂向体前挤出，与肩同高，两臂撑圆。目视前方。

⑨左手翻转向下，右手经左腕上方向前伸出，掌心向下。随后重心后移，右腿屈膝，左腿自然伸直，左脚尖翘起，同时两手左右分开与肩同宽，两臂曲收，两手后引，经胸前收至腹前，手心斜向下。目向前平视。

⑩重心前移，左脚全脚掌着地，左腿屈膝成左弓步。两手由腹前沿弧线推至体前，两腕与肩同高，两掌心向前，指尖向上。目视前方，如图14-54所示。

图14-54 左揽雀尾

(八) 右揽雀尾

动作说明如下。

①重心后移，上体右转，左脚尖内扣。同时右手经头前画弧右摆，掌心向外，两手平举于身体两侧。目视右手。

②与左揽雀尾动作相同、方向相反。

(九) 单鞭

动作说明如下。

①上体左转，重心左移，右脚尖内扣，左脚尖外展。同时左手经头前向左画弧摆至身体左侧，掌心向外；右手经腹前向左画弧摆至左肋前，掌心朝向腹部。视线随左手移动。

②上体右转，重心右移，右腿屈膝，左腿伸直。同时右手经头前向上、向右画弧，摆至右肩前，掌心向内；左手向下、向右画弧摆至腹前，掌心转向内。视线随右手移动。

③左脚收至右脚内侧，脚尖点地。同时右手伸向身体右前方，五指捏拢成勾手，勾尖向下，肘微曲，腕与肩平；左手向上画弧至右肩前，掌心向内。目视勾手。

④上体左转，左脚向左前方迈出一步，脚跟着地。同时左手经面前向左画弧，掌心向内，目视左手。

⑤上体继续左转，重心前移，左脚全脚掌着地，左腿屈膝成左弓步。同时左手经头前翻转向前推出，腕与肩平，左肘与左膝上下相对；右勾手举于右后方，腕与肩平。目视左手，如图14-55所示。

图14-55 单鞭

(十) 云手

动作说明如下。

①上体右转，重心后移。左脚尖内扣，右腿屈蹲。同时左手经腹前向下、向右画弧，摆至右肩前，掌心向内；右勾手松开变掌，掌心向外，指尖向上。目视右手。

②上体左转，重心左移。右脚向左并拢半步，与左脚平行相距10～20厘米，脚尖向前。右脚落地时前脚掌先着地，随后过渡到全脚掌着地，两腿屈膝半蹲。同时左手经头前向上、向左画弧，掌心渐渐翻转向外，至身体左侧，与肩同高；右手经腹前向下、向左画弧，掌心渐渐翻转向内，至左肩前。视线随左手移动。

③上体右转，重心右移。左脚向左横跨一步，脚掌先着地，随后过渡到全脚掌，脚尖

向前。同时右手经头前向右画弧，掌心逐渐翻转向外至身体右侧，与肩同高；左手经腹前向下、向右画弧，掌心逐渐翻转向内，至右肩前。视线随右手移动。

④与本动作说明②同。

⑤与本动作说明③同。

⑥与本动作说明②同，如图 14-56 所示。

图 14-56　云手

（十一）单鞭

动作说明如下。

①上体右转，重心移至右腿，左脚跟提起。同时右手经头前向右画弧，至右前方时掌心翻转成勾手；左手经腹前向下、向右画弧至右肩前，掌心转向内。目视勾手。

②与第九个单鞭动作说明中的④完全相同。

③与第九个单鞭动作说明中的⑤完全相同，如图 14-57 所示。

图 14-57　单鞭

（十二）高探马

动作说明如下。

①右脚向前收拢半步，距左脚约一脚长，前脚掌着地。目视左手。

②上体稍右转，重心后移，右脚全脚掌着地，右膝弯曲，左脚脚尖点地。同时右勾手松开，两手翻转手心向上，两臂前后平举，肘关节微曲，目视左前方。

③上体左转，左脚向前移动成左虚步。同时右臂曲收，经头右侧向前推出，腕与肩平，掌心向前；左臂曲收，左手收至腹前，掌心向上。目视右手，如图 14-58 所示。

图14-58　高探马

（十三）右蹬脚

动作说明如下。

①左脚提收至右踝内侧。同时右手稍向后收，左手经右手背向右前方穿出，两手交叉，腕关节相交，左掌心斜向上，右掌心斜向下。目视左手。

②上体左转，左脚向左前方迈一步，脚跟着地，脚尖略外撇。同时左手内旋，两手虎口相合举于头前，两掌心向外。目视前方。

③重心前移，左脚全脚掌着地，屈左膝，右腿自然蹬直。同时两手左右分开，掌心向外，两臂外撑。目视前方。

④右脚收至左脚内侧，脚尖点地。两手向腹前画弧相交合抱，右手在外，举至胸前。两掌心向内。目视右前方。

⑤左腿支撑，右腿屈膝上提，右脚脚尖上勾，脚跟用力慢慢向右前上方蹬出。左腿微曲，右腿伸直。两臂展于身体两侧，肘微曲，腕与肩平，两手心向外。右腿与右臂上下相对。目视右手，如图14-59所示。

图14-59　右蹬脚

（十四）双峰贯耳

动作说明如下。

①右腿屈膝收回，脚尖自然下垂。同时左手经头侧向体前画弧，与右手平行落于右膝上方，两掌心向上，指尖向前。目视前方。

②右脚向右前方上步，脚跟着地，脚尖斜向右前方。同时两手收至两腰侧，两掌心

向上。

③重心前移，右脚全脚掌着地，右腿屈膝成右弓步。同时两手握拳经两侧向上、向前画弧摆至头前，两臂半屈成弧，两拳平行相对成钳形，与头同宽，两前臂内旋，两拳眼斜向下。目视前方，如图14-60所示。

图14-60 双峰贯耳

（十五）转身左蹬脚

动作说明如下。

①上体左转，重心后移。左腿屈膝，右腿伸直，脚尖内扣。同时两拳变掌，左手经头前向左画弧，两臂微曲举于身体两侧，两掌心向外，目视左手。

②重心右移，右腿屈膝，左脚收至右脚内侧，脚尖着地，同时两手向下画弧，于腹前交叉合抱，举至胸前，左手在外，两掌心向内。目视左前方。

③右腿支撑，提左膝，左脚脚尖上勾，脚跟用力向左前上方慢慢蹬出。同时两臂内旋，两掌心向外，左手向左前方、右手向右后方画弧分开，两臂微曲举于身体两侧。左腿蹬直，与左臂上下相对。目视左手，如图14-61所示。

图14-61 转身左蹬脚

（十六）左下势独立

动作说明如下。

①左腿屈膝收回至右踝内侧，脚尖向下。上体右转，右臂稍内合，右手捏成勾手，勾尖向下；同时左手经头前画弧摆至右肩前，掌心向右，指尖向上。目视右勾手。

②右腿屈膝半蹲，左脚前脚掌落地，沿地面向左伸出，随即全脚掌着地，左腿伸直。左手落于右肋前。目视勾手。

③右腿屈膝全蹲，上体左转成左仆步。同时左手经腹前沿左腿内侧向左穿出，掌心向前，指尖向左。目视左手。

④重心移至左腿，以左脚跟为轴，脚尖尽量外撇，左腿屈膝前弓。右脚尖内扣，右腿自然蹬直，上体微向左转并向前起身。同时左手继续前穿并向上举至体前，指尖向上；右勾手内旋，背于身后，勾尖向上。目视左手。

⑤上体左转，重心前移，右腿屈膝上提，左腿微曲支撑站立，成左独立步。同时左手下落按于左胯旁，掌心向下；右勾手变掌，经体侧由后下方向前画弧，立掌前挑，掌心向左，与眼同高。右臂半曲成弧，肘关节与右膝上下相对。目视右手，如图14-62所示。

图14-62　左下势独立

（十七）右下势独立

动作说明如下。

①右脚落于左脚右前方，前脚掌着地。上体以左脚前脚掌为轴向左转。同时左手变勾手提举于身体左前方，与肩同高；右手经头前向左画弧摆至左肩前，掌心向左。目视左勾手。

②左腿屈膝半蹲，右脚提起至左踝内侧，前脚掌落地，沿地面向右伸出，随即全脚掌着地，右腿伸直。右手落至左肋前，目视左勾手。

右下势独立与左下势独立动作相同方向相反，如图14-63所示。

图14-63　右下势独立

(十八) 左右穿梭

（1）右穿梭。动作说明如下。

①左脚向左前方落步，脚跟着地，脚尖外撇，上体左转，重心随转体落步前移。同时左手内旋，手心翻转向下。目视左手。

②上体继续左转，左脚全脚掌着地，右脚提收于左踝内侧。同时两手手心相对于左胸前成抱球状（左手上，右手下）。目视左手。

③上体右转，右脚向右前方上步，脚跟着地。同时右手向右斜前方弧形摆起，左手下落至左腰间。目视右手。

④上体继续右转，重心前移，右脚全脚掌着地，右腿屈膝成右弓步。同时右手翻转上举，架于右额角前上方，掌心斜向上，左手推至体前，腕与肩平。目视左手，如图14-64所示。

图14-64　右穿梭

（2）左穿梭。动作说明如下。

①重心稍后移，右脚脚跟着地，脚尖外撇，上体右转。同时右手下落至头前，左手向左画弧，落至腹前。目视左手。

②左穿梭与右穿梭动作相同、方向相反。

(十九) 海底针

动作说明如下。

①上体稍右转，右脚向前收拢半步，前脚掌落地，与左脚前后相距约一脚长，目视前方。

②上体右转，重心移至右腿，右脚全脚掌着地。右腿屈膝，左脚脚跟提起。同时右手下落经体侧屈臂向后、向上抽提至耳旁，掌心向左，指尖向前；左手向右画弧下落至腹前，掌心向下，指尖斜向右。目视前方。

③上体左转，稍向前倾。左脚稍前移，落地成左虚步。同时右手经耳侧斜向前下方插掌，掌心向左，指尖斜向下；左手经左膝前画弧搂过，按至右胯旁。目视右手，如图14-65所示。

图 14-65　海底针

（二十）闪通臂

动作说明如下。

①上体右转，恢复正直。右腿屈膝支撑站立，左脚回收到右脚内侧。同时右手上提至身前，指尖向前，掌心向左；左手屈臂收举，指尖贴于右腕内侧。目视前方。

②左脚向前上步，脚跟着地。两手内旋分开，两手心向前。目视前方。

③重心前移，左脚全脚掌着地，左腿屈膝成左弓步。同时左手推至体前，指尖与鼻尖对齐；右手撑于头部右上方，掌心斜向上，两手前后分展。目视左手，如图 14-66 所示。

图 14-66　闪通臂

（二十一）转身搬拦锤

动作说明如下。

①重心后移，右腿屈膝，左脚尖内扣，身体右转。同时两手向右摆动，右手摆至身体右侧，左手摆至头前，两掌心向外。目视右手。

②重心左移，左腿屈膝，右脚以前脚掌为轴扭直。同时右手握拳向下、向左画弧收于腹前，掌心向下，左掌举于左额前上方。目向右平视。

③右脚提收至左脚踝内侧，随后向右前迈出，脚跟着地，脚尖外撇。同时右拳经胸前向前搬压，掌心向上，与胸同高；左手经右前臂外侧下落，按于左胯旁。目视右拳。

④上体右转，重心前移，左脚收于右脚内侧。同时右臂内旋，右拳向右画弧至体侧，拳心向下，右臂半曲；左臂外旋，左手经左侧向体前画弧，目视右拳。

⑤右腿屈膝，左脚向前上步，脚跟着地。同时左掌拦至体前，与肩同高，掌心向右，

指尖斜向上；右拳翻转收至腰间，拳心向上。目视左掌。

⑥上体左转，重心前移，左脚全脚掌着地，左腿屈膝成左弓步。同时右拳自腰间向胸前打出，肘微曲，拳心向左，拳眼向上；左手微收，掌指附于右前臂内侧，掌心向右。目视右拳，如图 14-67 所示。

图 14-67　转身搬拦锤

（二十二）如封似闭

动作说明如下。

①左手翻转，掌心向上，从右前臂下向前穿出，同时右拳变掌，也翻转向上，两手交叉伸举于体前。目视前方。

②右腿屈膝，重心后移，左脚尖翘起。同时两臂曲收，边分边内旋后引，两臂分开与肩同宽，两手收至胸前，掌心斜向下。目视前方。

③重心前移，左脚全脚掌着地，左腿屈膝成左弓步。同时两掌向下经腹前再向上、向前推出，腕与肩平，掌心向前，掌指向上。目视前方，如图 14-68 所示。

图 14-68　如封似闭

（二十三）十字手

动作说明如下。

①上体右转，重心右移，右腿屈膝，左腿蹬伸，脚跟着地，脚尖内扣。同时右手向右摆至头前。目视右手。

②上体继续右转，右腿曲弓，脚尖外撇，左脚全脚掌着地，左腿自然伸直，成右横档步。同时右手继续向右画弧，摆至身体右侧，两臂平举于身体两侧，两掌心向外，指尖斜

向上。目视右手。

③上体左转,重心左移,左腿曲弓,右腿自然伸直,脚尖内扣。同时两手下落画弧交搭于腹前,向上画弧抱于胸前,两掌心向上(右手在下,左手在上)。目平视前方。

④上体转正。右脚向左收回,与左脚相距一肩宽,两脚平行向前。右脚前脚掌先着地,随后过渡到全脚掌,两腿慢慢直立,重心落于两脚间。同时两手交叉合抱成斜十字,与肩同高,掌心向内。目向前平视,如图14-69所示。

图14-69　十字手

(二十四) 收势

动作说明:两臂内旋,两手翻转手心向下,左右分开与肩同宽。随后两臂慢慢下落,垂于体侧,左脚轻轻提起,并拢于右脚内侧,脚掌先着地,随后过渡到全脚掌,成预备姿势。目视前方,如图14-70所示。

图14-70　收势

第五节　武术比赛规则

一、武术比赛场地

武术比赛在地毯上进行,场地的规格由比赛内容决定。

（1）单练和对练项目的场地为 14 米×8 米的长方形，四周内沿边线宽 5 厘米，场地的两长边中间各有一条长 30 厘米、宽 5 厘米的中线标记。比赛场地四周至少有 2 米宽的安全区。

（2）集体项目的场地为 16 米×14 米的长方形，四周内沿边线宽 5 厘米。比赛场地四周至少有 1 米宽的安全区。

（3）武术比赛场地上空至少有 8 米（从地面量起）的无障碍空间。

（4）两个武术比赛场地之间相距 6 米以上。

二、武术比赛通用规则

裁判员对场上运动员所出现的明显错误，视情节轻重给予相应的扣分。明显错误包括：

（1）比赛过程中，运动员的器械和服装违反规定（比赛时，运动员必须穿比赛服和武术鞋或运动鞋）；

（2）运动员上场比赛时佩戴耳环、项链和手镯等饰品；

（3）比赛过程中，场上队员身体的某一部位接触界线外地面；

（4）除太极拳外，运动员参加其他拳术比赛时必须系软腰带。

三、武术套路比赛规则

（一）得分种类

比赛满分为 10 分：长拳、剑、刀、枪和棍的评分标准为动作规格分值 5 分，劲力协调分值 2 分，精神、节奏、风格、内容、结构和布局分值 3 分。

（二）武术套路的规定时间

（1）长拳、南拳、刀术、剑术、枪术和棍术自选套路不得少于 80 秒。如按年龄分组比赛，青年组不少于 80 秒，少年组不少于 70 秒，儿童组不少于 70 秒。

（2）太极拳自选套路为 3~4 分钟（到 3 分钟时，裁判长鸣哨示意）；太极拳规定套路为 5~6 分钟（到 5 分钟时，裁判长鸣哨示意）。

（3）其他项目单练不得少于 1 分钟；对练不得少于 50 秒。

（三）武术竞赛剑术套路的内容规定

（1）弓步不少于 4 次，仆步和虚步不少于 2 次。

（2）不得少于 8 组不同组别的主要剑法。

（3）剑术套路必须有三种不同组别的平衡，其中必须有两种持久性平衡。

（4）必须有指定动作。

思考题

1. 武术基本功包括哪些？请按要求进行练习。
2. 初级刀术套路包括哪些动作？请按要求进行练习。
3. 24 式简化太极拳包括哪些动作？请按要求进行练习。

参考文献

[1] 陈万章. 大学体育与健康 [M]. 北京：北京体育大学出版社，2004.
[2] 陈志勇. 现代大学体育教程 [M]. 修订版. 北京：北京体育大学出版社，2013.
[3] 司红玉，韩爱芳. 武术 [M]. 重庆：重庆大学出版社，2017.
[4] 张山. 武术初级教程 [M]. 北京：人民体育出版社，1997.

第十五章

武术养生和自卫防身术

第一节 八段锦

八段锦是我国古代流传下来的一套效果很好的医疗保健体操,功法共由八节动作组成,所以叫八段锦。每个动作重复八遍(因人而异),动作缓慢舒展、易学易练。八段锦老少皆宜,尤其是对中老年人、体弱多病者、病后正在康复的人,以及有慢性病的患者,有很好的医疗保健作用。

一、功法基本动作说明

(一) 基本手型

1. 拳

大拇指抵掐无名指根节内侧,其余四指并拢弯曲收于掌心(即握固),如图 15-1 所示。

2. 掌

掌一:五指微屈,稍分开,掌心微含,如图 15-2 所示。

掌二:拇指与食指竖直分开成八字状,其余三指第一、二指节屈收,掌心微含,如图 15-3 所示。

3. 爪

五指并拢,大拇指第一指节微屈,其余四指第一、二指节屈收扣紧,手腕伸直,如图 15-4 所示。

图 15-1 拳

图 15-2 掌一

图 15-3 掌二

图 15-4 爪

（二）基本步型

马步：开步站立，两脚间距约为本人脚长的 2~3 倍，屈膝半蹲，大腿略高于水平，如图 15-5 所示。

图 15-5 马步

二、健身气功·八段锦功法技术动作

（一）预备式

1. 分解动作

动作一：两脚并步站立，两臂自然垂于体侧；身体中正，目视前方，如图 15-6 所示。

动作二：松腰沉髋，身体重心移至右腿；左脚向左侧开步，脚尖朝前，约与肩同宽；目视前方，如图 15-7 所示。

动作三：两臂内旋，两掌分别向两侧摆起，约与髋同高，掌心向后；目视前方，如图15-8所示。

动作四：上动不停。两腿膝关节稍屈；同时，两臂外旋，向前合抱于腹前呈圆弧形，与脐同高，掌心向内，两掌指间距离约10厘米；目视前方，如图15-9所示。

图15-6　　　　　　图15-7　　　　　　图15-8　　　　　　图15-9

预备式动作一　　　预备式动作二　　　预备式动作三　　　预备式动作四

2. 功理与作用

宁静心神，调整呼吸，内安五脏，端正身形，从精神与肢体上做好练功前的准备。

3. 常见错误

（1）抱球时，拇指上翘，其余四指斜向地面。

（2）塌腰，跪膝，脚尖外展。

（二）第一式：两手托天理三焦

1. 分解动作

动作一：接上式。两臂外旋微下落，两掌五指分开在腹前交叉，掌心朝上；目视前方，如图15-10、图15-11所示。

动作二：上动不停。两腿徐缓挺膝伸直；同时，两掌上托至胸前，随之两臂内旋向上托起，掌心向上；抬头，目视两掌。两臂继续上托，肘关节伸直；同时，下颌内收，动作略停；目视前方，如图15-12所示。

动作三：身体重心缓缓下降，两腿膝关节微屈；同时，十指慢慢分开，两臂分别向身体两侧下落，两掌捧于腹前，掌心向上；目视前方。本式托举、下落为一遍，共做六遍，如图15-13所示。

图 15-10　第一式动作一（1）　　图 15-11　第一式动作一（2）　　图 15-12　第一式动作二　　图 15-13　第一式动作三

2. 功理与作用

（1）通过两手交叉上托，缓缓用力，保持拉伸，可使三焦通畅、气血调和。

（2）拉长躯干与上肢各关节周围的肌肉、柔韧及关节软组织，对防治肩部疾患、预防颈椎病等具有良好的作用。

3. 常见错误

（1）两掌在胸前翻转后未垂直上托。

（2）两掌下落呈捧掌时，掌心未向上。

（三）第二式：左右开弓似射雕

1. 分解动作

动作一：接上式。身体重心右移；左脚向左侧开步站立，两腿膝关节自然伸直；同时，两掌向上交叉于胸前，左掌在外，两掌心向内；目视前方，如图 15-14 所示。

动作二：上动不停。两腿徐缓屈膝半蹲成马步；同时，右掌屈指成"爪"，向右拉至肩前；左掌成八字掌，左臂内旋，向左侧推出，与肩同高，坐腕，掌心向左，犹如拉弓射箭之势；动作略停，目视左掌方向，如图 15-15、图 15-16 所示。

动作三：身体重心右移；同时，右手五指伸开成掌，向上、向右划弧，与肩同高，指尖朝上，掌心斜向前；左手指伸开成掌，掌心斜向后；目视右掌，如图 15-17 所示。

动作四：上动不停。重心继续右移；左脚回收成并步站立；同时，两掌分别由两侧下落，捧于腹前，指尖相对，掌心向上；目视前方。

图 15-14 第二式动作一（1）　　图 15-15 第二式动作一（2）　　图 15-16 第二式动作二　　图 15-17 第二式动作三

动作五至动作八：同动作一至动作四，但左右相反。动作五至动作七如图 15-18 至图 15-20 所示。

本式一左一右为一遍，共做三遍。

第三遍最后一动时，身体重心继续左移；右脚回收成开步站立，与肩同宽，膝关节微屈；同时，两掌分别由两侧下落，捧于腹前，指尖相对，掌心向上；目视前方，如图 15-21 所示。

图 15-18 第二式动作五　　图 15-19 第二式动作六　　图 15-20 第二式动作七　　图 15-21 第二式最后一动

2. 功理与作用

（1）展肩扩胸，可刺激督脉和背部俞，同时刺激手三阴三阳经等，可调节手太阴肺等经络之气。

（2）可有效发展下肢肌肉力量，提高平衡和协调能力；同时，增加前臂和手部肌肉的力量，提高手腕关节及指关节的灵活性。

（3）有利于矫正不良姿势，如驼背及肩内收，很好地预防肩、颈疾病等。

3. 常见错误

（1）开弓时，八字掌侧推与龙爪侧拉未走直线。

（2）马步撅臀、跪膝、脚尖外展。

（四）第三式：调理脾胃须单举

1. 分解动作

动作一：接上式。两腿徐缓挺膝伸直；同时，左掌上托，左臂外旋上穿经前面，随之臂内上举于头上方，肘关节微屈，力达掌跟，掌心向上，掌指向右；同时，右掌微上托，随之臂内旋下按至右髋旁，肘关节微屈，力达掌根，掌心向下，掌指向前，动作略停；目视前方，如图15-22、图15-23所示。

动作二：松腰沉髋，身体重心缓缓下降；两腿膝关节微屈；同时，左臂屈肘外旋，左掌经面前下落于腹前，掌心向上；右臂外旋，右掌向上捧与腹前，两掌指尖相对，相距约10厘米，掌心向上；目视前方，如图15-24所示。

动作三至四：同动作一、二，但左右相反，如图15-25所示。

本式一左一右为一遍，共做三遍。

第三遍最后一动时，两腿膝关节微屈；同时，右臂屈肘，右掌下按于右髋旁，掌心向下，掌指向前，目视前方，如图15-26所示。

图15-22 第三式动作一（1）　　图15-23 第三式动作一（2）　　图15-24 第三式动作二（1）　　图15-25 第三式动作二（2）　　图15-26 第三式最后一动

2. 功理与作用

（1）通过左右上肢一松一紧的上下对拉（静力牵张），牵拉腹腔，对脾胃、中焦、肝胆起按摩作用；同时可以刺激位于腹部、胸胁部相关经络以及背部俞穴等，达到调理脾胃（肝胆）和脏腑经络的作用。

（2）可使脊柱内各脊椎的小关节及小肌肉得到锻炼，从而增强脊柱的灵活性与稳定性，有利于预防和治疗肩、颈疾病等。

3. 常见错误

（1）单举时，上举手未至头左（右）上方，下按掌指尖未向前。

（2）上举手下落时，未按上举路线返回；呈捧掌时，两掌心未向上。

（五）第四式：五劳七伤往后瞧

1. 分解动作

动作一：接上式。两腿徐缓挺膝伸直；同时，两臂伸直，掌心向后，指尖向下，目视前方，如图15-27所示。然后上动不停。两臂充分外旋，掌心向外；头向左后转，动作略停；目视左斜后方，如图15-28所示。

动作二：松腰沉髋，身体重心缓缓下降；两腿膝关节微屈；同时，两臂内旋按于髋旁，掌心向下，指尖向前；目视前方，如图15-29所示。

动作三：同动作一，但左右相反，如图15-30、图15-31所示。

动作四：同动作二，如图15-29所示。

本式一左一右为一遍，共做三遍。

第三遍最后一动时，两腿膝关节微屈；同时，两掌捧于腹前，指尖相对，掌心向上；目视前方，如图15-32所示。

图15-27　第四式动作一（1）　　图15-28　第四式动作一（2）　　图15-29　第四式动作二

图15-30　第四式动作三（1）　　图15-31　第四式动作三（2）　　图15-32　第四式最后一动

2．功理与作用

（1）通过上肢伸直外旋扭转的静力牵张作用，扩张牵拉胸腔内的脏腑。

（2）往后瞧的转头动作，可刺激颈部大椎穴，达到防治"五劳七伤"的目的。"五劳"指心、肝、脾、肺、肾五脏劳损；"七伤"指喜、怒、悲、忧、恐、惊、思七情伤害。

（3）可增强颈部及肩关节周围参与运动肌群的收缩力，增加颈部运动幅度，活动眼肌，预防眼肌疲劳及肩、颈与背部等疾患。同时，改善颈部及脑部的血液循环。

3．常见错误

（1）后瞧时，身体出现转动。

（2）屈膝下蹲，两膝超越脚尖；两掌下按，指尖未向前。

（六）第五式：摇头摆尾去心火

1．分解动作

动作一：接上式。身体重心左移；右脚向右开步站立，两腿膝关节自然伸直；同时，两掌上托与胸同高时，如图15-33所示，两臂内旋，两掌继续上托至头上方，肘关节微屈，掌心向上，指尖相对；目视前方，如图15-34所示。

动作二：上动不停。两腿徐缓屈膝半蹲成马步；同时，两臂向两侧下落，两掌扶于膝关节上方，肘关节微屈，小指侧向前；目视前方，如图15-35所示。

动作三：身体重心向上稍升起，而后右移；上体先向右倾，随之俯身；目视右脚，如图15-36、图15-37所示。

动作四：上动不停。身体重心左移；同时，上体由右向前，向左旋转；目视前方，如图15-38、图15-39所示。

图15-33 第五式 动作一（1） 　　图15-34 第五式 动作一（2） 　　图15-35 第五式 动作二 　　图15-36 第五式 动作三（1）

动作五：身体重心右移，成马步；同时，头向后摇，上体立起，随之下颌微收；目视前方，如图15-40、图15-41所示。

动作六~动作八：同动作三至动作五，但动作六至动作七左右相反，如图15-42至图15-45所示。

本式一左一右为一遍，共做三遍。

图15-37　第五式　　图15-38　第五式　　图15-39　第五式　　图15-40　第五式
动作三（2）　　　　动作四（1）　　　　动作四（2）　　　　动作五（1）

图15-41　第五式　　图15-42　第五式　　图15-43　第五式　　图15-44　第五式
动作五（2）　　　　动作六（1）　　　　动作六（2）　　　　动作七（1）

做完三遍后，身体重心左移，右脚回收成开步站立，与肩同宽，如图15-46所示；同时，两掌向外经侧上举，掌心相对；目视前方，如图15-47所示。随后松腰沉髋，身体重心缓缓下降，如图15-48所示。两腿膝关节微屈；同时屈肘，两掌经面前下按至腹前，掌心向下，指尖相对；目视前方，如图15-49所示。

2. 功理与作用

（1）通过两腿下蹲，摆动尾闾，可刺激脊柱、督脉等；通过摇头，可刺激大椎穴，从而达到疏经泄热的作用，有助于去除心火。

（2）在摇头摆尾过程中，脊柱腰段、颈段大幅度侧屈、环转及回旋，可使整个脊柱的头颈段、腰腹，以及臀、股部肌群收缩，

图15-45　第五式
动作七（2）

既增加了颈、腰、髋的关节灵活性,也增强了这些部位的肌肉。

3. 常见错误

(1) 马步撅臀、跪膝、脚尖外展。

(2) 摇头摆尾时,挺胸、展腹、尾闾转动不到位。

图 15-46　第五式最后动作 (1)　　图 15-47　第五式最后动作 (2)　　图 15-48　第五式最后动作 (3)　　图 15-49　第五式最后动作 (4)

(七) 第六式:两手攀足固肾腰

1. 分解动作

动作一:接上式。两掌指尖向前,两臂向前、向上举起,肘关节伸直,掌心向前;两腿挺膝伸直站立,目视前方,如图 15-50、图 15-51 所示。

动作二:两臂外旋至掌心相对,屈肘,两掌下按于胸前,掌心向下,指尖相对;目视前方,如图 15-52 所示。

动作三:上动不停。两臂外旋,两掌心向上,随之两掌掌指顺腋下向后插;目视前方,如图 15-53、图 15-54 所示。

动作四:两掌心向内沿脊柱两侧向下摩运至臀部;随之上体前俯,两掌继续沿腿后下摩运,经脚两侧置于脚面;抬头,动作略停;目视前下方,如图 15-55 至图 15-57 所示。

动作五:两臂向前、向上举起,肘关节伸直,掌心向前;两臂上举,目视前方,如图 15-58 至图 15-60 所示。

本式一上一下为一遍,共做六遍。做完六遍后,上体立起;同时,两臂向前、向上举起,肘关节伸直,掌心向前;目视前方。随后松腰沉髋,身体重心缓缓下降;两腿膝关节微屈;同时,两掌向前下按至腹前,掌心向下,指尖向前;目视前方,如图 15-61 所示。

图 15-50　第六式　　图 15-51　第六式　　图 15-52　第六式　　图 15-53　第六式
　　动作一（1）　　　　动作一（2）　　　　　动作二　　　　　　动作三（1）

图 15-54　第六式　　图 15-55　第六式　　图 15-56　第六式　　图 15-57　第六式
　　动作三（2）　　　　动作四（1）　　　　动作四（2）　　　　动作四（3）

图 15-58　第六式　　图 15-59　第六式　　图 15-60　第六式　　图 15-61　第六式
　　动作五（1）　　　　动作五（2）　　　　动作五（3）　　　　　最后动作

2．功理与作用

（1）通过前屈后伸刺激脊柱、督脉以及命门、阳关、委中等穴，有助于防治生殖、泌尿系统方面的慢性病，达到固肾壮腰的作用。

（2）通过脊柱大幅度前屈后伸，有效发展躯干前、后伸屈脊柱肌群的力量与伸展性，同时对腰部的肾有良好的牵拉、按摩作用，可以改善其功能，刺激其活动。

3．常见错误

（1）两掌向下摩运未达臀部时已俯身。

（2）起身时未塌腰，未以臂带身。

（八）第七式：攒拳怒目增气力

1．分解动作

接上式。身体重心右移，左脚向左开步；两腿徐缓屈膝半蹲成马步；同时，两掌握固，抱于腰侧，拳眼朝上；目视前方，如图15-62所示。

动作一：左拳缓慢用力向前冲出，与肩同高，拳眼朝上；瞪目，视左拳冲出方向，如图15-63所示。

动作二：左臂内旋，左拳变掌，虎口朝下，如图15-64、图15-65所示；目视左掌。左臂外旋，肘关节微屈；同时，左掌向左缠绕，变掌心向上后握固；目视左拳，如图15-66至图15-70所示。

图15-62 第七式
接上式动作

图15-63 第七式
动作一

图15-64 第七式
动作二（1）

图15-65 第七式
动作二（2）

图 15-66 第七式
动作二（3）

图 15-67 第七式
动作二（4）

动作三：屈肘，回收左拳于腰侧，拳眼朝上；目视前方，如图 15-71 所示。

动作四至动作六：同动作一至动作三，但左右相反。

本式一左一右为一遍，共做三遍。

图 15-68 第七式
动作二（5）

图 15-69 第七式
动作二（6）

图 15-70 第七式
动作二（7）

图 15-71 第七式
动作三

做完三遍后，身体重心右移，左脚回收成并步站立，如图 15-72 所示；同时，两拳变掌，自然垂于体侧；目视前方，如图 15-73 所示。

第十五章 武术养生和自卫防身术

图 15-72　第七式　　图 15-73　第七式
最后动作（1）　　　最后动作（2）

2. 功理与作用

（1）怒目瞪眼可刺激肝经，使肝血充盈，肝气疏泻，有强健筋骨的作用。

（2）两腿下蹲、十趾抓地、双手攒拳、旋腕、手指逐节强力抓握等动作，可刺激手、足三阴三阳十二经脉的俞穴和督脉等；同时，使全身肌肉、筋脉受到静力牵张刺激，长期锻炼可使全身筋肉结实，气力增加。

3. 常见错误

（1）马步撅臀、跪膝、脚尖外展。

（2）攒拳时未怒目；攒拳与握固回收时肘未贴肋。

（3）抓握前的旋腕动作未以腕为轴。

（九）第八式：背后七颠百病消

1. 分解动作

动作一：接上式。两脚跟提起；头上顶，动作略停；目视前方，如图 15-74 所示。

动作二：两脚跟下落，轻震地面；目视前方，如图 15-75 所示。

· 235 ·

图15-74 第八式 动作一　　图15-75 第八式 动作二

本式一起一落为一遍，共做七遍。

2. 功理与作用

（1）脚趾为足三阴、足三阳经络交会之处，脚十趾抓地，可刺激足部有关经络，调节相应脏腑的功能；同时，颠足可刺激脊柱与督脉，使全身脏腑经络气血通畅，阴阳平衡。

（2）颠足而立可发展小腿后部肌群力量，拉长足底肌肉、韧带，提高人体的平衡能力。

（3）落地震动可轻度刺激下肢及脊柱各关节外结构，并使全身肌肉得到放松复位，有助于解除肌肉紧张。

3. 常见错误

提踵时耸肩；未停顿。

（十）收势

1. 分解动作

动作一：接上式。两臂内旋，向两侧摆起，与髋同高，掌心向后；目视前方，如图15-76所示。

动作二：两臂屈肘，两掌相叠置于丹田处（男性左手在内，女性右手在内）；目视前方，如图15-77、图15-78所示。

动作三：两臂自然下落，两掌轻贴于腿外侧；目视前方，如图15-79所示。

第十五章 武术养生和自卫防身术

| 图 15-76 收势 动作一 | 图 15-77 收势 动作二（1） | 图 15-78 收势 动作二（2） | 图 15-79 收势 动作三 |

2. 功理与作用

气息归元，放松肢体肌肉，愉悦心情，进一步巩固练习效果，逐渐恢复到练功前安静时的状态。

第二节 自卫防身术介绍

自卫防身术是在武术格斗技术的基础上归纳、提炼出来的基本技术，是散打以及其他徒手实战格斗项目术传习者考取武术段位的训练与考试内容和标准。

学习和练习自卫防身术的目的是防身自卫，而不是侵犯别人；应以达到自卫效果为度，而不应伤害对手。此外，没有将自卫防身术命名为散打，是因为自卫防身术的练习人群之中包含散打的参与者。同时散打禁用拿法，摔跤禁用打法，跆拳道禁用踢法，柔道只是在使用摔跌法中增添和突出了拿摔结合的摔法，而自卫防身术是以各种技击技术为素材的，是综合的实战技术知识体系和技法体系。

由于在校大学生的安全防范能力与自卫防身技能相对较弱，在遇到突发事件时最容易受到伤害。在普通高校开展自卫防身术，首先能够提高学生的思想道德水平和文化素养，使学生对中国传统武术文化有进一步的理解和认识；其次能够提高自己的身体和心理发展能力，培养自己的终身体育观念；再次，在武术技能的学习基础上，能加深学生对中国传统武术文化的认识和理解；最后，能够增强学生习武的积极性，使五千年的中国传统文化能够长久地发展下去。因此，自卫防身术的教学对大学生来说具有重要的现实意义。

一、自卫防身术的基本技法要求

传统武术实战技法讲究"拳打三节不见形，如见形影不为能""以无招为无法，以无法为有法"。这是一个从有到无又从无到有的训练过程，是一个从练习到应用的过程。在这个过程中，先要学形、练形，学招、练招，才能做到无形、无招。因此，我们将从静态、动态、攻防技法要求进行阐述。

（一）静态技法的要求

1. 三点一线，身形自然

应用自卫防身术时，首先要调整自己的预备式，做好攻防的准备。这类招式多种多样，要点是三点一线、身形自然。三点一线是指面对对手时，鼻尖、手尖、脚尖要尽可能处于上下一条线的位置，以尽量缩小对手的进攻面积。身形自然就是身体的形态要自然，各个部位配合要协调。在任何一个动作中，在起点和终点两处调整腰、腿、肩、臂，使全身处于最顺畅的状态。

2. 姿势合法，躯干端正

姿势合法是指每一个姿势都要合乎攻防规律，以实现有效的攻防和反击以及有效的移动和发力。例如，架势的高度，应以人体平蹲与站立时的中间高度或略高一点的高度为宜。中高架势稳健有力、灵活方便，是最自然的搏斗架势，符合实战要求，也容易掌握。躯干端正是指躯干要舒松、正直，这样才能有效地配合下肢运动，带动上肢运动，做好力的传递。

3. 力点明确，臂顺拳实

力点明确，强调任何一个动作都要有明确的攻防指向。只有明确动作力点，才能有效发挥攻防作用。臂顺拳实是指在力点明确的前提下，手臂的位置要有利于随身体的运动而发力，以便动作变换和力量的充分传递，保证力达应达部位，拳实力丰。

4. 脚步稳健，灵巧善变

脚步稳健与灵巧善变是相互对应的现象。一般来说，两脚站立的面积大，稳定性就好。但是，支撑面积越大越不利于迅速变换。步幅大站得稳，才能出色完成各种技法，也才能通过腿的蹬地为发力打好基础；步幅小则稳定性低，但能迅速通过脚的移动、转动变化姿势。因此，既要经常体现弓步、马步、虚步等步型的稳定性、力量感，也要体现上步、退步、横步等步法的灵活度，从中体会自己脚步的稳健性且步幅灵巧善变。

（二）动态技法的要求

1. 动作流畅，劲力顺达

在运动过程中，身体动作要贯穿一气。根据各个动作在实战中的技术要求，要保证劲力从腰、腿发出，经过肩、臂，顺畅地到达击打部位。即大动作要力点清晰且有穿透力，擒拿的抓握要灵活而结实，缠压要将沉转的力量集中到一点，摔跌的旋转力量与方向一致。

2. 身法灵活，节奏分明

在动态过程中，要身法灵活，击打动作以腰的转动带动胯部、肩部充分伸展，擒拿动作身体要有收、裹、沉、压等配合，摔跌动作躯干要充分伸展，学会头向侧后看，身体拉长。动作节奏要清楚地体现技法，击打要迅捷，拨挡动作要轻快，缠压动作要绵柔，摔跌动作要含蓄，并且动作要和呼吸相配合。

3. 步法灵敏，手法迅捷

脚步要灵活敏捷、进退自如。在步法的移动中，脚步要准确到位，落步要沉、实，以便于身体的发力。发力时，要发挥腿部的推动力量。手臂动作要迅速而快捷。在腰、腿发动后，手臂顺势推进，迅速到达击打目标。在击打时，手臂要迅速伸展；在擒拿时，手臂要顺势缠压；在摔跌时，手臂要合力拧翻。

4. 呼吸顺畅，意识专注

呼吸要平静、顺畅，不能急促。呼吸要根据技法的运用来调适气息，做到动作和呼吸相配合。发力时要闭气，根据动作调整长短轻重。意识要专注在技法的运用上。初学时，要体会方法的正确、身体的顺畅、劲力的透达；动作熟练后，要体会攻防技巧和动作细节，以进一步完善技术；在防暴运用时，要仔细观察，做出正确判断，选择好防身搏斗动作，一旦出击，则果断迅速。

(三) 攻防技法的要求

1. 距离适中，动作有度

在进行对打套路练习时，双方距离要合适，这样的动作才能有舒适感。脚步的站位决定了攻防关系，在防身运用时，站位关系到攻击的主动权。要根据攻防的要求，掌握动作的幅度，每个招式都要由攻、防两部分组成，动作的幅度关系到攻防的合理程度，动作过大而开放，暴露的空当多，力量松散，容易被攻击；动作过小而紧凑，则身体僵硬，进攻无力。

2. 技法合理，劲力准确

攻防的方法与部位要合理，恰到好处。击打点要准确，破解的方法要合理。要真打、真破、练习循序渐进。仔细研究各种技巧，把每个动作当作拆招练习，并贯彻到对打套路中。不同的攻击方法，所用的劲力不一样，但都要准确到位。要仔细研究打击与格挡、擒拿与顺化、摔跌与破解等技法中的用力程度，只有形成用力的感觉，才能理解技法、掌握技法、活用技法。

第三节 自卫防身术基本技术

一、手法

(一) 直拳

1. 动作方法

直拳属于直线进攻拳法，行走的路线较短，是诸拳法中最优秀的一种，它可直接攻击对手，也可在其他技法的掩护下出击，也可在后退中出击。在搏斗中，直拳还可以扰乱对手的视线，然后用腿和其他技法攻击对手，直拳如图 15-80 所示。

图 15-80 直拳

左直拳：左脚在前，实战步。前脚掌蹬地，身体稍左转，重心稍前移，左拳向前击出，右拳放于胸前外侧待发，随即，拳顺原路收回成实战步。

右直拳：右直拳略同左直拳，唯有发拳时身体向左侧倾斜。为了击得远，后脚跟可提起向体外转动。

2. 练习方法

（1）用左右直拳击打沙袋，可以配合步法练习。打沙袋分两种，一种戴上手套打软沙袋，主要练习力量，可发全力击打；另一种打较硬一些的沙袋，不戴手套击打，主要练习手的硬度，不可急于求成。

（2）用左右直拳击打吊起来的纸，要求出拳快、到位，既不将纸打坏、打掉，又要把纸打出声来，这是一种爆发力的练习。

（3）击打装铁沙的袋子，主要提高拳的硬度。

（4）用左右直拳击打手靶，单拳练习，也可左右直拳练习，还可以配合假动作、步法及其他技法练习，主要练习打拳的准确性及出拳前的距离调整。

（二）摆拳

1. 动作方法

摆拳是从两侧攻击对手，属于弧线进攻拳法，有进攻力量大、击得较远等特点。它能直接攻击对手面部，也能在直拳和其他技法的掩护下进攻，还能在退步或乱战中发拳，是一种不可不练的拳法。摆拳如图 15-81 所示。

图 15-81 摆拳

摆拳动作：左脚在前，实战步。左拳由身体左侧向前，在手臂伸直的一瞬间向右下击出，肘关节上翻，借助身体右转的力将拳打出，然后拳有弹性地弧形收回，目视前方。

2. 练习方法

（1）先直臂（实际肘微屈）击打沙袋，体会转腰发力，待熟练后用摆拳击打沙袋，主要练习转体发力。

（2）用摆拳击打吊球，主要锻炼击摆动作，提高出拳的准确性。

（3）用摆拳击打手靶，近似于击打人。

（三）勾拳

1. 动作方法

勾拳分两种，一种是上勾拳，一种是平勾拳，这两种都是弧线进攻拳法，击打力量较大，拳王泰森经常使用勾拳。勾拳在近战中能发挥巨大的威力，可直接攻击对方，也可以配合摆拳、铲腿、弹腿、防守动作出击。勾拳如图15-82所示。

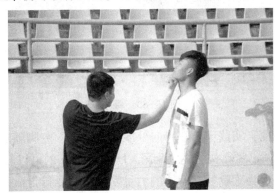

图 15-82　勾拳

（1）上勾拳动作方法。

左上勾拳动作：左脚在前，实战步。身体右转，同时左脚掌蹬地，脚跟外转，向右上挺髋，左拳借此力向右上出击，肘弯曲90度左右，目视前方。

右上勾拳略同左上勾拳，唯有向左转动角度较大，右脚向右前稍蹿动。

上勾拳击打的位置是腹部以上，击打对方两肋或腹部时叫斜上勾拳，击打对方下颌、面部时叫上勾拳。

（2）平勾拳动作方法。

平勾拳动作：左脚在前，实战步。上体左转，右脚掌蹬地，右脚跟外转，右肘高提成水平，右拳借此力向左侧下横击。肘也可以稍高于肩。拳过身体重心线要有弹性地收回，目视前方。

2. 练习方法

（1）练习者用斜上勾拳击打沙袋中、下部，待熟练后用斜上勾拳接平勾拳击打沙袋。左右勾拳交换练习。初学者可以用一种勾拳击打沙袋。斜上勾拳接平勾拳练习主要提高勾拳的变化能力，提高打拳时的两次腰部发力。

（2）练习者用上勾拳击打吊球，主要提高出拳的准确性，球被击后不停地摆动，待球稍稳时快速击打。

（四）鞭拳

1. 动作方法

鞭拳可以直接攻击对手，也可以在其他技法的掩护下进攻；为了加大鞭拳的力度，还可以借转体的力将拳发出。这种拳法不是常用拳法，有时突然转体发拳会使对手措手不及，有时也能杀伤对手，所以说此拳不可忽视。鞭拳如图15-83所示。

图15-83 鞭拳

鞭拳动作：左脚在前，实战步。右脚向外展向后撤步，左脚随之右转，上体右转，同时用右拳背弧线向右横击，同时左掌护下颌，目视右拳。也可以转体180度左右攻击对方。转体要突然用力，因为鞭拳要借转体的力量发出，拳要行走横弧线，要有一股鞭打的力量。鞭拳可攻击对手的中上盘，也可向前后左右击出。

2. 练习方法

（1）从实战步开始向前转体发出右鞭拳，向右转体发右鞭拳，先不必上步，只求转体发力，要做到拳借腰力，久练会知道正确发力的效果。待熟练后方可配合各种步法进行练习。

（2）配合各种步法击打沙袋。

（五）插掌

掌法由于攻击接触面积小，同样的力度，单位面积所受压强（力度）增大，故其攻击力度和强度都成倍增大。同时掌、指结合杀伤力更大，俗话说的"三拳难挡一掌，三掌难挡一肘，三肘难挡一指"，指的就是这个道理。常用的掌法有击、勾、切、砍、插、撩、弹等，对其身体的要害部位进行攻击。插掌如图15-84所示。

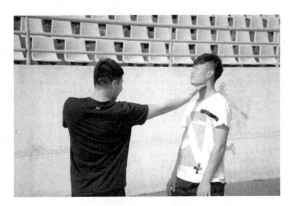

图 15-84 插掌

在学习掌法时,应首先明确手掌的使用部位。击和撩是用掌根部位击打对方;切和砍是用小鱼际(小指掌沿外侧,靠近掌根部)击打对方;勾则是用大鱼际(拇指掌沿外侧,靠近掌根部)击打对方;弹是用掌背的腕骨部位击打对方;插是用指插击对方,但在女子或者体弱人员自卫防身术中因指力弱,故改为小拳(第二指关节)插打对方。

小拳,即除拇指以外的四个手指第二指关节紧屈成锐角的握拳法,因其攻击接触面积小,利用小拳进行短促快速的攻击最为有效。打击目标是印堂、喉结、心口和左、右胁(肝、脾脏)处。

在自卫防身术中,常用的掌法是切、撩、插。除插的技术动作和直拳相同外,其他技术动作虽都是以肘关节为轴,但要充分运用身体的整体力量,发挥蹬转和腰背的力量,只有这样才能具有一定的杀伤力度。

插掌是一种直线型进攻动作,它距离对方较近,易发动,预兆小,灵活性高。可结合身体高低姿势和移动的变化,有效地攻击对方的要害部位。

1. 基本技术(小拳)

自然站立,两手自然抬至胸前,右手由掌变为小拳,右脚蹬地,左脚向前侧迈出半步,重心略向左脚移动,同时紧腕伸肘、顺肩转腰,向前爆发插击,力达指节。

2. 动作要点

(1)插击时上体不可前倾,身体稍向左转,蹬地上步转髋,拧腰顺肩、伸臂紧拳(小拳),动作要连贯协调。发力要短促,以气催力达于指节。

(2)要大臂推前臂,臂内旋爆发击出。使肩、肘、腕、掌基本成水平状,腕要紧,指节要紧,掌背和前臂成水平。

3. 易犯错误及纠正方法

(1)只动小臂,插击时以肘关节为轴,只是前臂的屈伸。纠正时强调肩先起动,以肩推肘送拳(小拳)。

(2)紧腕掌过慢,插击无力。纠正时,应先掌握小拳的握法,要反复练习并多击打沙袋,确实体会击中目标时的力度和感觉。

4. 自卫防身插掌攻击技术

（1）右插掌插击印堂和鼻骨。当对方距离一步距离时，可直接用右插掌（小拳）插击其印堂和鼻骨。攻击时，后脚用力蹬地，推动左脚向前迈出，同时猛力插击。靠身体前冲惯性，再加上转腰顺肩发力，一旦击中，即便是十分强悍的男子也会泪流满面，并因剧痛而面部扭曲、呼吸困难，从而丧失攻击能力。

（2）右插掌插击咽喉、喉结。当对方离自己一步远时，可直接用右插掌（小拳）插击其咽喉、喉结部。攻击时，后脚用力蹬地，推动左腿向前迈出，双腿微曲，身体重心略下沉。双肩水平下降，同时由下向斜上方，对准咽喉、喉结下沿猛力插击。一旦击中，可使其咽喉部剧烈疼痛、呼吸困难，而完全丧失攻击能力。

此技法在女子自卫防身攻击技术中，是最具攻击力和效果的。女性在突遇不法侵害时，如要攻击，这是最实用的首选攻击技术。

（六）切掌

切掌是掌法中的基本掌法之一，它动作幅度小，攻击力度较大，灵活多变，且攻击的是人体重要受害部位，杀伤力较大，故在竞技体育格斗比赛中均严禁使用。切掌的技法很多，但依据学生身体状况和自卫防身的特点，只要掌握平切掌就可以了。切掌如图15-85所示。

平切掌是手掌水平沿圆弧向前切出，虽是以肘关节为轴，但也要注意蹬转的整体发力，尤其是肩背带动大臂的转顶送动作。力点应是在小鱼际近腕骨处，千万不可用近指端攻击对方，这样不但切击无力，而且易造成自己指掌受伤。

图15-85 切掌

1. 基本技术

以左切掌为例：自然站立，两臂自然弯曲抬至胸前，手至肩高。右脚蹬地，推动左脚向前侧迈出一小步，重心移至左脚，上体略右转。同时左臂内旋，掌心向下，手腕内扣，掌外沿（小鱼际）向前。肘与肩平，沿右肩由内向外，由屈到伸，猛力沿弧线向前切击。力达掌外沿近腕骨部。

右切掌与左切掌不同点在于：右切掌时，随迈步身体略左转时，应立即蹬地，身体猛力向右转正，同时发力切击。

2. 动作要点

（1）四指伸直并紧，拇指曲紧扣于虎口处。

（2）蹬地、转髋、抬肘、切击要连贯协调，发力要整。

3. 易犯错误及纠正方法

（1）发力不整。纠正时，首先要注意蹬、转、切的发力顺序，动作要连贯协调。多体会蹬转、腰背的发力感觉。

（2）抬肘过高。应注意平切掌，肘应略低于肩和手。切击时注意转腰、顶肩的动作。

4. 自卫防身切掌攻击技术

（1）右切掌切击咽喉、喉结部。当距对方一步远时，可装成害怕的样子曲臂将手抬至胸前，看准时机突然发力，用右切掌切击其咽喉、喉结部。但要注意切击的弧线不要过大，不要超过对方的肩线。手腕要尽力内扣，用手掌外沿（小鱼际）近腕骨处切击。在转体的同时要向前顶送肩，用以增大切击的力度。

（2）左、右切掌切击两肋（章门穴）。当距对方半步远时，可装成害怕的样子曲臂将手抬至胸前，看准时机，身体突然下沉（前脚进半步，屈膝半蹲），用左或右切掌切击其章门穴。注意要充分利用蹬地转体的整体力量，增大切击力度。由于该部位处于十一、十二肋游离端，且内有右肝、左脾，遭受猛力切击后剧痛难忍，喘不过气来而直不起腰。严重时可造成肝、脾破裂，大量内出血而危及生命。

（七）撩掌

撩掌是掌法中的基本技术之一，它不但攻击力度大，杀伤性强，而且突发性和隐蔽性更强。尤其是女子自卫防身术的撩掌，主要是针对男子的裆部，如图 15-86 所示。

图 15-86　撩掌

男子对女子进行侵害时，往往两腿分开平立而站，且该部位的防护意识和防护能力又较弱，又是人体极敏感薄弱部位，经受不住任何打击。故女子自卫防身术的撩掌，是最有效的攻击技术，应重点练习和掌握。男生同样适用。

1. 基本技术

以左撩掌为例：自然站立，左腿在前。左脚蹬地，重心移向左脚，左脚跟略抬，脚掌碾地外展。身体略下沉左转，左膝和身体随即向前上挺伸，并向右转体。同时左掌心向上或握拳背向上，肘微屈，由下向前上撩出，力达掌根或拳背。

右撩掌动作相同，方向相反。

2. 动作要点

以腰发力，蹬腿、转体、挺腰动作要协调迅猛。

3. 易犯错误及纠正方法

（1）动作幅度过大，动作不协调。要多练习、多体会整个动作的顺序，由慢到快，由放松到发力。

（2）发动时，手臂有向后的预摆动作。发动前一定要沉稳、静下心来，不要有任何预先动作和表情。这一点对动作的隐蔽性和突发性非常重要。

（3）发力不整。要注意肘部略屈，蹬转和向前上挺腰动作要连贯协调，着力点要在掌根或拳背。

4. 自卫防身撩掌攻击技术

当对方正面或侧面站立，摸、拍、拉、抓，试图对你进行人身侵害时，你可运用撩掌，直接撩击其档部。要注意，撩击时一定要沿其大腿，向里向上用掌根或拳背，击其档部，对方会因腹肌反射性痉挛而俯身下蹲，为你脱逃寻救创造有利时机。如双方距离太近，你也可用小臂骨直接撩击他的档部，效果亦然。

二、肘法

肘法属于近距离击打的技法。由于肘部的生理构造特点，击打力量较之其他手法（掌、拳等）要重、要狠。

（一）横肘

1. 动作方法

预备势后，右脚急速向前迈进一步，同时，右臂屈肘，拳眼对胸，抬臂与肩平，肩腰向右猛拧，肘由左向右横击沙袋；左拳紧握，屈肘，如图15-87所示。

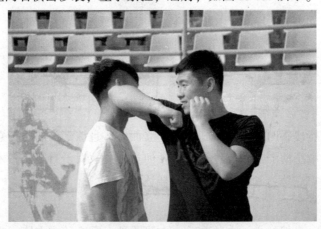

图15-87　横肘

2. 动作要求

拧腰、转肩要有力。肘侧击主要用于攻击对手上身和头部,因此肘部应与肩平。掌握动作后,要左右肘不停地反复练习,练习时以腰带动肩膀旋转,头部自然向两边侧摆。请注意另一只手的防御动作。

(二) 挑肘

前臂回收弯曲,肘尖由下向前上挑击。发力时蹬腿、旋转身体要领同直拳、勾拳,挑臂动作同勾拳。挑肘可用于击打对方胸腹部,也可击打对方咽喉处,如图15-88所示。

图 15-88　挑肘

(三) 砸肘

手臂上抬,肘尖朝前上,砸击时身体迅速下沉,肘由上往下砸击。身体下沉与手臂砸击两股力合而为一。对方抱腰、腿时,多用砸肘砸击其后脑、腰部,如图15-89所示。

图 15-89　砸肘

(四) 反手顶肘

手臂略上抬,身体迅速下沉(但幅度没有砸肘大),同时手肘向后顶击,力达肘尖。反手顶肘主要用于攻击背后之敌肋、腹部,如图15-90所示。

图 15-90　反手顶肘

（五）反手横肘

手臂平抬，蹬腿，身体旋转发力，同时手臂随旋转方向向后横向猛击，力达肘尖。反手横肘主要用于攻击背后之敌面部、太阳穴等，如图 15-91 所示。

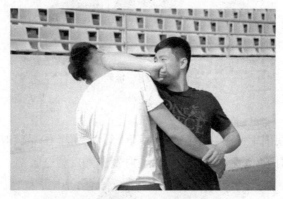

图 15-91　反手横肘

三、腿法

腿法是防身术中最重要的技法之一，在实战中使用率最高。腿较手长，可发挥"一寸长，一寸强"的作用，腿较粗壮有力，攻击威力大，防守有效，腿的攻击面大容易得手，腿攻击对方下盘比较隐蔽，因此拳家常说"手是两扇门，全凭腿打人""三分拳七分腿"等。

（一）弹腿

1. 动作方法

如图 15-92 所示，以右势开始；左脚向后蹬地，身体重心前移至右脚；左脚蹬地顺势屈膝提起，右脚以前脚掌为轴外旋约 90 度，同时，左腿迅速以膝关节为轴伸膝、送髋、顶髋，把小腿快速向前踢出，力达脚尖或前脚掌。踢击目标后左腿迅速放松弹回，落回原地仍成右势实战姿势。可分为正弹腿和侧弹腿。攻击部位：腹部、肋部、胸部、颏部。

图 15-92 弹腿

2. 动作要领

（1）上提时大小腿折叠，膝关节夹紧，小腿和踝关节放松，有弹性。

（2）低踢时顺势往前送髋，高踢时往上送髋。

3. 易犯错误

（1）直腿上撩，大小腿没有折叠，膝关节不夹紧。

（2）上体后仰过大，失去平衡。

（3）踢击目标时向前用力，与推踢动作混淆。

4. 练习方法

（1）实战姿势开始。

（2）脚蹬地重心前移至右脚，右脚支撑，左脚随蹬地屈膝上提膝关节，上体略后仰。

（3）脚掌为轴外旋约 90 度，同时，左腿迅速伸膝向前上踢击，左腿上直，力达脚尖或前脚掌。

（4）踢中目标后小腿快速放松回收，左脚落回成左势实战姿势。

（二）蹬腿

1. 动作方法

基本实战势站立。左脚蹬地，重心前移，左脚以髋关节为轴提膝、勾脚，用左脚脚跟向前蹬出，力达脚跟，蹬向正前方。蹬腿如图 15-93 所示。

图 15-93 蹬腿

2. 动作要领

（1）收紧膝关节，重心往前移，以身体的重量为力量。

（2）蹬出的时候腿往前伸展、送髋，蹬出的路线水平往前。

3. 易犯错误

（1）不紧，直腿起，容易被阻截。

（2）身太直，重心往下落，腿不能水平前推。

（3）身过于后仰，重心不能前移，不利于衔接下一个技术。

（三）侧踹腿

1. 动作方法

基本实战势站立，重心移至左腿，膝略屈，脚尖外展，右腿屈膝上，抬膝高于腰，脚尖勾起，脚底朝外侧下，随即小腿外翻脚，底朝向攻击点挺膝踹出，力达脚底，同时后腿挺直，上体向后腿侧倾，目视脚面，然后踹出。腿下落，还原成基本姿势。侧踹腿如图15-94所示。

图 15-94 侧踹腿

2. 动作要领

提膝时上体略向支撑腿侧转，脚内侧与地面近乎平行，踹出时身体向支撑腿侧的倾斜度随攻击点的高度变化，越高倾斜度越大。支撑腿应以脚前掌为轴碾地，使脚跟内收。

3. 易犯错误

（1）大腿、小腿、脚掌没有在一条直线上。

（2）踹出无力，腿过早伸直。

（四）铲腿

1. 动作方法

以左铲腿为例，以右实战势开始，重心后移，右腿屈膝半蹲支撑重心，脚尖外展，左腿屈膝提起，脚掌内扣，随即左腿由屈到伸以脚刃（脚掌外侧缘）为力点向前下方铲击。铲腿后，迅速恢复成实战姿势。铲腿如图15-95所示。

图 15-95 铲腿

2. 动作要点

铲腿之时要展胯，动作要快速连贯完成，注意保持身体平衡。

3. 用途

主要用于攻击对手的膝、踝关节及小腿部位。

四、膝法

膝的力量极大，用力量极大的膝攻击男性毫无承受打击能力的要害部位，可以说是事半功倍。以膝攻击裆部还有另外两个好处，一是距离短，可保证攻击在瞬间完成；二是角度小，攻击准备和攻击过程都很隐蔽。

用膝攻击距离一定要近，因为用膝与用腿不同，膝比腿肯定短了许多，如动作不到位或勉强到位，对手稍微一弓身就化解了。

（一）提膝

提膝又称顶膝，要领是膝腿上抬，动作要猛，并以双手拉住对方帮助发力，如图 15-96 所示。提膝是女性用以攻击对方的利器。

图 15-96 提膝

（二）侧撞膝

侧撞膝分为左侧撞膝和右侧撞膝。左侧撞膝是左膝上抬，由左向右侧撞击。动作要领是微倒身，扭髋内转，两手可抓住对方帮助发力，如图15-97所示。右侧撞膝动作与左侧撞膝相反。

图 15-97　左侧撞膝

五、自卫防身术实用招式

（一）手部被抓解脱法

（1）对方左手抓住我左手时，我方迅速向右转体，然后用右手或右小臂拧住或顶住对方肘关节，迫使对方松手，然后左腿迅速踢向对方腹部或裆部。对方右手抓住我右手解脱方法一样，但方向相反。

（2）对方左手抓住我左手时，我方右手迅速抓住对方头发向侧下拉，右腿蹬地提膝撞在对方左肋处，使其失去反抗能力。对方右手抓住我右手解脱方法一样，但方向相反。

（3）对方左手抓住我左手时，我方右手抬起向对方颈部动脉砍切，使对方产生短暂性休克，然后右手顶在对方喉咙迅速向下推，同时右脚踢向对方左脚踝，使其摔倒。对方右手抓住我右手解脱方法一样，但方向相反。

（4）对方左手抓住我左手时，我右手迅速抓住对方左手腕，同时右脚上于对方右脚前，左脚快速背步使身体向左后转体180度贴靠在对方体前，用右肩向上顶住对方左关节或大臂，同时双手抓住对方手腕向下按，使对方手臂有被折断的感觉。

（5）对方右手抓住我左手时，我右脚快速上于对方两腿之间，同时右手食指和中指迅速插向对方双眼，然后用左膝撞向对方肋部，使其失去反抗能力。对方左手抓住我右手解脱方法一样，但方向相反。

（6）对方右手抓住我左手时，我左手用力向左外摆动，右手抓住对方头发并向下拉；同时右腿蹬地提膝撞于对方下颚，使其疼痛难忍，失去反抗能力。对方左手抓住我右手解脱方法一样，但方向相反。

（7）对方右手抓住我左手时，我右脚蹬地用脚跟或脚掌猛力向对方左膝踢去；当对方疼痛抱腿时，我右手迅速砍对方左颈部动脉，将其击倒。对方左手抓住我右手解脱方法一样，但方向相反。

（8）对方右手抓住我左手时，我用右直拳直接击打对方面部，当对方中心向后或向侧躲闪时，右腿快速踢向对方腹部或裆部，使其失去反抗能力。对方左手抓住我右手解脱方法一样，但方向相反。

（9）对方右手抓住我左手时，我右臂屈肘上举，由对方右臂下划弧穿过，别拉对方右手臂肘部；并向斜上方推，同时左手下潜抓住对方踝关节，将其摔倒。对方左手抓住我右手解脱方法一样，但方向相反。

（10）对方双手抓住我手腕时，双手迅速向两边分开。如果对方离我较近，可用额头直接撞向对方鼻梁；如果对方离我较远，可用腿直接踢向对方裆部或腹部。

（二）头发被抓解脱法

（1）如果对方在前面抓住我头发，首先双手应快速按住对方抓我头发的手，防止头皮受伤，然后迅速抬起腿踢向对方前脚膝关节，使其被迫放手。

要点：双手快速按住对方抓我头发的手，这是非常重要的；踢对方膝关节时要看准，踢的时候要狠。

（2）如果对方用右手抓住我头发，我右手迅速按住对方右手，并用右手四指抓住对方右手小鱼际；同时左手从下往上和右手扣住对方右手，头部和身体向右转，迫使对方腕关节侧面向上，然后自己头往前顶，双手往下压，使对方手臂有被折的感觉。

要点：必须迫使对方腕关节侧面向上，双手抓腕下压动作要有力；此动作较难，动作不熟时要慎用。

（3）如果对方从后面抓住我头发，我右手按住对方手，顺势转体用左鞭拳击打对方面部，使其放手。

要点：按手、转体、鞭拳要一气呵成，转身要快，出拳要狠。

（4）如果对方从后面抓住我头发，我右手按住对方手，顺势转体以右脚侧踢对方腹部，使其放手。

要点：掌握时机，起脚要快、狠、准。

（三）胸口被抓解脱法

（1）当对方用右手抓住我胸口时，我左手从外抓住对方右腕关节，同时右手用直拳或鞭拳直接击打对方面部。

要点：要严密控制对方手，出奇制胜，在他尚未攻击之前将他击倒。

（2）当对方用右手抓住我胸口时，我左臂从外绕与对方右肘关节之上，然后迅速下打，迫使对方靠近，同时用右肘横击对方太阳穴将其击倒。

要点：要严密控制对方手，出奇制胜，在他尚未攻击之前将他击倒。

（3）当对方用右手抓住我胸口时，我左手从外抓住对方右腕关节，右手用双指插向对方眼部，迫使对方向后躲闪；同时右手下潜抱住对方右臂，左腿上与对方右后侧，右腿别于对方身后，将其摔倒。

要点：抓腕要狠，上步要快，腰、手、腿发力要合一。

（4）当对方用右手抓住我胸口时，用右手抓住对方右腕，使对方贴近自己的身体；上身右转90度，用身体和左手臂压住对方肘关节，将其制服；如果对方力量较大，可在对方向上反抗时，迅速起腿踢向对方肋部。

要点：抓腕、转体、下压要协调用力，出腿速度要快。

（5）当对方用右手抓住我胸口时，用左手搭在对方右手肘关节处，用力下压，使对方小臂贴近自己胸前；右腿迅速上于对方右脚前，用右肩顶住对方右腋下；左腿背步使自己两脚在对方两脚之间，用自己背部贴近对方身体，头部下扎、左后将对方摔倒在地。

要点：左手要拉紧，上步、背步要快；背部要紧贴对方。

（四）躯干被抱时解脱法

（1）当对方突然向我抱来时，趁对方没有抱住，右腿迅速蹬地踹向对方裆部或腹部，将其击倒。

要点：出腿要快、要准。

（2）当对方刚抱住我时，用双手顶在对方腹部或用手臂顶在对方胸前，然后后腿迅速蹬地提膝，撞击对方裆部或腹部。

要点：被对方抱住时，不要惊慌；先用双手顶住对方，提膝时要狠。

（3）当被对方搂抱得很紧，双手动弹不得时，可先用右脚狠踩对方左脚趾，然后用头撞击对方鼻梁，使其双手放开；后腿迅速起脚踢向对方腹部，将其击倒。

要点：踩脚要准，撞击要狠。

六、素质练习方法

虽然凭力论功是片面的，但技击搏斗，力是基础，"千狠万狠，力是根本"。人们常说"四两拨千斤"，但如果我们连"四两"的劲都没有，如何去"拨千斤"。自卫防身术重巧，但绝非否定劲力。它同其他各类运动一样，都以一定的身体素质为基础。身体素质越好，运动能力就越强。因此，良好的身体素质是掌握技术动作和技术技能的基础。

（一）力量素质

1. 上肢力量练习

（1）抓空拳。一手五指自然分开，然后全手用力，由五指尖开始迅速向手心抓握成拳，即为一次。这样伸开、握紧反复进行。初学者15～20次就会感到手酸，抓不紧拳。此方法可发展手的抓握力量，在拿法、摔法中有重要作用。此方法可以站着做，也可以蹲马步做。

（2）推小车。一人两手臂伸直，与肩同宽，撑在地上，成俯卧状态，一人在其身后，双手抓住其双脚踝关节提起，分别持握于身体两侧。然后，像推小车那样向前推进。等手臂有了力量后，可以双手同时用力，跳着向前跑。此方法也可以向后拉。

（3）爬绳。将一根粗而结实的绳子很牢固地拴在大树或其他物体上，然后，由下向上攀爬。开始可以用脚辅助一下，力量增加后，只用双手向上爬。

（4）卧推。练习者仰卧在卧推架上，双手抓住杠铃将杠铃杆举起再慢慢放回胸前，然后再用力向上推起，这样反复练习。重量因人而异，一般要先轻后重，练习大力量时，要有人保护。

（5）持哑铃冲拳。练习者双手分别抓握一个 3~5 千克的哑铃，然后按照直拳的要求迅速击出。动作要迅猛有力，节奏明显。一般每分钟出 20~30 拳。

2. 下肢力量练习

（1）马步站桩。练习者站成马步姿势，然后，两手抱拳收于腰间，全身保持不动，约维持 2~5 分钟。因人而异，可作调整。这是一种静力练习，主要发展腿部力量。

（2）原地纵跳。练习者站立，两脚与肩同宽。然后快速下蹲，再猛力蹬地向上垂直跳起。落地后，再次蹲下跳起，反复进行。每组 15~20 次。

（3）蹲杠铃。练习者在同伴的帮助下，将杠铃放在自己颈后扛稳，双手握住杠铃，慢慢屈腿下蹲，蹲至最低点之后，两腿用力蹬地站立，这样反复进行。下蹲大力量时，一定要有人保护。练习时应由轻到重，小力量时可多做几组，大重量时一般只做 1~3 次。练爆发力时半蹲效果更好。如果没有杠铃时可以做扛人下蹲。

3. 躯干力量练习

（1）两头起。练习者仰卧在地上，双臂伸直举过头顶，然后用力收腹，直体和直腿同时上举，并用双手去拍两脚背，接着，手脚分别落回到开始姿势。这样起来、落下，反复进行。每组 20~30 次。

（2）两头翘。练习者俯卧在地面，双手抱住头后部，然后用力向后仰身，使身体尽量成大弧度的反弓形状。一仰一放，反复进行。每组 20~30 次。

（3）提拉。练习者两脚伸直站立在杠铃前，双手距离比肩稍宽一些握住杠铃。然后，背部肌肉收缩，用背力将杠铃提起来至身体直立，接着再将杠铃慢慢放下。这样反复练习。每组应根据重量而定，重量轻就多做几次，重量重则少做几次。

（二）速度素质

（1）快速打靶练习。甲与乙相对站立，甲拿靶，乙进攻，可出拳或出腿，然后突然以最快的速度连续不断地出击，以锻炼自己出拳和出腿的速度。两人互换练习。

（2）快速摔人练习。甲和乙相对站立，相距约 1 米，然后甲迅速进攻将乙摔倒。接着，乙立即起来，甲再快速将乙摔倒，反复练习。如果条件允许可多做几种摔法练习。

（3）快速往返跑。先测出 10 米距离，在两端画上线。然后，练习者站到一端，向另一端快速跑动，当跑到另一端时，立即用手触及地面，并迅速转体 180 度，再加速往回跑，这样反复练习。每组 5~10 趟。

（三）耐力素质

（1）越野跑。练习者在户外、田野、公园或田径场，进行长时间的跑步。这种练习可以发展血管系统的有氧耐力。一般为 20~40 分钟。以中等速度为宜。

（2）击打沙包。练习者站在沙包前，快速连续击打沙包，直至两臂发酸为止。一般 3~6 组为宜。

（3）跳绳。练习者拿跳绳，中速连续跳 50~200 次，一般为 4~6 组为宜。基础好的也可以双摇或三摇。

（四）灵敏素质

（1）不定向打靶。甲和乙相对站立，甲拿靶做出不同的击靶靶型，乙根据甲给的不同靶型而做出相应的动作。

（2）斗牛。甲和乙面对面站立，相距一米，双方各用两手抱住自己的踝关节，另一只脚做支撑。双方利用各种步法撞击和躲闪，并设法将对手撞倒或使对方双脚着地。

（五）柔韧素质

（1）正压腿。面对一定高度的物体，并步站立。右腿提起，脚跟放在高物上，脚尖向头部方向勾紧，两手扶按膝上。两腿伸直，立腰、收髋，上体前屈，向前向下做振压动作。

要领：向前向下振压时保持直体，挺胸立腰。经常练习，使前额逐渐触及脚尖，然后鼻尖、下颌触及脚尖。

（2）侧压腿。侧对一定高度的物体，左腿支撑，脚尖稍外撇；右腿提起，脚跟放在高物上，脚尖向头部方向勾紧；左臂上举掌心向上，右掌虎口一侧附于左胸前。两腿伸直，立腰开髋，上体向右侧振压。左右交替练习。

要领：与正压腿相同，使头部逐渐触及脚尖。

（3）仆步压腿。右仆步，右手抓握仆腿脚脚面，另一手按膝，上下振动。左右交替练习。

要领：挺胸塌腰，沉髋。

（4）竖叉。练习者两腿前后自然分成一条直线，左脚脚跟着地，脚尖勾起，右脚内侧或脚面着地，两臂侧平举。然后慢慢向下颤压。开始时可以用两手在身体两侧扶地辅助练习或身体前倾压腿。

（5）横叉。练习者两腿左右分开成一条直线，两脚内侧平举，开始时可以用两手在裆前撑地，辅助练习。然后身体慢慢向下颤压。

（6）正踢腿。并步站立，两臂侧平举。左脚上步直立，右腿挺膝，脚尖勾起向前额猛力踢。动作要挺胸、收腹、立腰，两腿要伸直。

（7）侧踢腿。脚上步，脚尖外展；左脚跟稍提起，身体略向右转，两臂后举。随后，左脚勾脚向左耳际踢起，右臂上举亮掌，左臂立于右肩前；目向前平视。动作要开髋、侧身、猛收腹。

（8）外摆腿。并步站立，两臂侧平举。右脚上步；左脚尖勾紧，向右侧上方踢起，经面前向左侧上方摆动，直腿落在右脚旁；目视前方。动作要展髋，腿成扇形外摆，幅度要大。

（9）里合腿。同外摆腿，由外向内合。动作要合髋，腿成扇形，幅度要大。

（10）弹腿。并步抱拳，左腿屈膝提起，腿与腰平，脚面绷平。当提膝接近水平时，迅速猛力挺膝，向前平弹，力达脚面，腿与髋平；右腿伸直或微屈支撑，目视前方。挺胸直腰，收髋，脚面绷直，弹击有爆发力。

（11）蹬腿。与弹腿相同，唯脚尖勾起，力达脚跟。

七、能力拓展

学生可以通过学习中国武术段位制系列教程——自卫防身术，来提高自己的实战和应变能力。段位制是将习练武术的水平，由低到高分为段前级（一至三级）、初段位（一至三段）、中段位（四至六段）、高段位（七至九段）。

中国武术段位制系列教程——自卫防身术实行"练打结合"的传统训练原则，在制定统一标准方面，依据自卫防身术发展的内在规律，以及中国传统的特点，把段位制自身防卫术结构标准定为，每段技术内容的单练套路既能单练，拆分后又能进行对打，还能以拆招形式体现实战技法，充分突出传统武术"即可单练，又能对打，还能实战"的技术要求。在自己单独练习时可以作为一个单独的套路，两个人时可以进行一攻一防的对抗练习，也可以根据训练模拟进攻环境的不同单招练习，这不仅让练习者更容易掌握动作技术，还能更好地应用到实战中，提高自己的防身能力。在理论上更加注重科学和武术礼节，每个套路都以武术抱拳礼开始，并以抱拳礼结束，每个动作都经过多次试验，使每个招式更加科学合理。

所以，同一动作在单练套路中强调动作规格，在对打套路中强调动作紧凑、配合默契，在拆招时则强调可用于搏击。也就是说，同一动作在三种练习形式中表现的动作幅度、节奏、劲力不尽相同。

思考题

1. 中国传统养生法有哪些？具体地加以描述。
2. 八段锦的健身基本技法是什么？你练习的体会如何？
3. 自卫防身术的基本技法要求是什么？
4. 举例说明自卫防身术基本手法、腿法、肘法、膝法的基本方法、攻击部位。
5. 举例说明一种自卫防身术的实用招数，并找同伴一起演示。

参考文献

［1］国家体育总局健身气功管理中心．健身气功·八段锦［M］．北京：人民体育出版社，2003．

［2］国家体育总局武术研究院．中国武术段位制系列教程——自卫防身术［M］．北京：高等教育出版社，2013．

［3］张瑞林，陈邦军，乾清华．女子防身术［M］．北京：高等教育出版社，2005．

［4］史运通．新女子防身术［M］．北京：解放军出版社，2008

［5］王红辉．自卫格斗术速成：防身不求人［M］．北京：北京体育大学出版社，2013．

第十六章

健美操

> **学习目标**
> 1. 了解健美操的概况。
> 2. 熟悉健美操的基本动作。
> 3. 熟悉第三套全国健美操套路。
> 4. 了解健美操的竞赛规则。

第一节　概述

一、健美操的概念

健美操是一项融体操、舞蹈、音乐于一体，以有氧练习为基础，以健、力、美为特征的体育健身运动。它既是健身美体、陶冶情操的大众健身方式，又是竞技运动的一个项目。健美操以其自身固有的价值和魅力，风靡全世界，深受广大青年学生及群众的喜爱。

二、健美操项目的起源

健美操起源于1968年。1983年美国举行了首届健美操比赛，1984年首届远东区健美操大赛在日本举行。由于两次大赛的成功，1984年起健美操运动在世界各地全面兴起。每年国际上举办的活动有健美操世界锦标赛、世界杯赛、世界冠军赛、世界巡回赛。国际健美操委员会已于2004年将健美操项目带入奥运会。

三、健美操的分类

健美操种类繁多，分类方法也各不相同。根据健美操的目的和任务，可以将其分为健身健美操、表演健美操和竞技健美操三大类。

（一）健身健美操

健身健美操练习的主要目的是锻炼身体、保持健康。其中包括以提高心肺功能、改善身体有氧代谢能力为主的有氧操；以练习肌肉控制，改善不良姿态，培养良好气质风度为主的形体操；以保持肌肉外形，防止肌肉退化为主的力量操；以及为减少关节负荷，利用水的阻力达到锻炼目的，并以中老年及康复病人为主要对象的水中操等。由于健身性健美操的唯一练习目的就是健身，因此它的动作简单，实用性强，音乐速度也较慢，且为了保证一定的运动负荷和锻炼的全面性，动作多有重复，常以对称的形式出现。健身健美操一般练习时间为一个小时左右，在练习的要求上根据个体情况而变，严格遵循健康、安全原则，防止运动损伤的出现，在保证安全的基础上，达到锻炼身体的目的。

（二）表演健美操

表演健美操的主要练习目的是表演，它是事先编排好的、专为表演而设计的成套健美操，时间一般为 2~5 分钟。表演健美操的动作较健身健美操动作复杂，音乐速度可快可慢，并为了保证一定的表演效果，动作较少重复，也不一定是对称的。参与的人数可是单人，也可是多人，并可在成套中加入队形变化和集体配合的动作，表演者可以利用轻器械，如花环、旗子等，还可采用一些风格化的舞蹈动作，如爵士舞等，以达到烘托气氛、感染观众、增加表演效果的目的。因为表演健美操的动作比健身健美操的动作复杂多变，所以对参与者的身体素质要求较高，不仅要具备较好的协调性，还要有一定的表演意识和集体配合意识。

（三）竞技健美操

竞技健美操的主要目的是竞赛，其比赛项目有男单、女单、混双、三人和六人。竞技健美操在参赛人数、比赛场地、成套动作的时间等方面都必须严格按照规则进行，规则对成套的编排、动作的完成、难度动作的数量等也都有严格的规定。由于竞赛的主要目的是取胜，因此在动作的设计上更加多样化，并严格避免重复动作和对称动作。近年来，运动员为争取好成绩，均在比赛的成套中加入了大量的难度动作，如空中转体等，这就对运动员的体能、技术水平和表现力均提出了更高的要求。

四、健美操的特点

健美操与其他体育项目相比，其主要特点在于健身美体的实效性、健身娱乐的群众性和节奏鲜明的时代性。

（一）健身美体的实效性

健美操是依据人体解剖学、运动生理学、体育美学等多学科理论，为人体健康健美的发展而编排的。它的动作内容丰富,参与运动的关节多,刺激频率与强度较大。健美操还可以对身体某一部位进行针对性的锻炼,使人们在锻炼身体的同时进行身体形态的修正。

(二) 健身娱乐的群众性

健美操锻炼的娱乐性主要体现在,在健美操锻炼过程中接受美、享受美与表现美的愉悦之情以及健美操带给人们的热情奔放的情感体验。

(三) 节奏鲜明的时代性

健美操必须在音乐的伴奏下练习。它的音乐一般取材于迪斯科、爵士乐、摇滚等现代音乐和具有上述音乐特点的民族乐曲,极具韵律感,体现出一种鲜明的时代性。

第二节 基本动作

一、手形

(1) 五指并拢式:五指伸直,相互并拢 如图 16-1 (a) 所示。
(2) 五指分开式:五指用力伸直,充分张开如图 16-1 (b) 所示。
(3) 西班牙舞手势:手指用力,小指、无名指、中指至小指关节处依次错落,拇指稍内扣,如图 16-1 (c) 所示。
(4) 芭蕾手势:五指微曲,后三指并拢,稍内收,拇指内扣,如图 16-1 (d) 所示。
(5) 拳式:握拳,拇指在外,如图 16-1 (e) 所示。
(6) 推掌式:手指用力上翘,五指自然弯曲,如图 16-1 (f) 所示。
(7) 一指式:握拳,食指或拇指伸直,如图 16-1 (g) 所示。
(8) 响指:拇指与中指摩擦,做打响指状,无名指、小指曲握,如图 16-1 (h) 所示。

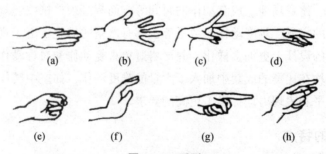

图 16-1 手形

(a) 五指并拢式;(b) 五指分开式;(c) 西班牙舞手势;(d) 芭蕾手势;
(e) 拳式;(f) 推掌式;(g) 一指式;(h) 响指

二、身体各部位基本动作

(一) 头、颈部动作

1. 动作组成

头、颈部动作由曲、转、绕和绕环等动作组成。

(1) 曲：指头、颈关节弯曲，包括前曲、后曲、左曲、右曲。

(2) 转：指头、颈部绕身体垂直轴转动，包括左绕、右转。

(3) 绕和绕环：指头以颈为轴心做弧形和圆形运动，包括左绕、右绕和左绕环、右绕环。

2. 动作要求

做各种形式头颈动作时，上体保持正直，速度要慢，头颈移动的方向要准确，颈部被动肌群充分伸展。

(二) 肩部动作

1. 动作组成

肩部动作由提肩、沉肩、绕肩、肩绕环和振肩等动作组成。

(1) 提肩：指肩胛骨向上运动，包括单肩、双肩的同时提和依次提。

(2) 沉肩：指肩胛骨向下运动，包括单肩、双肩的同时沉和依次沉。

(3) 绕肩：指以肩关节为轴做小于 360 度的弧形运动，包括单肩向前、后绕，双肩同时向前，后绕或依次向前、后绕。

(4) 肩绕环：指以肩关节为轴做 360 度及 360 度以上的圆形运动，包括单肩向前、后绕环，双肩同时或依次向前、后绕环。

(5) 振肩：指固定上体，肩急速向前或向后摆动，包括双肩同时前、后振和依次前后振。

2. 动作要求

(1) 提肩时尽力向上，沉肩时尽力向下，动作幅度大而有力。

(2) 绕肩时上体不能摆动，两臂放松，头颈不能前探；动作连贯，速度均匀，幅度大。

(3) 振肩动作要有速度、力度和弹性。

(三) 上肢 (手臂) 动作

1. 动作组成

上肢 (手臂) 动作由举、屈、摆、绕、绕环、振和旋等动作组成。

(1) 举：指以肩为轴，臂的活动范围不超过 180 度而停止在某一部位的动作，包括单臂和双臂的前举、后举、侧举，以及不同中间方向的举（如侧上举、侧下举等）。

（2）屈：指肘关节产生了一定的弯曲角度，包括胸前屈、胸前平屈、肩侧屈、肩上侧屈、肩下侧屈、肩上前屈、腰间屈、头后屈等，如图16-2所示。

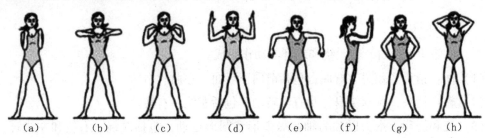

图16-2　屈

(a) 胸前屈；(b) 胸前平屈；(c) 肩侧屈；(d) 肩上侧屈；(e) 肩下侧屈；
(f) 肩上前屈；(g) 腰间屈；(h) 头后屈

（3）摆：指以肩或肘关节为轴，向身体各方向做钟摆式运动包括单臂和双骨同时或依次向前、后、左、右摆，如图16-3（a）所示。

（4）绕：指双臂或单臂向内、外、前、后做180度以上、360度以下的弧形运动。图16-3（b）所示为双臂向内外绕。

（5）绕环：指以肩关节为轴，双臂或单臂做360度及360度以上的圆形运动，包括向前、向后、向内绕环。图16-3（c）和16-3（d）所示为单臂前后绕环和双臂前后绕环。

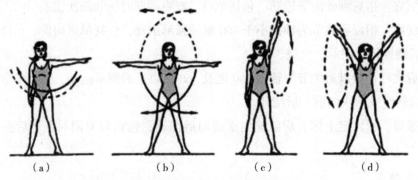

图16-3　上肢（手臂）动作

(a) 摆；(b) 绕；(c) 单臂前后绕环；(d) 双臂前后绕环

（6）振：指以肩为轴，手臂用力摆至最大幅度，包括侧举后振、上举后振和下举后振，如图16-4所示。

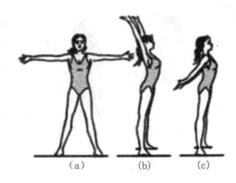

图 16-4 振

(a) 侧举后振;(b) 上举后振;(c) 下举后振

(7) 旋：指以肩或肘为轴做臂的旋内或旋外动作，如图 16-5 所示。

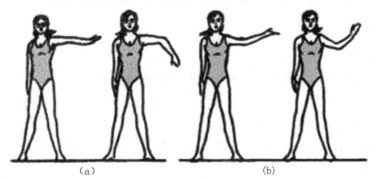

图 16-5 旋

(a) 内旋;(b) 外旋

2. 动作要求

(1) 做手臂的举、屈时，肩下沉。

(2) 做手臂的摆动时，起与落要保持弧形。

(3) 上体保持正直，位置准确，幅度要大，力达身体最远端。

(四) 胸部动作

1. 动作组成

胸部动作由含胸、展胸和移胸等动作组成，如图 16-6 所示。

(1) 含胸：指两肩内合，缩小胸腔。

(2) 展胸：指两肩外展，扩大胸腔。

(3) 移胸：指髋部固定，胸向左、右水平地移动。

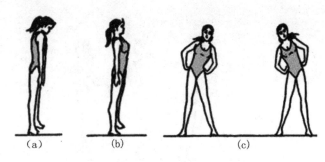

图 16-6 胸部动作

(a) 含胸；(b) 展胸；(c) 左右移胸

2. 动作要求

练习时，收腹、立腰。含胸、展胸、移胸要达到最大极限。

（五）腰部动作

1. 动作组成

腰部动作由曲、转、绕和绕环等动作组成，如图 16-7 所示。

（1）曲：指下肢固定，上体沿矢状轴和水平轴运动，包括前曲、后曲、左侧曲、右侧曲，如图 16-7（a）、图 16-7（d）所示。

（2）转：指下肢固定，上体沿垂直轴扭转，包括左转、右转如图 16-7（e）、图 16-7（f）所示。

（3）绕和绕环：指下肢固定，上体沿垂直轴做弧形和圆形运动，包括左绕、右绕和绕环，如图 16-7（g）、图 16-7（h）所示。

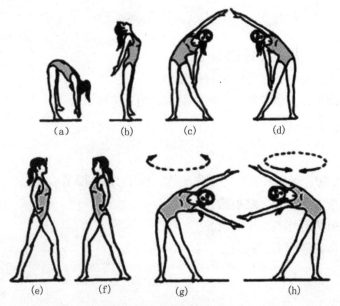

图 16-7 腰部动作

(a) 前曲；(b) 后曲；(c) 左侧曲；(d) 右侧曲；(e) 左转；(f) 右转；(g) 绕；(h) 绕环

2. 动作要求

(1) 练习时，身体远端尽力向外延伸，绕环幅度要大，充分而连贯，速度放慢。

(2) 腰部曲、转时，上体立直。

(六) 髋部动作

1. 动作组成

髋部动作由顶髋、提髋、绕髋和髋绕环等动作组成，如图16-8所示。

(1) 顶髋：指髋关节急速地水平移动，包括左顶、右后顶、前顶、后顶，如图16-8 (a) ～图16-8 (d) 所示。

(2) 提髋：指髋关节做急速向一侧上提的动作，包括左提、右提，如图16-8 (e)、图16-8 (f) 所示。

(3) 绕髋和髋绕环：指髋关节做弧形、圆形移动，包括向左、右绕和绕环，如图16-8 (g)、图16-8 (h) 所示。

图 16-8　髋部动作

(a) 左顶；(b) 右顶；(c) 后顶；(d) 前顶；(e) 左提；(f) 右提；(g) 绕；(h) 绕环

2. 动作要求

髋关节做顶、提、绕和绕环动作时应平稳、柔和、协调，稍带弹性，上体要放松。

(七) 下肢动作

1. 动作组成

下肢动作由滚动步、交叉步、跑跳步、并腿跳和侧摆腿跳等动作组成，如图16-9所示。

(1) 滚动步：两脚同时交替做由前脚尖至全脚掌依次落地动作，如图16-9 (a) 所示。

(2) 交叉步：一脚向另一脚前或后交叉行进脚，如图16-9 (b) 所示。

(3) 跑跳步：两脚交替进行，跑后支撑阶段有一次跳的过程，如图16-9 (c) 所示。

(4) 并腿跳：双腿并拢，直膝或屈膝跳，如图16-9 (d) 所示。

(5) 侧摆腿跳：单腿跳起，同时另一腿向外侧摆动，如图16-9 (e) 所示。

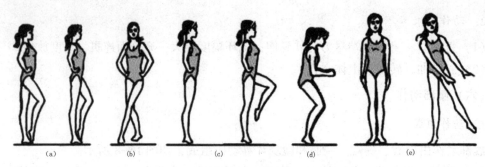

图 16-9　下肢动作

(a) 滚动步；(b) 交叉步；(c) 跑跳步；(d) 并腿跳；(e) 侧摆腿跑

2. 动作要求

跳跃要轻松自如、有弹性，注意呼吸配合。

三、健美操规则规定的七个基本步伐

1. 步伐分类

国际体操联合会健美委员会出版的《竞技性健美操规则》中，把健美操的步伐分为以下七大类：踏步、开合跳、吸腿跳、踢腿跳、弓步跳、弹踢腿跳和后踢腿跳，如图 16-10 所示。

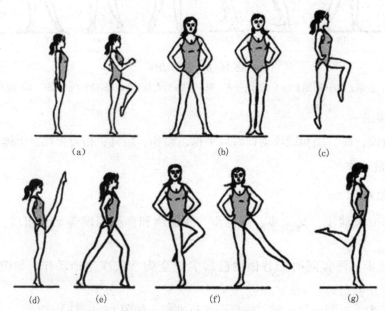

图 16-10　七个基本步伐

(a) 踏步；(b) 开合跳；(c) 吸腿跳；(d) 踢腿跳；(e) 弓步跳；(f) 弹踢腿跳；(g) 后踢腿跳

（1）踏步：两脚交替不间断地做屈膝上提然后踏地的动作，包括脚尖不离地的踏步、脚离地的踏步和高抬腿的大幅度踏步，如图 16-10（a）所示。

（2）开合跳：并腿跳至开立，分腿跳至并立，如图 16-10（b）所示。

（3）吸腿跳：单腿跳起，同时另一腿屈膝向前、侧方向上提，如图16-10（c）所示。

（4）踢腿跳：单腿跳起，同时另一腿直腿向前、侧方向踢出，包括小幅度和大幅度的踢腿，如图16-10（d）所示。

（5）弓步跳：并腿跳起，落地时成前（侧、后）弓步，如图16-10（e）所示。

（6）弹踢腿跳：单腿跳起，同时另一腿经屈膝向前、侧方向弹踢，如图16-10（f）所示。

（7）后踢腿跳：两脚交替有短暂腾空过程（类似跑步），小腿向后屈，如图16-10（g）所示。

2. 动作要求

（1）踏步：落地时，由脚尖过渡到脚跟着地；屈膝时，胯微收；两臂前后自然摆动。

（2）开合跳：分腿时，两腿自然外开，膝关节沿脚尖方向弯曲；跳起与落地时，屈膝缓冲。

（3）吸腿跳：大腿用力上提，小腿自然下垂。

（4）踢腿跳：踢腿时，须加速用力，上体保持正直，立腰。

（5）弓步跳：跳成弓步时，把握住身体重心。

（6）弹踢腿跳：大腿抬至一定角度后，小腿自然伸直，膝关节稍有控制。

（7）后踢腿跳：髋和膝在一条线上，小腿叠于大腿。

第三节　第三套全国健美操套路

套路示例：第三套全国健美操大众锻炼标准成人一级规定动作。

一、组合一

组合一第一节动作如表16-1所示，具体动作演示如图16-11所示。

表16-1　组合一第一节动作

节拍		下肢动作	上肢动作
预备姿势		站立；	
一	1~8	右脚开始一字步两次	1~2拍双臂胸前屈，3~4拍双臂后摆，5拍双臂胸前屈，6拍双臂上举，7拍双臂胸前屈，8拍双臂放于体侧

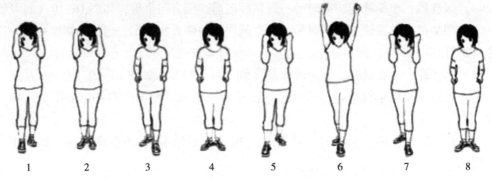

1　　　　2　　　　3　　　　4　　　　5　　　　6　　　　7　　　　8

图 16-11　组合一第一动作

组合一第二节动作如表 16-2 所示，具体动作演示如图 16-12 所示。

表 16-2　组合一第二节动作

节拍		下肢动作	上肢动作
二	1~4	右脚开始向前走三步吸腿	1~3 拍双臂经前举后摆至肩侧屈，4 拍击掌
	5~8	左脚开始向后退三步吸腿	手臂动作同 1~4 拍

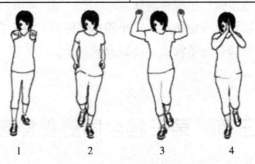

1　　　　2　　　　3　　　　4

图 16-12　组合一第二动作

组合一第三节动作如表 16-3 所示，具体动作演示如图 16-13 所示。

表 16-3　组合一第三节动作

节拍		下肢动作	上肢动作
三	1~4	右脚开始侧并步两次	1 拍右臂肩侧屈，2 拍右臂还原，3 拍左臂肩侧屈，4 拍左臂还原
	5~8	右脚连续侧步少两次	5 拍双臂胸前平屈，6 拍双臂还原，7~8 拍同 5~6 拍动作

1　　　　2　　　　3　　　　4　　　　5　　　　6　　　　7　　　　8

图 16-13　组合一第三节动作

组合一第四节动作如表 16-4 所示，具体动作演示如图 16-14 所示。

表 16-4　组合一第四节动作

节拍		下肢动作	上肢动作
四	1~4	左脚十字步	双臂自然摆动
	5~8	左脚开始踏步四次	5拍击掌，6拍还原，7~8拍同5~6拍动作

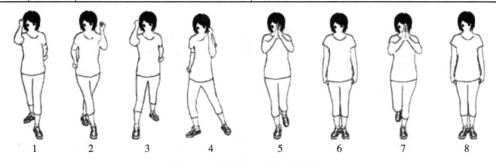

图 16-14　组合一第四节动作

第 5~8 个八拍与第 1~4 个八拍动作相同，但方向相反。

二、组合二

组合二第一节动作如表 16-5 所示，具体动作演示如图 16-15 所示。

表 16-5　组合二第一节动作

节拍		下肢动作	上肢动作
一	1~8	右脚开始前点地四次	1拍双臂屈臂右摆，2拍还原，3拍双臂屈臂左摆，4拍还原，5拍右臂摆至侧上举、左臂胸前平屈，6拍还原，7~8拍同5~6拍动作，但方向相反

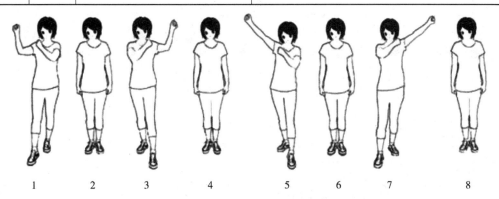

图 16-15　组合二第一节动作

组合二第二节动作如表 16-6 所示，具体动作演示如图 16-16 所示。

表 16-6 组合二第二节动作

节拍		下肢动作	上肢动作
二	1~4	右脚开始向右弧形走 270 度	双臂自然摆动
	5~8	并腿半蹲两次	5 拍双臂前举,6 拍右臂胸前平屈(上体右转),7 拍双臂前举,8 拍放于体侧

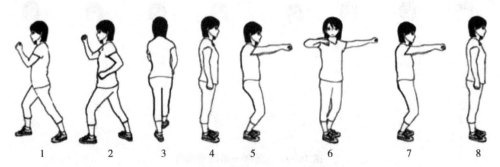

图 16-16 组合二第二节动作

组合二第三节动作如表 16-7 所示,具体动作演示如图 16-17 所示。

表 16-7 组合二第三节动作

节拍		下肢动作	上肢动作
三	1~8	1~4 左脚上步吸腿,右转转体 90 度;5~8 右脚上步吸腿。	1 拍双臂前举,2 拍屈臂后拉,3 拍前举,4 拍还原,5~8 拍同 1~4 动作

图 16-17 组合二第三节动作

组合二第四节动作如表 16-8 所示,具体动作演示如图 16-18 所示。

表 16-8 组合二第四节动作

节拍		下肢动作	上肢动作
四	1~8	从左脚开始侧迈步后屈腿四次	屈肘前后摆动

图 16-18　组合二第四节动作

第 5~8 个八拍同第 1~4 个八拍动作相同，但方向相反。

三、组合三

组合三第一节动作如表 16-9 所示，具体动作演示如图 16-19 所示。

表 16-9　组合三第一节动作

节拍		下肢动作	上肢动作
一	1~4	右脚向右交叉步	1~3 拍双臂经侧至上举，4 拍双臂胸前平屈
	5~8	左脚向侧迈步成分腿半蹲	5~6 拍双臂前举，7~8 拍双臂放于体侧

图 16-19　组合三第一节动作

组合三第二节动作如表 16-10 所示，具体动作演示如图 16-20 所示。

表 16-10　组合三第二节动作

节拍		下肢动作	上肢动作
二	1~4	右脚开始侧点地两次	1 拍右臂左前举、左臂屈肘于腰间，2 拍双臂屈肘于腰间；3~4 同 1~2 动作，但方向相反
	5~8	右脚连续两次侧点地	5~8 拍同 1~2 动作，重复 2 次

图 16-20　组合三第二节动作

组合二第三节和第四节动作如表 16-11 所示，具体动作演示如图 16-21 所示。

表 16-11　组合三第三节和第四节动作

节拍		下肢动作	上肢动作
三	1~8	左腿开始向前走三步接吸腿三次	1 拍双臂肩侧屈外展，2 拍双臂胸前交叉，3 拍同 1 拍动作，4 拍击掌，5 拍双臂肩侧屈外展，6 拍腿下击掌，7~8 同 3~4 动作。
四	1~8	右腿开始向后走三步吸腿三次	同上

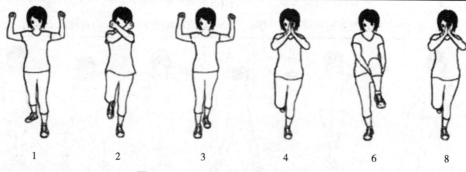

图 16-21　组合三第三节和第四节动作

第 5~8 个八拍同第 1~4 个八拍动作相同，但方向相反。

四、组合四

组合四第一节动作如表 16-12 所示，具体动作演示如图 16-22 所示。

表 16-12　组合四第一节动作

节拍		下肢动作	上肢动作
一	1~8	1~4 拍右腿开始走 V 字步，5~8 走 A 字步	1 拍右臂侧上举，2 拍双臂侧上举，3~4 拍击掌两次，5 拍右臂侧下举，6 拍双臂侧下举，7~8 击掌两次

图 16-22　组合四第一节动作

组合四第二节动作如表 16-13 所示，具体动作演示如图 16-23 所示。

表 16-13　组合四第二节动作

节拍		下肢动作	上肢动作
二	1~4	右脚开始弹踢腿跳两次	1 拍双臂前举，2 拍下摆，3~4 同 1~2 动作
	5~8	右脚连续弹踢两次	5 拍双臂前举，6 拍胸前平屈，7 拍同 5 拍动作，8 拍还原体侧

图 16-23　组合四第二节动作

组合四第三节动作如表 16-14 所示，具体动作演示如图 16-24 所示。

表 16-14　组合四第三节动作

节拍		下肢动作	上肢动作
三	1~8	左腿开始漫步两次；1~4 拍是漫步第一次，5~8 拍是漫步第二次	双臂自然摆动

1~2(5~6)　　3~4(7~8)

图 16-24　组合四第三节动作

组合四第四节动作如表 16-15 所示，具体动作演示如图 16-25 所示。

表 16-15　组合四第四节动作

节拍	1~8	下肢动作	上肢动作
四	1~8	左脚开始迈步后点地四次	1~2 拍右臂经肩侧屈至左下举；3~4 同 1~2 动作，但方向相反；5~6 拍右臂经侧举至左下举；7~8 同 5~6 动作，但方向相反

1　　2　　3　　4　　5　　6　　7　　8

图 16-25　组合四第四节动作

第 5~8 个八拍同第 1~4 个八拍动作相同，但方向相反。

第四节　竞赛规则和裁判法

一、竞赛项目

比赛共设 5 个项目：男子单人、女子单人、混合双人、三人和集体五人。

二、比赛场地

（1）赛台。赛台高 80~140 厘米，面积不得小于 14 米×14 米，后面有背景遮挡。

(2) 竞赛地板和竞赛区。竞赛地板位于赛台中心，面积为 12 米×12 米，其上方以宽度 5 厘米的黑色标记带圈定竞赛区，标记带是竞赛区的一部分。其中，单人、混双和三人健美操的竞赛区面积为 7 米×7 米，集体五人赛的竞赛区面积为 10 米×10 米。

三、比赛时间

成套动作的时间为 1 分 45 秒，有加减 5 秒的宽容度。

四、难度动作

成套动作必须包括下列各类难度动作各一个：①动力性力量；②静力性力量；③跳与跃；④平衡与柔韧。最多允许做 12 个难度动作。

五、评分方法

裁判分为艺术裁判、完成裁判、难度裁判、视线裁判、计时裁判和裁判长。艺术裁判、完成裁判、难度裁判分别评出艺术分、完成分和难度分。

(1) 艺术分：主要包括操化动作、难度动作、过渡/连接和托举动作的成套创编（2分）；音乐的使用（2分）；操化动作组合（2分）；比赛场地的使用（2分）；表现力与同伴配合（2分）。最高分为 10 分，以 0.1 加分。

(2) 完成分：包括技术技巧、合拍与一致性。从 10 分起评，对每个错误给予减分。

(3) 难度分：根据难度动作级别给分，按照加分的方法评分，从 0 分起评，但以下情况将给予减分：超过 12 个难度动作、超过 6 次地面动作或超过 2 次成俯卧撑落地，每超过一个扣 1.0 分；难度动作重复或难度动作缺组，每次扣 1.0 分。

另外，如果比赛时运动员身体的任何部位触及标记带以外的场地，将被判为出界，每次扣 0.1 分。如违例动作每次扣 1.0 分。

艺术分、完成分与难度分相加为总分。从总分中减去难度裁判、视线裁判与裁判长的减分为最后得分。

六、着装要求

运动员须穿适合运动的健美操服和运动鞋，着装整洁、美观、大方，不允许使用悬垂饰物，如皮带、飘带和花边等。女运动员的头发须系于脑后，头发不得遮住脸部；允许化淡妆，禁止佩戴首饰。

思考题

1. 健美操的基本动作有哪些？请按要求进行练习。
2. 第三套全国健美操套路的基本动作有哪些？请按要求进行练习。

参考文献

[1] 王湛卿. 新编大学体育健康教程 [M]. 上海：上海交通大学出版社，2018.

[2] 郑焕然，程会娜. 大学体育文化与运动教程 [M]. 北京：清华大学出版社，2018.

第十七章

体育舞蹈

> **学习目标**
> 1. 了解体育舞蹈的基本概念、起源及分类。
> 2. 了解体育舞蹈的基本技术要领。
> 3. 了解体育舞蹈的基本竞赛规则和裁判标准。

第一节 体育舞蹈概述

体育舞蹈又称国际标准舞,是摩登舞和拉丁舞的总称,由于体育舞蹈的强度、力度和速度与其他体育运动量等同,所以将其划入体育运动类。体育舞蹈在我国是一项新兴的体育项目,且发展迅速。纵观体育舞蹈的特点,结合专家的观点,可给出体育舞蹈的定义:一种集体育、舞蹈、音乐于一体,通过舞伴间默契的配合,达到健身、健美和健心目的的舞蹈,是融竞技、表现为一体的观赏型体育项目。体育舞蹈内容丰富,变化繁多,不受年龄、性别、场所、器械的限制,可使全身各关节得到充分的活动,各部位的肌肉得到均衡的发展,塑造出良好的体态,提高人的内在气质。

体育舞蹈来源于非洲的民间土风舞,起初流行于乡间,发展至今先后经历了原始舞、公众舞、民间舞、宫廷舞、社交舞(即交际舞、交谊舞)和新旧国际标准舞等发展阶段。

一、体育舞蹈的分类

体育舞蹈是男女为伴的竞赛项目,按照舞蹈的风格和技术结构,可分为摩登舞和拉丁舞;按照竞赛项目可分为摩登舞(又称现代舞)、拉丁舞和团体舞(又称队列舞)。

摩登舞又译为现代舞,体育舞蹈项目群之一。摩登舞包括华尔兹、维也纳华尔兹、探戈、狐步和快步舞 5 个舞种。特点是由贴身握抱的姿势开始,沿着舞程线逆时针方向绕场行进。步法规范严谨,上体和胯部保持相对稳定挺拔,完成各种前进、后退、横向、旋转、造型等舞步动作,具有端庄典雅的风度。曲调大多抒情优美,旋律感强。服饰雍容华贵,一般男着燕尾服,女着过膝蓬松长裙。

拉丁舞是体育舞蹈项目群之一。拉丁舞包括伦巴、恰恰、桑巴、牛仔和斗牛舞 5 个舞种。特点是舞伴之间可贴身,可分离,各自在固定范围内辐射式地变换方向角度,展现舞姿。步法灵活多变,各舞种通过对胯部及身体摆动不同的技术要求,完成各种舞步,表现各种风格。舞姿潇洒,婀娜多姿。风格生动活泼,热情奔放。曲调缠绵浪漫,活泼热烈,节奏感强。着装浪漫洒脱,男着上短下长的紧身或宽松装,女着紧身短裙,显露女性曲线的美。

团体舞是拉丁舞和摩登舞的混合舞,由 8 对选手组成,将 10 种舞姿编排在一支舞中,通过群体的动作配合和队形的变化来表现舞蹈特点。

二、体育舞蹈的常用术语

(一) 舞程向

舞程向是指整套舞蹈行进的方向。在一个舞池中,为避免互相碰撞,舞者必须按逆时针方向行进,这个行进方向就叫舞程向。

(二) 舞程线

舞程线是一条设想的线,是舞者沿舞程向的路线。在跳舞时为了防止碰撞,舞者必须按规定的行进路线有序行进,这条按逆时针方向行进的路线叫舞程线。

(三) 方位

方位是以舞程线为标准,规定了脚所指的方向与舞场的位置关系,用以在舞蹈进行中正确地辨别身体与舞场的相对位置和检查旋转角度。一般以正对主席台的一面为规定方位的基点,并定为"1"点,按顺时针方向,每转动 45 度则变动一个方位,共设 8 个方位,如图 17-1 所示。

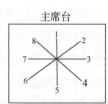

图 17-1　主席台与方位

在国际体育舞蹈中,还规定了 8 条线来指示舞蹈者每个舞步的行进方向,舞步运行结束时,足部的方向与场地形成的空间关系,分八个方位。按规定,舞蹈者必须按舞程线逆时针方向行进,而八个方位则用以指示舞步行进的方向和位置。以舞蹈者面对舞程线划分,则前面称舞程线,背后是逆舞程线,右为壁线,左为中央线,右前角(舞程线与壁线中间夹角）为壁斜线，左前角（舞程线与中央线中间夹角）为中央斜线，右斜后角为逆壁斜线，左斜后角为逆中央斜线。在图17-2中，1为面对舞程线；2为面斜壁线；3为面对壁线；4为背斜中央线；5为背对舞程线；6为背斜壁线；7为面对中央线；8为面斜中央线。

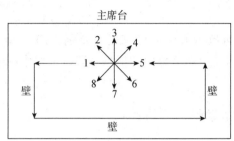

图17-2 舞步的行进方向

（四）角度

角度指舞者运动时每一步之间脚位方向变化的度数，通常以圆的切分法来表示。1周表示360度，1/8周表示45度，1/4周表示90度，3/8周表示135度，1/2周表示180度，5/8周表示225度，3/4周表示270度，7/8周表示315度。

（五）升降动作

升降动作即舞蹈时舞者身体的上升与下降。升降动作是在膝、踝、趾关节的屈、伸动作转换中完成的。

（六）速度

速度是指音乐速度，即每一分钟内所演奏的小节总数。

（七）转度

转度是舞者在起舞过程中旋转的角度。

（八）轴转

一脚脚掌的旋转，另一脚处于或前或后的反身动作位置。

（九）节奏

节奏是指音乐的均衡循环。根据音乐节奏的变化，可产生不同的音乐格调，或者按音乐节奏的变化调整舞步，从而表演出不同风格特点的舞姿。

（十）组合

两个或者两个以上的舞步型的结合。

（十一）套路

由若干个组合而创编成的一套完整的舞步型。

第二节　基本技术

体育舞蹈中，摩登舞与拉丁舞的风格有很大差别，10 个舞种的舞程向、握持姿势、动作要领等不尽相同，本节将以摩登舞中的华尔兹和拉丁舞中的恰恰为例，为大家讲解最基本的舞步。

一、体育舞蹈的基本动作

（一）基本腿部动作

1. 常步

常步又称散步、走步，分为前进步和后退步两种。前进时，首先以全脚掌触地，转为以前脚掌触地，向前迈腿时过渡到脚跟擦地向前，脚跟着地后过渡到脚趾，身体重心随之移到前腿上；后退时动作相反，首先以全脚掌触地，转为以前脚掌触地，向后出腿时用脚尖擦地向后，脚趾着地后过渡到脚跟，重心随之移到后腿。

2. 横步

横步有左横步和右横步之分。左横步时，左脚以全脚掌向左旁迈一步，距离约与肩同宽，右脚用前脚掌向左腿靠拢，重心移到靠拢过来的右腿上；右横步动作相反。

3. 并步

并步可分为向前、后、侧方 3 种并步。以向前并步为例，左脚向前迈一步，随之重心前移，右脚用前脚掌向左腿靠拢，身体重心仍在左腿上。

4. 摇摆步

摇摆步有左右摇摆和前后摇摆两种。左脚向前迈一步，重心前移，然后重心后移再向前移，之后再向后移，形成前后摇摆状；左右摇摆步原理相同，重心变为向左或向右移动。

5. 擦步

擦步为当动力脚从一个开位向另一个开位移动时，必须先向主力脚靠拢，而舞者重心不变的舞步。

6. 滑步

滑步指在第二步双脚并拢时开始第三步的舞步。

7. 锁步

两脚前后交叉的舞步。

（二）体位

体位是舞步变化的基础，细致而严格的分类有十几种。下面介绍四种最基本的形态，其余体位可以触类旁通。

1. 关位

关位又叫合对位、闭合位或者基本位，要点是双方肩横线必须保持平行，不可一边宽一边窄地侧向张开而与骈位相混淆。

2. 骈位

骈位又叫开位、行步位、V字形位、半合对位等，要点是男伴右侧与女伴左侧相贴，而另一侧却相对张开，双方肩横线因而形成"V"字形变化。双方的视点集中在对握手的延伸方向。

3. 仆右外侧位

仆右外侧位又叫右交叉位、右臀相靠合对位、同脚右侧位等。要点在于双方都在舞伴身体的右外侧运步。

4. 仆左外侧位

仆左外侧位又叫左交叉位、左臀相靠合对位、同脚左侧位等，要点是双方都在舞伴身体的左外侧运步。

（三）移动

体育舞蹈是移动性很强的舞蹈，整个形体在惯性中移动。形体移动惯性流量的大小，是习舞者综合技术的集中反映，不仅要做到形体移动垂直稳定，更重要的是轻快流畅。舞蹈中移动的动力来自重心脚的推送或拉拔。向前移动时重心脚在前脚时，前脚要拉拔；重心脚在后脚时，后脚要推送。前进的移动中每一步都有两个动作，一个是"拉"，一个是"推"。向后移动时重心脚在前脚时，前脚要推送；重心脚在后脚时，后脚要拉拔。后退的移动中每一步也都有两个动作，一个是"拉"，一个是"推"。每个重心脚在推送之前都要有一个准备动作，做完每个动作之后更需要这个准备动作，它会带给舞者更有速度、更顺畅有力的移动以及更好的音乐诠释，更重要的是给舞伴反应的空间。

脚在移动过程中要保持脚尖非常轻地与地面接触。不要把脚趾使劲拖在地面上，而是非常轻盈地划过。移动时要保持脚、身体与重心的一致性，只动脚不动身体或只动身体不动脚都是不正确的。转换重心时要平滑，不能有颠簸的感觉，保持肩部和脊柱的稳定，身体垂直但不僵硬；尽量用前脚掌支撑身体，胯部不要扭动，向侧移动时把胯部的倾斜减到最低程度。

二、摩登舞

（一）摩登的舞程向和舞程线

摩登舞是一种行进性舞蹈，要求舞者在行进当中完成指定动作。摩登舞的舞程向是沿着舞池的逆时针方向。舞程线是沿着舞程向，且与舞池墙壁平行的线，舞程线如图17-3所示。舞程线外侧为壁，内侧为舞池中央。

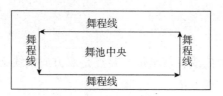

图 17-3　摩登舞的舞程线

（二）握持姿势

1. 闭式握持姿势

在摩登舞中，闭式握持姿势最为常用。闭式握持姿势如图 17-4 所示。

（1）男女舞伴相对站立，双腿并拢，双膝自然放松。男伴与女伴的两脚相距约 10～15 厘米，右脚尖对准对方两脚的中间。男伴身体站立垂直，两脚合并，双膝稍微放松，但不要做出明显的弯曲状态。轻微收紧躯干肌肉，带动身体向上伸展，肩膀需要保持轻松，并放在正常的水平位置上，然后两脚（两腿肌肉收紧）向上提升，带动身体稍向前倾，直至感觉到身体的大部分重心已移到两脚掌上，但是不要让两脚跟离地，保持由髋部向上伸展，来带动身体站立端正。保持这种状态，身体与腿部一样，要保持肌肉收紧向上，有一种离地很高、英伟挺拔的感觉。女伴身体站立垂直，在没有抬起肩膀的情况下，稍微收紧躯干和腿部肌肉（与男士相同）。

（2）双方均身体稍前倾。男伴身体重心在右脚，挺胸立腰沉肩，收腹微提臀，胯部向左微转约 15 度；女伴身体重心在左脚，收腹提臀，立腰沉肩。以 1/2 的右腹接触对方，胸肋以下至大腿根部与对方相贴。

（3）男伴头部基本保持正直。头部通过身躯和颈部肌肉的轻微收紧，尽量向上牵伸和向后伸展，保持在端正自然的位置，并且自然地向女士的右侧肩膀位置稍往上望。女伴头部向左转约 45 度，含颌，颈部尽量向上牵伸，向后打开胸部线条。

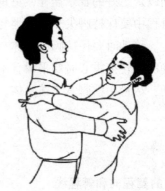

图 17-4　闭式握持姿势

（4）男伴双臂侧平举，两时保持水平。左臂的大臂与小臂弯曲成 90 度左右，左肘比肩低 5～10 厘米，左手高度与女伴右耳齐平。右臂的大臂与小臂弯曲成 70～80 度。运用肩部肌肉的收紧，带引双臂上举和向外伸展，左手前臂抬高至同眼部平行，而右手臂和右手前臂抬高至胸部高度位置，双臂向外伸展扩阔，争取给予舞伴更大的活动空间。女伴双臂侧平举，两肘保持水平。右臂弯曲约150度，左臂轻贴男伴右臂之上，带引抬起手臂（与男士相同）。身体站立时，尽可能靠近男士的前方，轻微地倾向男士的右侧，但不要太夸张。

（5）男伴的左手虎口与女伴右手虎口相交，握于女伴小指之下，掌心空出。女伴左手虎口张开，放在男伴右上臂三角肌下部，拇指在内侧，其他四指在外侧，腕部和小臂放平，不得突起。

男伴的左手手臂从肩部到肘部稍微斜向下，手臂保持向左，肘部弯曲成角并与背部成一直线。前臂向上，从肘部到手部轻微向前，前臂从肘部开始轻微向内侧，使手部比肘部更接近头部。手掌心向前并斜向地面。女士的右手，以一种舒畅而不过于紧张的姿势，来与男士相握。

注意事项有以下几点。第一，男伴用拇指和食指之间的部位去紧握女士的手指，然后再合紧手指放在女士手指上，腕关节一定不能弯曲。从肘部到手腕，应成一条直线，手指关节稍微高于腕部的位置。手腕不要向下弯曲。第二，男伴的右手手臂从肩部到肘部稍微向下倾斜，尽可能与左手臂成水平位置。应由舞伴的高度，来决定所要延伸的程度。第三，男伴肘部比肩膀稍微向前倾，手部放在女士的后背。这个动作不可向前距离太远，而且一定不要降低至太靠近男士的右侧。第四，男伴手掌五指并拢放在女士左肩膀胛骨之下。它不应该在女士的背部上放的距离太远，否则右肩膀易于向下倾斜。第五，女伴的右手抬起所有手指，允许男士去紧握它，达到一个正常的握持姿势。一般对男士来说，是用他的拇指和食指之间的部位去紧握女士的手指，当他进行这一动作时，拇指合并在女士左手的拇指上。第六，女伴手臂从肩膀开始，到肘部稍微向下倾斜，然后从肘部开始，向上与男士的手部相服帖。第七，女伴的左手手臂放松，轻微靠在男士的右手臂上，不要向下降。在左手上的手指，自然地合并好放在男士的右手臂肘部与肩膀之间的位置，不要靠得太近。

2. 开式（散式）握持姿势

在闭式握持姿势的基础上，男女舞伴上身均向外打开，目光通过相握的手向同一方向远视，但腰髋并不分离，两人身体呈V字形。

三、华尔兹的基本舞步

华尔兹典雅大方，动作流畅，旋转性强，热烈而兴奋，动作具有起伏、倾斜、摆荡和反身的特点。其音乐为3/4拍，每分钟30~32小节。华尔兹的基本舞步结构，是由前进（或后退）、横移、并脚三步构成一个基本旋回。其舞步基本上是一拍跳一步，每小节跳三步。

华尔兹是5种摩登舞中最基础、最难跳的。下面主要介绍跨踌步、锁链步、左右轴转步等基础步法，以及前进方步和后退方步、前进左转90度和后退左转90度等基本舞步。

（一）跨踌步

跨踌步又叫逗留步（Hesitatlon）或平衡步。在自娱跳法中，它可以用来作为交谈、变换动作或方位的过渡性转换,以及在人多拥挤时一边踌躇一边观望寻找合适位置的特殊舞步。这种舞步的变化形式较多,有一步踌躇、两步踌躇和三步踌躇之分。现在以三步踌躇为例进行讲解,如图 17-5 所示(由右向左)。

第 1 拍,男进左,女退右。第 2 拍和第 3 拍,双方都在到达的位置上,原地踮脚两次;男先右后左,女先左后右。下一个小节的第 1 拍,男退右,女进左。第 2 拍和第 3 拍,双方回到原来的位置,原地踮脚两次。这里是进左退右的踌躇。

图 17-5 踌躇步

(二) 锁链步

锁链步的变化和发展是踌躇踏步全方位行进的结果。锁链步,顾名思义,就是舞步的结构形式犹如锁链,后一个环节都是前一个环节的串联性复制,环环相扣,连续发展。这里介绍最基础的三种常见的锁链步。

第一种锁链步是左、右外侧位的结合,又名交叉舞步(Cross Step),俗称穿花。舞步的内核是踌躇步,第一步要大,后两步要轻盈而飘逸。体位的转换必须在后两步中呈滑翔状盘旋。常见的失误是忽略这种盘旋式的滑翔感,形成机械性的"为换位而换位"的横向运动。具体动作如图 17-6 所示(由左向右 1、2)。第一小节男进左、女退右,在左外侧位上运步。音乐结束时,应基本完成换位。第二小节男进右、女退左,在右外侧位上运步。音乐结束时,应基本完成换位。依此方法循环前进。

第二种锁链步是由外侧位和开位构成的,向前运动是左外侧和开位的结合,向后发展则是右外侧位和开位的结合。此种锁链步,很容易形成原地进退的男伴单独忙乱的失误,这是因为男伴"领舞"意识不强或能力不足。正确的舞步发展形态,应当是沿舞程线做环形的曲线运动。具体动作如图 17-6 所示(由左向右 3、4)。在左外侧位上男进左、女退右,后两拍在盘旋中体位向开位发展变化;向环形运动的中心点作开位的男进右、女进左,后两拍转换成左外侧位循环练习。

第三种锁链步就体位关系而言,与第一种锁链步完全相同,只是每一小节都经历了一次 180 度转体而增加了难度。运动程序是第一小节男进女退,第二小节男退女进,但总的前进运动方向不受影响。具体动作如图 17-6 所示(由左向右 5、6)。在左外侧位上男进左、女退右,后两拍各自侧转(向左 180 度)向右外侧位转换。在右外侧位上男退右、女进左,后两拍各自侧转(自右 180 度)向左外侧位转换。

图 17-6 锁链步的变化

(三) 左右轴转步

轴转属于旋转性舞步,其审美趣味在于大幅度的旋转。旋转度可根据共舞双方的能力决定,但最好不要少于180度,因为旋转不足将造成"摔跤式"俯仰,不仅失去这种规定旋回的审美趣味,而且形态十分不雅。初学者可以先从180度开始,实力较强的舞者,则应练习超量旋转,若能超过360度者更佳。轴转的基本形态特点是向后运动,退左侧向右转,退右则向左转。右转比左转容易掌握,所以初学者可先从右转学起。这种旋转在华尔兹里不能连续使用,必须在两次轴转中,加上一个后退基本步换脚。具体动作如图17-7所示(由左向右)。

第1拍,男退左、女进右,双方右腿内侧相靠,形成旋转轴心。注意男伴的左脚在方向上稍偏左侧,并且暂时不要转移重心,以免阻拦女伴前进,后半拍转移重心时,男伴右脚在脚跟不离地的状态下,脚尖向右侧摆动。

第2拍,在完成135度右旋转的情况下,男落右、女落左。注意女伴切不可存在"跨越"男伴右腿的想法,而是在一种前后张开的开放式形态下,自然地转身落脚。

第3拍,双方在继续旋转中并脚,并继续保持重心的上升男左脚向右脚并拢,女右脚向左脚并拢。

图 17-7 左右轴转步

左轴转是右轴转的对称性反复动作,方法要领不变。只是按照男左女右的起步习惯,必须先做一个基本步,然后才能进行。

（四）前进方步和后退方步

方步是由一个前进基本步和一个后退基本步构成的。由于约定俗成的男左女右起步习惯，进左退右和退左进右将造成完全不同的运动轨迹。为了加以区别，我们将进左退右的形式，叫作前进方步，而将退左进右的方式，叫作后退方步，现在以前进方步为例，进行讲解。共计六步，用两小节乐曲。

前进方步，如图17-8所示（由右至左）。

第1拍，男进左，女退右，有侧身动作。

第2拍，男右脚刷过左脚旁，横移一步，向左倾斜。注意不可斜向直接跨出。女左脚刷过右脚旁，横移一步，向右倾斜。注意不可斜向后退。

第3拍，男女同时收脚并拢。留意倾斜和上升运动的保持，以及交替重心和下降的转化。

第4拍，男退右，女进左，有侧身动作。

第5拍，男左脚刷过右脚旁，横移一步，向右倾斜。不可斜向直接后退。女右脚刷过左脚旁，横移一步，向左倾斜。不可斜向直接跨出。

第6拍，男女同时收脚并拢。注意倾斜和上升运动的保持，以及交替重心和下降的转化。

图17-8　前进方步

后退方步的动作与前进方步的动作要领相同，但方向相反。

（五）前进左转90度和后退左转90度

根据四个90度等于360度的数学原理，这里按方步的结构原理进行转身步的练习。这种方法可以使初学者比较快捷地建立起旋转的概念。在练习转身步时，应注意两个问题：一是第一步的移动脚必须保持正直，二是第二步的横移必须与第一步的运动方向成一直线。具体动作如图17-9所示（由右向左）。

连续左转90度，男进左，女退右，有侧身动作（由右向左图1）。在第1拍的后半拍就开始辗动男伴的左脚和女伴的右脚，开始左转；在第2拍开始时，男右脚和女左脚从刷式位置向外横移，并伴随着肩部引导下的男左倾斜和女右倾斜（由右向左图2）。双方收脚并拢，保持倾斜和上升。注意后半拍的重心交替和下降的转化（由右向左图3）。

男退右,女进左,有侧身动作(由右向左图4)。在前一拍的后半拍就开始辗动脚掌(男右女左),开始左转;在下一拍开始时,男左脚和女右脚从刷式位置上向外横移,并伴随着肩部引导的男右倾斜和女左倾斜(由右向左图5)。双方收脚并拢,保持倾斜和上升,注意后半拍的重心交替和下降的转化(由右向左图6)。

图17-9 前进左转90度和后退左转90度

以上动作可回到原起步点,从头开始,循环练习。

四、拉丁舞

(一)拉丁舞的舞程向与舞程线

拉丁舞与摩登舞的风格有很大的区别。伦巴舞、恰恰舞、牛仔舞在起舞时可沿逆时针方向行进,也可从场地中央开始向场地四个角的方向行进;桑巴舞和斗牛舞在表演和比赛时以面向观众或评委起舞为最佳,桑巴舞的舞程向与舞程线与摩登舞一致,因此它是拉丁舞中唯一的行进性舞蹈。

(二)拉丁舞髋部的韵律摆动和切分

1. 韵律摆动

拉丁舞在整个舞蹈过程中突出表现了男女双方髋的韵律摆动(简称律动)。髋部动作是以腰部摆动带动的韵律性摆动。髋部摆动时,腰部要放松,上体保持正直,两臂在体侧自然摆动,髋的律动要平衡,没有上下起伏的动作。

伦巴舞中髋部是向体侧顶送的,此时要防止上体向体侧倾斜。恰恰舞髋的律动是向前侧或后侧摆送,由于动作节奏较快,在做腰部的扭转和臀部的绕摆动作时,要注意保持髋部的律动平衡。桑巴舞髋部的摆动与其他舞区别较大,其髋部的摆动是绕身体纵轴环形绕摆,整个身体的律动也以髋和腹的环形绕动而摆动,胸和头自然前后摆动,动作中腰部要特别放松,膝、踝关节保持弹性以增强身体的协调性。牛仔舞在顶髋时,上体与髋同时摆动。斗牛舞髋的律动比其他舞摆动幅度小,随着舞步的移动,髋与上体同时摆动。

2. 切分

动作的切分主要是指在音乐节奏的一拍中完成动作时,髋的摆动在后半拍中出现,在伦巴舞和恰恰舞中更为常见。如伦巴舞基本舞步的前进并步第一拍中,前半拍左脚前进一步，重心前移，后半拍髋向左前侧顶送；第二拍中前半拍右脚在后原地踏一步，重心后移，后半拍髋向右后侧顶送。

（三）拉丁舞的步伐

拉丁舞的步伐多为擦地滑行运步，运步中腿部微屈膝、踝关节的弹性表现突出，以脚尖着地运步配合快速多变的舞蹈节奏。伦巴舞、恰恰舞、桑巴舞在运步中滑行、拖步和并步运用较多，脚尖着地运步更为突出，膝部的弯曲度较大，膝、踝关节的弹性表现明显。斗牛舞动作节奏明快，步伐刚健有力，体现出斗牛士勇敢、健壮的勇士气质。

（四）拉丁舞身体的基本姿势

（1）双脚并立，身体尽量伸直，使头、肩、胯三点成一线，两眼平视，脖子拉直，下颚稍微内收，后颈较直。

（2）挺胸使两肩胛骨向后关闭，两肩下沉，同时将身体的中段（腰部分）向上拔起，使身体的中段和两肩有个互相顶压的力。

（3）臀部稍向内收，小腹向上拉，但不可过分使身体变形，上身躯干应是直的。骨盆可往旁边送，重量放在支撑脚的脚跟上。

（4）两条大腿要稍内收，双膝要绷直，不可弯曲，大腿和小腿的肌肉要收紧，感觉是向反方向拉紧。

（五）拉丁舞的握持姿势

拉丁舞与摩登舞相比具有活泼欢快的特点，因而它的握持姿势没有统一固定的模式，不同舞种的握持姿势各异，在起舞过程中握持姿势还会随着舞姿的变化而变换。伦巴舞的舞姿比华尔兹舞姿变化较多，男女双方相对位置与牵手状况也较复杂，大致可将其归为下列三类。

1. 闭式握持姿势

将体重完全置于重心脚上方，男女双方距离约 15 厘米左右。男性右手放在女性左肩胛骨上，女性的左手放在男性右臂上，沿着肩膀轻放；男性的左手放在眼睛高度处，轻握女性右手。拉丁舞的闭式握姿中，男女身体相离稍远，双方手腕彼此向对方稍延伸，如图 17-10 所示。

2. 分式面对姿势

分式面对舞姿的背部要尽量延伸，臀部收紧向身体内缩，不要提升，男女双手保持在腰部附近，非重心脚的脚跟提起，如图 17-11 所示。

图 17-10 闭式握持姿势

图 17-11 分式面对姿势

3. 扇形姿势

扇形姿势是伦巴舞和恰恰舞中常用舞姿。扇形打开时,非重心脚脚跟提起,女性肚脐向男性,身体稍扭转。扇形舞姿以两人之间能容纳三个人为宜,圆形要大一些,双手则在男女双方中间紧握,如图 17-12 所示。

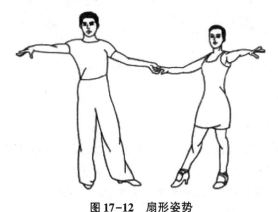
图 17-12 扇形姿势

五、伦巴的基本舞步

伦巴被称为爱情之舞,是拉丁舞项目之一,源自 16 世纪非洲的黑人歌舞,流行于拉丁美洲,后在古巴得到发展。伦巴的特点是较为浪漫,舞姿迷人、性感而热情,步伐曼妙有爱、缠绵,讲究身体姿态,舞态柔媚,步法婀娜款摆,是表达男女爱慕情感的一种舞蹈。伦巴是拉丁音乐和舞蹈的精髓和灵魂,引人入胜的节奏和身体表现使得伦巴成为舞厅中最为普遍的舞蹈之一。

伦巴的音乐节奏为 4/4 拍,每分钟 27~29 小节,每小节四拍。乐曲旋律的特点是强拍落在每小节的第四拍。舞步从第四拍起跳,由一个慢步和两个快步组成。四拍走三步,慢步占两拍(第四拍和下一小节的第一拍),快步各占一拍(第二拍和第三拍)。胯部动作是由控制重心的一脚向另一脚移动,向两侧作 "∞" 型摆动,每小节中胯部摆动三次。

下面主要介绍伦巴舞的基本方步和原地左转步。

（一）基本方步

基本方步的动作如图 17-13 所示。男士方步的节奏为 2-3-&[①]-4-1，第一拍，双脚分开与肩同宽，重心在右脚。第二拍，先左脚上正前方，完成一个"Check"[②]。第三拍，右脚蹬直，重心在两脚间更偏向前脚些。& 时左脚经过右脚，第四拍左脚到达左边原位，再回到 1 拍时，重心迅速转移到左脚，右脚半脚掌着地。2 拍右脚经过左脚向后撤出，3 拍重心跟随右脚，左脚为半脚掌，& 时右脚经过左脚往身体右侧迈出，1 拍时右脚着地，重心由左脚转移到右脚。与其他步伐不同，方步不可以左右脚交换，必须左脚上步，右脚后退。女士动作要领相同，方向相反。

图 17-13　伦巴基本方步

（二）原地左转步

原地左转步的动作如图 17-14 所示。

男士动作要领：第一拍，重心在右脚，左脚向侧打开，脚尖外侧点地，膝盖绷直。第二拍，左脚沿地面经右脚内侧向右侧步，重心落于左脚，膝盖绷直。右转 1/4 成并肩位。第三拍，重心由左脚换到右脚，膝盖绷直。第四拍，左脚沿地面向左侧步，重心落于左脚，膝盖绷直，左转 1/4 成对面。

女士的动作要领：第一拍，重心在左脚，右脚向侧打开，脚尖外侧点地，膝盖绷直。第二拍，右脚沿地面经左脚内侧向左侧步，重心落于右脚，膝盖绷直。左转 1/4 成并肩位。第三拍，重心由右脚换至左脚，膝盖绷直。第四拍，右脚沿地面向右侧步，重心落于右脚，膝盖绷直。右转 1/4 成对面。

---

① & 来源于拉丁语 et 的连写，与"and"同义，有"联合"的意思。"3&4"，就是"3"和"4"两个八拍之间联步。

② "Check"在拉丁舞中可理解为"抑制步"。所有的 Check 都是用来换方向的。通常在做 check 的时候，胯是转开的。

图 17-14 原地左转步

第三节 竞赛规则与裁判法

一、基本规则

(一) 分组

一般的体育舞蹈比赛分为职业组和业余组两大组别。在中国，因为有很多体育舞蹈专业院校的学生参加比赛，所以在两大组别之外还分出专业院校组。职业组分为职业 A 组、职业 B 组和职业新星组；专业院校组按年龄分组；业余组包括少年组、青年组、壮年组和常青组等，其中少年组也是以年龄来划分组别的。

(二) 场地

国际体育舞蹈的比赛场地为 15 米×23 米的长方形，长线为 A 线，短线为 B 线，场地要求不反光、防滑、平整，四周有界线，如图 17-15 所示。

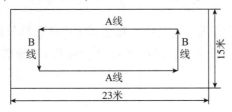

图 17-15 场地

(三) 服装

摩登舞中，男士须着燕尾服，打领结，穿白色衬衫、长裤、摩登鞋；女士须穿大摆舞裙，带流苏，穿摩登鞋，化妆，盘发。

拉丁舞中，男士须穿拉丁上衣、拉丁长裤、拉丁鞋；女士服装多样，共同点是必须露出 80% 的皮肤，露出皮肤部分须涂抹拉丁膏，不允许着上下两截式的服装，穿拉丁鞋，脸部化浓妆，短发或盘头。

(四) 音乐时间

比赛中每支舞的时间通常是1分1秒至2分钟,每一支舞都会准备5首舞曲,比赛时随机进行选择,每一个组别用的都是相同的舞曲。

(五) 对选手的要求

(1) 选手双脚不能离地2秒,即不允许做托举动作。

(2) 如果音乐尚未结束而选手停止表演,则该项舞蹈的分数列最后一位。

(3) 选手不得向裁判询问评分结果。

(六) 赛制与评分制度

比赛分为预赛、初赛、复赛、半决赛和决赛。从预赛到半决赛采取的是淘汰法,而决赛采取的是顺位法。

淘汰法是根据竞赛编排,从参赛人数中按规定录取定量选手进入下一轮比赛,淘汰其余选手。顺位法是指评委依据评比标准对进入决赛的 N 个选手排名次,用名次作为得分,也就是说得分越少的,成绩越好。例如,在大型的比赛中一般有9个裁判,每个裁判都要在6对选手中评出1到6名,9个裁判的名次打出来后,获得累积分数越少的选手名次越靠前。

二、评判标准

(一) 时值和基本节奏

裁判必须确定选手是否按时值和基本节奏进行表演。时值是指每一舞步的时间正好与音乐合拍。基本节奏是指舞步在规定时间内完成并且保持舞步之间正确的时间关系。

选手的时值和基本节奏错误时,该项舞蹈的所得分数最低。这种错误不能因其步法技巧的良好表现来弥补。

(二) 身体线条

身体线条是指两位选手作为一个整体,在运动中身体各部位构成的整体效果。这包括手臂线条、背部线条、肩部线条、胯部线条(骨盆姿势)、腿部线条、颈部和头部线条、左侧和右侧线条。

(三) 整体动作

裁判必须确定选手是否正确掌握该舞蹈的风格特点,并且评估选手动作起伏、倾斜和平衡是否标准。在控制和平衡掌握良好的情况下,动作幅度越大,则评分越高。在拉丁舞中,还需评估每种舞蹈典型的胯部动作。

(四) 节奏表现力

裁判必须评估选手的舞蹈节奏表现力。这揭示了选手对舞蹈节奏的感受与适应能力,以及在舞蹈中对音乐的理解与肢体表现。若表演与节奏不合,则该项舞蹈的所得分数最低。

（五）步法技巧

裁判必须评估选手正确表现舞步的脚法，如每一步足着点是脚掌、脚跟或脚趾等，以及脚步移动的控制和表达力。

思考题

1. 简述体育舞蹈的分类。
2. 什么是舞程线、舞程向？
3. 华尔兹和伦巴的基本舞步有哪些？请按要求进行练习。
4. 假如你有机会去欣赏体育舞蹈竞赛，你将如何更好地去欣赏比赛和对比赛做出比较适当的评价？请结合自身的体验谈谈。

参考文献

[1] 赵晓玲. 体育舞蹈教程 [M]. 重庆：重庆大学出版社，2017.

[2] 运动舞蹈运动教程编写组. 体育舞蹈运动教程 [M]. 北京：北京体育大学出版社，2016.

[3] 姜桂萍. 体育舞蹈 [M]. 2版. 北京：高等教育出版社，2017.

第十八章

瑜　伽

学习目标

1. 了解瑜伽的概念、起源及发展。
2. 了解瑜伽练习的准备工作与注意事项。
3. 了解瑜伽的呼吸方法。
4. 熟悉瑜伽拜日式的基本动作。

第一节　瑜伽的概述

一、瑜伽的概念

瑜伽是一项有着5 000年历史的关于身体、心理及精神练习的运动，起源于古印度，其目的是改善人的身体和心性，是古印度六大哲学派别中的一系。瑜伽从印度梵语"yug"或"yuj"音译而来，其含意为"一致""结合"或"和谐"。伴随着古印度文明的演进而不断发展，其发展方向比较繁多的。

瑜伽是一种非常古老的修炼方法，集哲学、科学和艺术于一身。瑜伽建立在古印度哲学基础之上，数千年来，心理、生理和精神上的戒律已经成为印度文化中的一个重要组成部分。古代的瑜伽信徒发展了瑜伽体系，他们深信通过运动身体和调控呼吸，可以控制心智和情感，以及保持健康的身体。现代人所称的瑜伽则主要是指一系列的修身养性方法。

二、瑜伽的起源及发展

5 000年前，在古印度，高僧们为追求心神合一的最高境界，经常隐居山林，静坐冥想。在长时间的隐居生活之后,高僧们通过观察生物体悟到不少大自然的法则,再从生物的生存法则验证到人的身上,逐步去感应身体内部的微妙变化,从而开始探索自己的身体,进行健康的维护和调理以及对疾病创痛的医治。几千年的钻研归纳下来,逐步衍化出一套理论完整、确切实用的养身健身体系,这就是瑜伽。

对于瑜伽发展的历史阶段,有各种划分,目前比较普遍的一种划分法,是根据瑜伽主要经典的出现及瑜伽体系的建立情况,将瑜伽分为个四个时期:以"韦达经"为标志的"吠陀瑜伽"时期;以"奥义书"出现为标志的"前经典瑜伽"时期;以《瑜伽经》产生为标志的"经典瑜伽"时期;近现代的"后经典瑜伽"时期。

瑜伽经过几千年的发展演变,已经衍生出很多派别,主要派别有古典瑜伽、阿斯汤嘎瑜伽、艾扬格瑜伽、流瑜伽、热瑜伽等。瑜伽发展到今天,已经成为世界上广泛传播的一项身心锻炼法,从印度传至欧美、亚太、非洲等地,因为对心理的减压以及对生理的保健等明显作用而备受推崇。

第二节 瑜伽练习的准备工作与注意事项

一、准备工作

(一) 心情

练习瑜伽时要身心放松,心情愉快。初学者刚开始做不好是正常的,不要懊恼,要自信、微笑,以轻松愉悦的心情练习瑜伽。

(二) 时间

瑜伽练习没有时间要求,符合自己生活规律即可,可根据个人情况来安排练习时间。只要是空腹的状态,一天中的任何时间都可以练习。

(三) 地点

练习瑜伽要在干净、舒适的房间里,有足够的伸展身体的空间,保持房间内空气清新、流通,并且能自由地吸入氧气,这对于调息练习尤为重要。可摆放绿色植物或鲜花、播放轻柔的音乐来帮助松弛神经。当然,也可以选择在露天环境中练习,比如花园、海边等环境较好的地方,但不要在大风、寒冷处或有污染的空气中练习,也不要在太阳直射下练习(黎明除外,因为那时光线柔和,有益于健康)。

(四) 衣着

练习瑜伽姿势时应穿着宽松柔软的衣服,以棉麻质地者为佳,必须保证透气和练习时肌体不受拘束。鞋子必须脱掉,袜子最好也脱掉(天冷时脚部须注意保暖),手表、眼镜、腰带、头饰以及其他饰物都应摘下。

(五) 用品

练习瑜伽时，可准备毛巾、垫子等用品，以使用专业的瑜伽垫为好，如果没有专业的瑜伽垫，铺上地毯或毛毯也可。同时，练习时要准备一套伸展度佳的瑜伽服，让你练习无拘无束，舒展自如。

(六) 沐浴

练习瑜伽后 20 分钟内不要沐浴，因为瑜伽练习会使身体感觉变得极其敏锐，此时若给予忽热忽冷的刺激，反而会伤害身体，消耗身体内储存的能量。沐浴后 20 分钟内也不宜练习瑜伽，因为沐浴后血液循环加快，筋肉变软，如果马上练习瑜伽，不仅容易使身体受伤，而且会导致血压升高，加重心脏负担。心脏病、高血压、甲亢等疾病患者尤其要注意这一点。另外，在长时间的太阳浴后也不要练习瑜伽。在练习瑜伽之前 1 小时左右洗个冷水澡，能让练习达到更好的效果。

(七) 饮食

一般情况下，练习前两小时和练习后两小时不能进食，有些甚至练习前三小时不能进食。但练习前一小时左右可喝适量的水、饮料、牛奶。尽量吃一些天然食品，避免油腻、辛辣的食品，进食也不可过饱。

二、注意事项

(一) 瑜伽宜在空腹状态下练习

饭后 3~4 小时，饮用流体后 1 小时左右练习为佳，瑜伽的动作都是弯、伸、扭、推、挤，这是瑜伽的特点。

(二) 瑜伽练习宜依据个人实际情况适度选择动作的难易程度

做瑜伽练习一定要在极限的边缘温和地伸展身体，千万不要用力推拉、牵扯，超出自己极限边缘的动作是错误的。

(三) 瑜伽练习宜量力而行

如果在练习的过程中体力不支或身体颤抖，要即刻还原。肌肉极度疲劳时继续大强度地练习瑜伽，身体会受伤。所以，体力不支的时候不要强迫自己去练习，也不要因为做不到某个瑜伽姿势而沮丧。只要经常练习，身体的耐受力会越来越强，姿势会越来越到位，自身体质也会越来越好。

第三节　瑜伽的呼吸方法

瑜伽呼吸法，是通过各种不同的呼吸方法（根据个体身心状况而定）有效地按摩内脏的呼吸方法。它能刺激各生理腺体，激活脉、轮（相当于中医所说的经络、穴位）的力量,更好地清理身体。

瑜伽倡导的呼吸是动用整个肺进行呼吸,通过肺吸入充足的能量供给身体,促进心脏血液循环并且通过血流将能量送至身体的各部位。它温和地按摩胸部、腹部器官,增强其功能,使身体和心灵得到充分的放松,对身心健康有明显的裨益。正确的瑜伽练习必须先从呼吸的练习开始,而不是先从体位法开始。呼吸分为腹式呼吸、胸式呼吸、锁骨式呼吸和腹胸式完全呼吸。腹式呼吸指以肺的底部进行呼吸,感觉只是腹部在鼓动,胸部相对不动。胸式呼吸指以肺的中上部分进行呼吸,感觉是胸部在张缩鼓动,腹部相对不动。锁骨呼吸指始终保持腹部和肋骨架收缩,感觉双手被锁骨推起、缩紧。腹胸式完全呼吸指肺的上、中、下三部都参与呼吸的运动,腹部、胸部乃至感觉全身都在起伏张缩。

一、腹式呼吸

腹式呼吸以膈肌运动为主,吸气时胸廓的上、下径增大。腹式呼吸时,横膈肌会下降,腹压增加,好像空气直接进入腹部,这时若把手放在肚脐上,会感觉手上下微微抬放。这是一个简单而有效的呼吸练习。可以选择山立式或任何瑜伽坐姿或仰卧放松功开始这个练习。

(一) 方法

(1) 将双手或单手放在肚脐区域,不要施加压力。吸气时,感觉气沉肺底,因为横膈膜下沉,使腹内脏器下沉,小腹起涨;手感觉到被小腹抬起。如图 18-1 所示。

(2) 呼气时横膈膜渐渐复位,小腹回落。当气将呼尽时双手微向下施压,肚脐内收并上提,彻底呼尽肺底残留气体。如图 18-2 所示。

(3) 可保持吸气四拍,呼气四拍,早晚各练习 100 次。

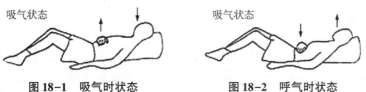

图 18-1　吸气时状态　　　　图 18-2　呼气时状态

(二) 优点

腹式呼吸是所有呼吸技巧的基础,是最安全有效的呼吸练习,可以调节压力系统,从而为身心减压,还有助于调节循环和呼吸系统,并使所有腹部器官得到按摩,促使各内脏腺体以正常的方式分泌激素。

二、胸式呼吸

可以选择山立式、任何瑜伽坐姿或仰卧放松功开始这个练习。

(一) 方法

(1) 将双手放在十二肋两侧,不要施加压力。保持盆骨中立位(髂前上棘及耻骨在一个平面上)。

（2）收缩腹部，吸气。在保证腹腔壁内收的前提下，肋骨架下部升高并向两侧推出。吸气越深时，腹部向内、朝脊柱方向收，此时肋骨是向外和向上扩张的。呼气，肋骨向下并向内收。吸气，将空气直接吸入胸部区域，感觉胸部区域扩张，但腹部应保持平坦。

（3）腹腔壁持续内收，呼气，肋骨架回落。这个过程缓慢地肺内浊气排出体外，肋骨和胸部回复原位，腹部依然向内收紧。

（4）在吸与呼的过程中始终收缩腹部，肋骨架像手风琴那样向两侧扩张和收缩。

（5）可保持吸气四拍，呼气四拍，早晚各练习100次。

（二）优点

加强腹肌肌力，镇静心脏；可以缓解压力，消除人体紧张感；净化血液，改善循环。

三、锁骨式呼吸

锁骨式呼吸是以两肩与锁骨及肋骨上下动作进行呼吸。可以选择山立式、任何瑜伽坐姿或仰卧放松功开始这个练习。

（一）方法

（1）将双手放于锁骨两侧，不要施加压力。

（2）慢慢吸气，始终保持腹部和肋骨架收缩，感觉双手被锁骨推起。

（3）慢慢呼气，继续保持腹部和肋骨架收缩，感觉双手和锁骨回落。

（4）可保持吸气四拍，呼气四拍，早晚各练习100次。

（二）优点

彻底净化和增强肺上部，有利于形成全肺呼吸。

四、胸腹式完全呼吸

可以选择山立式、任何瑜伽坐姿或仰卧放松功开始这个练习。将横膈膜、肋间肌和锁骨三种呼吸技巧结合起来就形成了胸腹式完全呼吸，也就是全肺呼吸。这三种呼吸应衔接得顺畅而自然，就像一个稳定渐进的波浪滑过胸腹。

（一）方法

（1）慢慢吸气，小腹起涨，在保持小腹起涨的前提下继续吸气至肋骨扩张，保持现有的体征，放松肺上部吸气，锁骨上推，肩稍耸。

（2）慢慢呼气。肩放平，锁骨下移，肋骨回缩，小腹内收上提。

（3）可保持吸气四拍，呼气四拍，早晚各练习100次。

（二）注意事项

这个练习一定要在三种基础呼吸标准化之后再做，不要急于求成。瑜伽教学中经常出现的状况是学员肺活量不够，无法完成练习；还有的学员做完腹式呼吸后将气屏住，推向肺中，再推向肺上，误以为这样形成身体波浪就是完全呼吸。这些问题的成因都是没能掌握好三种基础呼吸。

第四节 瑜伽拜日式的基本动作

瑜伽拜日式（太阳致敬式）是瑜伽体位练习的入门方法，一般由十二个姿势组成，可用于热身，有利于舒展身体，平和内心。拜日十二式，即是向太阳致敬的十二个姿势，是古印度瑜伽师的一个练习方法。据说这是古印度人为感激太阳赐予人类光明和能量而创造的十二个姿势，所以做拜日式时，心中要满怀感激之情。

一、祈祷式

动作要点：挺身直立，双脚并拢，双手胸前合掌，放松全身，调匀呼吸，如图18-3所示。

益处：逐渐处于集中和宁静的状态，为要做的练习做准备。

二、展臂式（双背向上举）

动作要点：保持双腿伸直不要弯曲，上臂向上举过头，双臂分开与肩同宽，头和上身稍朝后仰，伸直手肘，脊柱向后缓慢弯曲到极限位置，如图18-4所示。

图18-3　祈祷式　　　图18-4　展臂式

呼吸：双臂上举时吸气。

益处：伸展腹部脏器，消除过多的脂肪，并改善消化，锻炼手臂和肩部肌肉，加强脊神经，展开肺叶。

三、前屈式（手触脚式）

动作要点：身体向前曲，直到双手或手指触到脚的任何一侧，或脚前的地上。使用前额触到双腿，双膝保持伸直，如图18-5所示。

呼吸：身体前曲时呼气。在最后位置时收缩腹部，最大量地呼气。

益处：有助于消除或预防胃部或腹部疾病，减少腹部多余脂肪，改善消化；有助于消除便秘，使脊柱柔软，加强脊神经。

四、骑马式

动作要点：尽量向后伸出左腿，同时右脚保持原位，屈右腿，两臂保持伸直在原位上。动作末尾时，身体重量应当由两手、左脚、右膝和右脚趾来支撑。在最后姿势时，头应向后仰起，背成弓形，向上凝视，如图 18-6 所示。

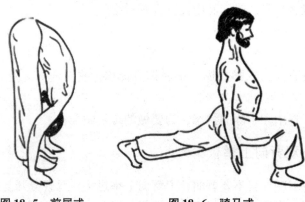

图 18-5　前屈式　　　　图 18-6　骑马式

呼吸：右腿向后伸展时吸气。

益处：按摩腹部器官，改善其活动功能；加强两腿肌肉，保持神经平衡。

五、山岳式（顶峰式）

动作要点：伸直双腿，双脚并拢，身体向前俯卧，臀部翘在半空，头低下，使其位于两臂之间。身体应成为三角形的两条边。在最后位置时，双腿和双臂应伸直，两脚跟着地，如图 18-7 所示。

呼吸：伸直双腿和弯曲躯干时呼气。

益处：加强双臂和两腿神经和肌肉；与前一姿势相反的方向弯曲脊柱，进一步增加脊柱的柔韧性；加强脊神经，并向其供应新鲜血液。

六、八体投地式

动作要点：身体放低及地，最后位置时只有双脚脚趾、双膝、胸部、双手和下巴触地。髋部和腹部应稍微抬离地面，如图 18-8 所示。

呼吸：呼尽后再行屏气。

益处：加强大腿和手臂肌肉，发展胸部，强化身体协调性。

图 18-7　山岳式

图 18-8　八体投地式

七、眼镜蛇式

动作要点：伸直双臂，从腰部抬起身体，头朝后仰，如图 18-9 所示。

呼吸：抬起身体和弓背时吸气。

益处：腹部受到压缩，有助于从腹部器官挤出瘀血；对胃病，包括消化不良和便秘非常有效；弓背锻炼脊柱，使肌肉柔软，使最重要的脊神经得到锻炼。

图 18-9　眼镜蛇式

接着重复一遍山岳式、骑马式、前屈式、展臂式和祈祷式，即为瑜伽拜日式的全部动作。

思考题

1. 体悟瑜伽经典动作与呼吸的配合，并和同学们进行交流。
2. 瑜伽拜日式的基本动作有哪些？请按要求进行练习。
3. 查阅视频资料，自行练习其他经典瑜伽动作，注意呼吸和心意的配合。

参考文献

[1] 杨凡. 图解瑜伽基础入门 [M]. 呼伦贝尔：内蒙古文化出版社，2013.

[2] 吴嘉玲. 大学健身瑜伽教程 [M]. 北京：北京体育大学出版社，2014.

[3] 王娟. 大学健身瑜伽教程 [M]. 北京：北京理工大学出版社，2014.

[4] 司马春英，倪梁康. 瑜伽行派的现象概念 [J]. 中国现象学与哲学评论，2015（1）：209-219.

第十九章

跆拳道

> **学习目标**
> 1. 了解跆拳道的起源、发展、特点、作用及礼仪。
> 2. 了解跆拳道的基本技术。
> 3. 了解跆拳道的基本战术和基本竞赛规则。

第一节 概述

一、跆拳道的起源及发展

跆拳道古称跆跟、花郎道,是起源于古代朝鲜半岛的民间武艺。

1910年日本侵占朝鲜后,建立起殖民政府,一度下令禁止所有的文化活动,跆拳道自此在朝鲜境内销声匿迹。一些不甘寂寞或被生活所迫的人远离故土,到中国或日本谋生,同时把跆拳道延续下来。更为重要的是,这些人将其与中国武术和日本武道相结合,孕育了新的技术体系。第二次世界大战后,自卫术再度兴起,从异国他乡回归故土的朝鲜人也将各国的武技带回本国,逐渐与跆拳道融为一体,形成了现在的跆拳道体系。

1955年正式称朝鲜的自卫术为"跆拳道"。1961年9月,韩国成立了唐手道协会,后更名为跆拳道协会,并成为全国运动会正式竞赛项目。1966年,第一个国际组织——国际跆拳道联盟成立。1972年,在韩国汉城成立了世界跆拳道联合会(简称"世界跆联")。1975年,世界跆拳道联合会被国际单项体育联合会接纳为正式会员。1980年,国际奥委会正式承认世界跆联。迄今为止,世界跆联已有182个会员。

1988年,跆拳道在韩国汉城奥运会首次亮相后,为了适应国际重大比赛,跆拳道技术不断地变革和发展。世界跆拳道联盟的总部中有一特别技术委员会,其主要任务就是改进跆拳道技术。

当然，今日的跆拳道动作不像以前那样圆滑流畅，也不似以前那样重视运动中身体的平衡。然而，对当今跆拳道技术的检验并不在它的外观，而是在于实战。具体地说，就是在实战对抗中或在遭受袭击被迫自卫的情形下，新型跆拳道技术要比拘于形式的老技术更胜一筹。

二、跆拳道的特点

（一）以腿为主，以手为辅，主要关节武器化

在跆拳道技术方法中占主导地位的是腿法，腿法技术在整体运用中约占3/4。腿法有很多种形式，可高可低、可近可远、可左可右、可直可屈、可转可旋，威胁性极大，是实用制敌的有效方法。其次是手法，手臂的灵活性很好，可以自如地完成防守和进攻动作，同进也可变化为拳、掌、肘、肩的多种用法，进行实战。在实战中，人体的一些主要关节部位亦可以用作进攻的武器或防守的盾，这是跆拳道技术的本质，如人体的手、肘、膝、脚等关节部位，是跆拳道实战中最常用、最有效的击打武器。

（二）方法简捷，刚直相向

跆拳道较少使用躲闪防守法。不论是在比赛时还是在实战中，跆拳道的进攻方法都是十分简捷而实效的。

对抗时双方都是直接接触，以刚制刚，用简练硬朗的方法直接击打对方，变化多；防守的动作也是以直接的格挡为主，随即是连续的反击动作。

（三）内外兼修，方法独特，以功力验水平

跆拳道理论认为，经过专门训练，人的关节部位能产生极大的威力，特别是手、肘、膝和脚四个部位，尤以脚和手为甚。长期练习跆拳道，可以达到内外合一的程度，即内功和外力达到统一的巅峰。

三、跆拳道的作用

（一）修身养性，培养人优秀的意志品质

跆拳道练习推崇"以礼始，以礼终"的尚武精神，练习中要以"礼义廉耻，忍耐克己，百折不屈"为宗旨，因此，可以培养顽强果断、吃苦耐劳的精神，坚韧不拔、积极向上的品质，形成礼让谦逊、宽厚待人的美德。

（二）强体防身，练就人健全的体魄

跆拳道运动紧张激烈，对抗性极强，可强健筋骨，提高各关节的灵活性及肌肉的伸展性和收缩能力，提高人的速度、反应、灵敏、力量和耐力素质，提高人体内脏器官的机能和人体神经系统的灵活性，增强人体的击打和抗击打能力。

（三）观赏竞技，享受击打艺术的美感

跆拳道比赛或实战时，双方腿法技术在对抗中高来低往，不仅给人以美的享受，还能激发人的斗志，鼓舞人奋发向上，陶冶人的道德情操，使人在欣赏的同时潜移默化地受到意志品质教育。

四、跆拳道的礼仪

跆拳道中的礼仪是跆拳道基本精神的具体体现，跆拳道运动始终倡导"以礼始，以礼终"的尚武精神。

礼仪是跆拳道运动必不可少且十分重要的组成部分。跆拳道是精神和身体的综合修炼，可使练习者在艰苦磨炼中培养出理想的人格和体魄，并真正掌握防身自卫的本领。练习者精神锻炼一环中，必须包括礼仪的教育和熏陶。

礼节是跆拳道练习过程中必须具备的行为规范，练习跆拳道要持正确的态度，对跆拳道的历史、内容、特点、作用及教育意义有全面的了解和认识。练习者衣着端正、头发整洁，对教练、同伴时刻都要表现出恭敬、服从、谦虚、互助互学的心态。谦逊和正确的言语、忍让和友好的态度、虚心和好学的作风，也是跆拳道练习者应遵循的重要礼仪。

无论是在跆拳道练习还是实战中，尽管以双方格斗的形式进行，但是不管格斗怎样激烈，双方都应以提高技艺和磨炼意志品质为目的，持有向对方表示尊敬和学习的心理。因此，在练习或比赛前后都一定要向对方敬礼。

相关知识

"以礼始，以礼终"——跆拳道课的礼仪

1. 开始时的礼仪程序

开始时，练习者应排列好队形，立正姿势站好。由队长或教练喊"立正，敬礼"的口令，全体向国旗敬礼，口号"跆拳"；教练先向后转，队长喊"敬礼"口号，相互敬礼。

2. 结束时的礼仪程序

结束时，站好队列。由队长或教练喊"向后转，整理服装"的口令，全体立即向后转，不对着国旗整理服装。整理好后，迅速向后转，队长喊"敬礼"的口令，全体面向国旗立正、敬礼。随后全体面向教练，互相敬礼，口号"跆拳"。

3. 训练课的礼仪

在训练课上，队员之间互相服务，拿脚靶进行练习。在互换脚靶时，首先要面向对方并步直体站立，上体前屈30度、头部前屈45度鞠躬致礼，如图19-1所示，礼毕上体还原成立正姿势。此外，递接物品时，呈立正姿势，双手掌心向上，向前伸出递接，同时上体向前鞠躬敬礼，礼毕还原成立正姿势。

图19-1 鞠躬致礼

五、跆拳道练习者级别的简要介绍

为了正确评价跆拳道的技术、人格、耐性、勇气、诚实性和精神,跆拳道分为十级九段。初级练习者从最低级 10 级开始,依次往上到 1 级;高级练习者从最低段开始依次往上到九段,一段到三段为学习阶段,四段到六段为步入行家阶段,从七段开始为精通阶段。跆拳道选手的级别主要从腰带上看:10 级为白带,9 级为白黄带,8 级为黄带,7 级为黄绿带,6 级为绿带,5 级为绿蓝带,4 级为蓝带,3 级为蓝红带,2 级为红带,1 级为红黑带。从一段起均为黑带。

第二节 基本技术

跆拳道技术经过近几十年来的发展,改进速度非常快,衍生的技术动作也十分复杂。本节只介绍初学者必须掌握的基础技术。

一、跆拳道的基本步型和步法

(一)基本步型

1. 基本准备姿势

动作要领:在立正姿势中左脚侧跨一步并排站立;两手掌朝上,上提到胸口部位;两手在胸口前握拳的同时向内转动缓慢放下,左脚完全落地,重心放在两脚中间的同时两拳放于丹田处,站稳,两手距离和身体与拳的距离均为一拳,如图 19-2 所示。

使用:基本准备姿势用于基本动作的准备,主要用于品势的开始和结束部分。

图 19-2 基本准备姿势

2. 并排步

动作要领:两脚开立,宽度为一步,两脚内侧平行;两膝挺直;体重平均落在两腿,重心放于两腿之间,如图 19-3 所示。

使用：并排步适用于静止状态和准备姿势。

3. 马步

动作要领：两脚间距离为两倍脚长；两脚内侧平行；上身挺直，屈膝，往下看时膝关节与脚尖要成一条直线，小腿挺直；膝关节稍向内扣，如图19-4所示。

使用：因重心低，站姿稳，用于防守和攻击。

图19-3 并排步

图19-4 马步

4. 弓步

动作要领：前后脚之间的距离为一步半，两脚脚尖之间的距离为一脚；前脚脚尖朝前；上身挺直，前腿屈膝站立，往下看时膝关节与脚尖成一条直线；后脚的内角为30度，后腿蹬直，身体重心的2/3在前；上身倾斜30度左右，如图19-5所示。

使用：重心在前腿，方便移动，有利于攻击和防御。

5. 三七步

动作要领（以右腿后屈时为例）：在并步姿势的基础上，以后脚跟为轴往右转动90度，然后左脚迈出一步，上身挺直，两腿膝关节弯曲，重心降低；右膝关节向右脚尖方向弯曲为60度~70度，左膝关节向内弯曲100度~110度，两腿膝关节不能像马步一样向内扣；2/3的重心在右腿，如图19-6所示。

使用：七成重心放在右腿，三成重心放于左腿，用于防守和进攻前准备。

图19-5 弓步

图19-6 三七步

(二) 基本步法

1. 实战准备姿势

实战姿势也叫预备姿势，是跆拳道比赛中双方开始时的基本站立姿势。准备姿势应便于进攻、防守以及步法的移动。左脚在前为左势，右脚在前为右势。

动作要领（以左势为例）：两脚平行开立与肩同宽，两臂垂于体侧；身体左转，左脚以脚掌为轴向左侧转体，前脚掌内扣45度，后脚掌与前脚掌成斜向的平行线；抬起脚跟，上下颤动。双脚跟离地，上下抖动身体，体会双腿的弹性，膝关节应有一定的弯曲度；双手握拳，左与肩高，右与胸口平，两臂屈置于胸前，如图19-7所示。

注意事项：全身自然、放松；膝关节富有弹性；重心处于游离状态，能够迅速变化移动。

易犯错误：脚跟没有完全离开地面，膝关节没有弯曲，全身紧张；上体前倾或后仰，肩部一高一低，重心偏前或偏后。

图19-7 实战准备姿势

2. 跳换步

动作要领（以左势为例）：以左势起，双脚同时轻轻蹬地，身体微腾空，双脚沿直线前后交换，落地成右势。

注意事项：换脚动作迅速，重心起伏小；直线交换双脚。

易犯错误：换脚时跳得太高；换脚时走弧线。

3. 上步

动作要领（以左势为例）：以左势起，以左脚掌为轴，右脚沿直线离地2～3厘米，向左脚前方迈上一步，左脚掌自然转动90度左右，成为右势。

注意事项：左脚跟要抬起，以左脚掌为转动轴；上步时右膝关节内侧贴近左大腿内侧，走直线，不拖地；上右脚的距离与肩同宽。

易犯错误：左脚全脚掌转动；上步时走弧线；上右脚时距离过宽或过窄。

4. 撤步

动作要领（以左势为例）：以左势起，以右脚掌为轴，右脚跟向外拧转90度，左脚沿直线后撤一步，与肩同宽，成右势。

注意事项：借助左脚蹬地的反弹力迅速转体，后撤左脚；脚落地后距离与肩同宽。

易犯错误：撤左脚的力度控制不好，落地后失去平衡，不利于迅速启动。

5. 前滑步

动作要领（以左势为例）：以左势起，右脚掌用力蹬地，左脚掌轻擦地面向前滑行10～20厘米，右脚随即跟上相同的距离。

注意事项：双脚前滑有加速度、突发性，滑步后保持平衡，处于弹性状态；左脚前滑，右脚跟进，动作先左脚、后右脚；双脚位移距离一致。

易犯错误：双脚同时离地跳动；滑步动作僵硬，没有弹性；滑步没有突发性；滑步后双脚距离有变化。

6. 后滑步

动作要领（以左势为例）：以左势起，左脚掌用力蹬地，右脚掌向后滑动10～20厘米，左脚后滑同等距离。

注意事项：后滑有加速度、突发性，滑步后保持平衡；动作先右脚、后左脚；滑动前后双脚距离一致，双脚滑动位移一致。

易犯错误：先左后右或双脚同时离地；滑步时全身僵硬，没有弹性。

7. 前跳步

动作要领（以左势为例）：以左势起，利用左脚快速、隐蔽的点地反弹力，猛收左侧腹直肌，迅速提起左膝关节，上体直立，右脚掌向前跳滑一步。

注意事项：出腿后也可落回左脚成右势；提左膝关节与右脚掌的跳滑同时进行。

易犯错误：跳离地面时太高；上体后仰。

二、跆拳道基本的进攻和防御技术

跆拳道攻击人体的要害部位，主要分为上段的人中、中段的胸口、下段的丹田处。跆拳道进攻和防御时使用的部位主要有手、肘、脚、小腿、膝盖等。

（一）基本进攻技术

1. 前踢

前踢是跆拳道中最基本的踢法，对膝关节快速屈伸能力和膝关节四周的肌肉有很好的锻炼作用。跆拳道的基本踢法都是由前踢演化而来的，学好前踢是学好跆拳道踢法的基础。

动作要领（以左势为例）：以左势起，右脚蹬地屈膝提起，送髋、顶髋，小腿快速向前踢出，高于腰平，迅速放松弹回，成折叠状，右脚落回，恢复成左势，如图19-8所示。

注意事项：大小腿折叠充分，上提右膝时右膝内侧贴近左大腿内侧，小腿、踝关节放松，有弹性；髋往前送，上体后仰，踢心窝、下颌部位时髋关节上送，送髋时右膝往前撞；小腿收回时仍以膝关节为支点自然弹回。

易犯错误：直腿踢、直腿落，小腿与大腿没有折叠；提膝没有贴近左大腿内侧，造成髋关节未能正对前方；不送髋。

图 19-8　前踢

2. 横踢

横踢是跆拳道比赛中使用率、得分率最高的踢法，其外形酷似散打中的边腿，其实两者大相径庭。跆拳道的横踢幅度小、隐蔽性好、速度更快，如图 19-9 所示。

图 19-9　横踢

动作要领（以左势为例）：以左势起，右脚蹬地，重心移到左脚，右脚屈膝上提，两拳置之于胸前；左脚前脚掌碾地内旋，髋关节左转，左膝内扣；随即左脚掌继续内旋转 180 度，右脚膝关节向前抬置水平状态；小腿快速向左前横踢出；击打目标后迅速放松收回小腿。右脚落回成实战姿势。

注意事项：膝关节夹紧，向前提膝，尽量走直线；支撑脚外旋 180 度；髋关节往前送，身体与大小腿成直线，严格注意击打的力点（正脚背）；踝关节放松，击打的感觉是

"鞭梢"。横踢攻击的主要部位有头部、胸部、腹部和肋部。

易犯错误：膝关节不夹紧，大小腿折叠不够；外摆的弧形太大；上身太直、太往前、重心往下落；踝关节不放松，脚内侧击打（应为正脚背）。

3. 侧踢

侧踢类似于散打中的侧踹，跆拳道比赛中很少使用，因为速度较慢。但是在跆拳道品势中，侧踢是不可缺少的一种踢法。侧踢如图19-10所示。

动作要领（以左势为例）：以左势起，右脚蹬地起腿，屈膝上提，左脚以脚掌为轴外旋180度，脚跟正对前方，右腿快速向右前方直线踢出，力点在脚跟，收腿、放松，重心向前落下，恢复成基本准备姿势。

注意事项：起腿后大小腿折叠，膝关节夹紧；左脚与右腿由屈到伸，发力协调、顺畅；头、肩部、髋关节、膝、踝、脚成一条直线；大小腿直线踢出、直线收回。

易犯错误：大小腿折叠不充分；左脚未及时向前转动对准攻击目标，收髋、撅臀；小腿没有完全伸展；踢出时，上提重心靠后；踢完不收腿。

图19-10　侧踢

4. 下劈

下劈动作类似于武术中的下砸腿，以脚掌、脚跟攻击对方的脸部，也有人称其为下压。在跆拳道比赛中，女运动员下劈的得分率往往高于男运动员。下劈如图19-11所示。

图 19-11 下劈

动作要领（以左势为例）：以左势起，右脚蹬地，重心前移至左脚。同时，右腿以髋关节为轴屈膝上提，两手握拳置于胸前；随即充分送髋，上提膝关节至胸部，右小腿以膝关节为轴向上伸直，将右腿直举于体前，右脚过头。然后放松向下以右脚后跟（或脚掌）为力点劈击，一直到前面，成实战姿势。

注意事项：腿尽量往高处、往头后举，要向上送髋，重心往高起；脚放松往前落，落地要有控制；起腿要快速、果断；踝关节要放松。劈腿的主要攻击部位有头顶、脸部和锁骨。

易犯错误：起腿不够高、不够充分，重心不往高起；踝关节紧张，往下压太用力；重心控制、腿控制不好，落地太重；上身后仰太多。

5. 推踢

推踢一般用于截、封对方的起腿，使之失去平衡。推踢力道很大，使对方重心摇晃或失去平衡摔倒，也能得分。推踢如图 19-12 所示。

图 19-12　推踢

动作要领（以左势为例）：以左势起，右脚蹬地屈膝提起，左脚以脚掌为轴外旋 90 度，重心往前压，右脚向右前方直线踢出，力点在脚掌，重心往前落下，迅速恢复成基本姿势。

注意事项：提膝后使大小腿折叠、收紧；重心往前移；推的路线水平往前，送髋，力量延伸；接近目标时突然发力。

易犯错误：收腿不紧，直腿起，容易被阻截；上身太直，重心往下落，腿不能水平地向前推；上身过分后仰，重心没能前移，不利于衔接下一个技术动作，易被反击。

6. 后踢

后踢是跆拳道比赛中常用的踢法，其力量极大，一般攻击对方的上腹部，常用于反击对手的横踢。后踢如图 19-13 所示。

图 19-13　后踢

动作要领（以左势为例）：以左势起，左脚以脚掌为轴内旋成脚跟正对对手，上身旋转，右膝向腹部靠近，大小腿折叠，右腿用力向攻击目标直线蹬出，重心前移落下，成右势站立。

注意事项：起腿后，上身与大小腿折叠成一团；击打目标在正前方稍偏右；收回小腿时不能旋转，否则易暴露出空当。

易犯错误：支撑脚没有起到瞄准的作用；上身与大小腿折叠不紧，直腿上撩或斜下踩踏；转身出腿不连贯；边旋转边出腿，击打路线走弧线；肩部、上身跟着旋转，易被反击。

（二）基本防御动作

防御是指受到对方攻击时保护身体要害的技术。有躲闪式的防御，在无法躲闪、不得已对抗时，为保护身体要害必须使用其他防御技术。初学者基本的防御动作主要在品势的学习中涉及。

（三）品势

1. 品势的由来及定义

跆拳道的品势原来是由单一的攻击和防御手段构成的原始武术，后因为社会组织化、格斗层次提高发展成共同对敌现象，并在其中形成了现在的品势。

从技术角度上看，品势即跆拳道，跆拳道基本动作是品势动作的基础。

2. 太极品势

太极品势包含太极深奥的思想和意义，被指定为跆拳道入门初期的有级者品势。以品势线（形如"王"字，如图 19-14 所示）和姿势不变化的跆拳道基本思想为背景，以太极的一元思想为基础，把八卦中的每一卦安排为一品势，加深跆拳道精神思想和技术的内涵。准备姿势为基本准备姿势，以力量源泉的下半身为重心，用左右拳发力。

图 19-14　太极一章品势路线

（1）太极一章。太极一章指的是八卦中的"乾"卦，乾指的是天和太阳，象征着万物根源。太极一章是跆拳道第一场品势。姿势由最简单的自然站立起，动作由基本的下段防御、中段防御、上段防御、中段击、前踢等组成。太极一章动作如图 19-15 所示。

动作方法如下。

起势：站在 B 点，面向 A 方向成基本准备姿势。

动作一：C1 方向迈左脚，左走步下段防御，如图 19-15（a）所示。
动作二：C1 方向迈右脚，右走步中段顺拳攻击，如图 19-15（b）所示。
动作三：D1 方向迈右脚，右走步下段防御，如图 19-15（c）所示。
动作四：D1 方向迈左脚，左走步中段顺拳攻击，如图 19-15（d）所示。
动作五：A 方向迈左脚，左弓步下段防御，如图 19-15（e）所示。
动作六：A 方向原地不动，左弓步中段正拳攻击，如图 19-15（f）所示。
动作七：D2 方向迈右脚，右走步中段防御，如图 19-15（g）所示。
动作八：D2 方向迈左脚，左走步中段正拳攻击，如图 19-15（h）所示。
动作九：C2 方向向后转，左走步中段防御，如图 19-15（i）所示。
动作十：C2 方向迈右脚，右走步中段正拳攻击，如图 19-15（j）所示。
动作十一：A 方向迈右脚，右腿尖朝前，右弓步下段防御，如图 19-15（k）所示。
动作十二：A 方向原地不动，右弓步中段正拳攻击，如图 19-15（l）所示。
动作十三：C3 方向迈左脚，左走步上段防御，如图 19-15（m）所示。
动作十四：C3 方向右脚前踢，右走步中段顺拳攻击，如图 19-15（n）所示。
动作十五：D3 方向迈右脚，右走步上段防御，如图 19-15（o）所示。
动作十六：D3 方向左脚前踢，左走步中段顺拳攻击，如图 19-15（p）所示。
动作十七：B 方向迈左脚，左弓步下段防御，如图 19-15（q）所示。
动作十八：B 方向迈右脚，右弓步顺拳攻击中段（发声），如图 19-15（r）所示。
收势：右脚不动在 B 点，左脚逆时针旋转，面向 A 方向成基本准备姿势。

(a)　　　　　　　　(b)　　　　　　　　(c)

(d)　　　　　　　　(e)　　　　　　　　(f)

(q)   (r)

图 19-15　太极一章动作

(a) 动作一；(b) 动作二；(c) 动作三；(d) 动作四；(e) 动作五；(f) 动作六；(g) 动作七；(h) 动作八；(i) 动作九；(j) 动作十；(k) 动作十一；(l) 动作十二；(m) 动作十三；(n) 动作十四；(o) 动作十五；(p) 动作十六；(q) 动作十七；(r) 动作十八。

（2）太极二章。太极二章对应着八卦中的"兑"卦，是外柔内刚的意思。在修炼太极一章后，可以做出简单的防御动作和腿法。太极二章的品势线路如图 19-16 所示，其动作如图 19-17 所示。

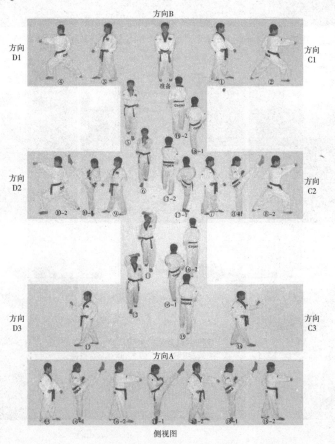

图 19-16　太极二章品势路线

起势：站在 B 点，面向 A 方向成基本准备姿势。
动作一：C1 方向迈左脚，左走步下段防御，如图 19-17（a）所示。
动作二：C1 方向迈右脚，右弓步中段顺拳攻击，如图 19-17（b）所示。
动作三：D1 方向迈右脚，右走步下段防御，如图 19-17（c）所示。
动作四：D1 方向迈左脚，左弓步中段顺拳攻击，如图 19-17（d）所示。
动作五：A 方向迈左脚，左走步中段防御，如图 19-17（e）所示。
动作六：A 方向迈右脚，右走步中段防御，如图 19-17（f）所示。
动作七：C2 方向迈左脚，左走步下段防御，如图 19-17（g）所示。
动作八：C2 方向右脚前踢，迈步右弓步上段顺拳攻击，如图 19-17（h）所示。
动作九：D2 方向迈右脚，右走步下段防御，如图 19-17（i）所示。
动作十：D2 方向左脚前踢，迈步左弓步上段顺拳攻击，如图 19-17（j）所示。
动作十一：A 方向迈左脚，左走步上段防御，如图 19-17（k）所示。
动作十二：A 方向迈右脚，右走步上段防御，如图 19-17（l）所示。
动作十三：D3 方向迈左脚，左走步中段防御，如图 19-17（m）所示。
动作十四：C3 方向迈右脚，右走步中段防御，如图 19-17（n）所示。
动作十五：B 方向迈左脚，左走步下段防御，如图 19-17（o）所示。
动作十六：B 方向右脚前踢，迈步右走步中段顺拳攻击，如图 19-17（p）所示。
动作十七：B 方向左脚前踢，迈步左走步中段顺拳攻击，如图 19-17（q）所示。
动作十八：B 方向右脚前踢，落地右走步中段顺拳攻击（发声），如图 19-17（r）所示。
收势：右脚不动在 B 点，左脚逆时针旋转，面向 A 方向成基本准备姿势。

(a)

(b)

(c)

(d)

(e)

(f)

图 19-17 太极二章动作

(a) 动作一;(b) 动作二;(c) 动作三;(d) 动作四;(e) 动作五;(f) 动作六;(g) 动作七;
(h) 动作八;(i) 动作九;(j) 动作十;(k) 动作十一;(l) 动作十二;(m) 动作十三;(n) 动作十四;
(o) 动作十五;(p) 动作十六;(q) 动作十七;(r) 动作十八

第三节 基本战术

运动员在比赛中，根据自己和对手的情况，充分发挥自己的身体及技术特长，限制对手的特长发挥，为战胜对手而采取的计策和方法，叫作战术。

跆拳道比赛中的战术实质就是，依据比赛中所发生的各种情况，运用自己平时的技术水平，最有效地发挥优势去战胜对手。在比赛中，能够针对不同对手灵活运用战术，是战术运用的最高水平。

跆拳道比赛中的战术十分繁复，每次比赛，对手的身体和技术水平情况都有所不同，所以，每次比赛所运用的战术就不一样，但是，良好的战术水平是以优秀的技术水平为基础的。对于初学者来说，技术水平有限，战术的运用也就受到了限制，下面仅介绍几个初学者能够运用的战术。

一、心理战术与体力战术

心理战术是指比赛开始前，利用动作、表情等威慑对手，比赛中用气势压倒对手，利用规则允许的各种手段干扰对方情绪，给对方造成心理压力，使对手的技术水平发挥失常，从而发挥自己的优势，战胜对手。

体力战术是指平时增强体力耐力的练习，运用良好的体力消耗对手体力，从而伺机战胜对手。

二、技术战术与防守反击战术

技术战术是指变化运用各种技术，发挥自己的特长技术，掌握比赛的主动权，达到取胜的目的。

防守反击战术是指利用防守好的特点，在防守的基础上伺机达到取胜的目的。

三、假动作或假象战术

当初学者对一些基本的技术达到熟练水平，能够较流畅、自然地完成技术动作时，就可以初步学习此项战术。假动作或假象战术是指用逼真的假动作或假象欺骗对手，引其上当，分散其注意力，使其露出破绽，利用这个机会猛烈攻击，取得胜利。

第四节 基本竞赛规则

一、比赛场地及时间

（一）比赛场地

跆拳道比赛的场地是 12 米×12 米的正方形，水平，无任何障碍物，下铺具有一定弹性的垫子。根据实际情况，比赛场地可高出地面 40~60 厘米。为了安全起见，可以装置平衡比赛台的支撑装置，支撑装置与地面所成的夹角应在 30 度以内。

比赛区域的划分：12 米×12 米的比赛场地，中央 8 米×8 米的区域为比赛区，其余部分为警戒区；比赛区与警戒区的表面用不同颜色划分，如同色，应用 5 厘米宽的白线区分，划分比赛区与警戒区的线叫作警戒线，比赛场地最外面的线叫作边界线。

（二）比赛时间

跆拳道比赛无论男女均采用每场比赛 3 回合，每回合比赛 2 分钟，中间休息 1 分钟。根据年龄等实际情况，比赛的时间和回合也可以进行调整。例如，全国青年跆拳道锦标赛每场比赛 3 回合，每回合 2 分钟，中间休息 1 分钟。

二、比赛护具

比赛时，选手应戴好护胸、头盔、护裆、护臂、护腿、护齿、手套等后方可进入比赛区域，护裆、护臂、护腿应戴在道服里面。

三、体重级别

（1）跆拳道比赛和散打、拳击等项目一样是通过体重来分竞赛级别的。

（2）比赛体重称重：参加比赛的选手应于第一比赛日前 1 天进行称重；称重时男运动员身着内裤，女运动员身着内裤、胸罩，如运动员要求，也可称裸重；第一次称重不合格的选手，在规定时间内可进行第二次称重。

四、主要规则

（一）允许使用的技术

（1）拳的技术：必须握紧拳，用拳的正面击打。
（2）脚的技术：必须用踝关节以下脚的部位进行击打。

（二）允许攻击的部位

（1）躯干部位：髋骨以上、锁骨以下及两肋部，背部没有被护具保护的部位禁止攻击。

(2) 头部：锁骨以上的部位，只允许用脚的技术攻击。

(三) 得分判定

1. 有效得分

运用正确的技术、击打正确的得分部位、打击力量强是得分有效判定的依据；如打击的力量强且技术运用正确，但击中的是非得分部位，如使对手陷入被动，也可计得分；击倒对方，可计分。电子感应器计分时，打击的力量要达到感应标准以上，才能够计分。最后得分为3回合的总计。

下列情况不计分：攻击后故意倒地；攻击后有犯规行为；使用犯规动作攻击。

2. 犯规行为

在比赛中，犯规行为的判罚分为警告和扣分两种。

(1) 判罚警告的犯规行为。

①接触行为：抓住对手；搂抱对手；推对手；用躯干贴靠对手。

②消极行为：故意越出警戒线；转身背对对手逃避进攻；故意倒地；伪装受伤。

③攻击行为：用膝部顶撞或攻击对手；故意攻击对手裆部；故意蹬踢对手的腿部和脚；用掌或拳击打对手的头部。

④不当行为：教练员或运动员示意得分或扣分；教练员或运动员有不文明语言或不得体行为；比赛中，教练员离开规定位置。

(2) 判罚扣分的犯规行为

①接触行为：抓对手进攻的脚故意将其绊倒。

②消极行为：不积极主动进攻和防守；故意拖延比赛时间。

③攻击行为：攻击倒地对手；故意用拳攻击对手头部。

④不当行为：教练员或运动员有严重的过激表示或行为。

3. 犯规行为的判定

(1) 任何犯规由主裁判判罚。

(2) 如属多重犯规，选择最严重的一条进行判罚。

(3) 警告两次扣1分，警告次数为奇数时，最后一次不扣分。

(4) 扣分一次扣1分。

(5) 运动员违背竞赛规则和故意不服从裁判员时，主裁判有权直接判其"犯规败"。

(6) 犯规累计扣3分，判其"犯规败"。

(7) 警告和扣分按3回合累计。

(四) 优势判定

(1) 因扣分造成同分时，3回合中得分多的为胜。

(2) 因其他情况出现同分时，主裁判根据比赛的情况判定胜负。比赛中积极主动的行为是判定的依据。

（五）获胜方式

（1）击倒胜。

（2）主裁判终止比赛胜。

（3）比分或优势胜。

（4）弃权胜。

（5）失去资格胜。

（6）判罚犯规胜。

思考题

1. 从网上查资料，了解跆拳道的礼仪并和同学们进行交流。
2. 跆拳道的基本技术有哪些？请按要求进行练习。

参考文献

［1］陈万章. 大学体育与健康［M］. 北京：北京体育大学出版社，2004.

［2］陈志勇. 现代大学体育教程［M］. 修订版. 北京：北京体育大学出版社，2013.

［3］张岩. 高校拳道竞技教程［M］. 北京：旅游教育出版社，2017.

第二十章

轮滑与冰雪运动

> **学习目标**
> 1. 了解轮滑的概况、基本技术和比赛规则。
> 2. 了解滑冰的概况、基本技术和比赛规则。
> 3. 了解滑雪的概况、准备工作和基本技术。

第一节 轮滑

一、概述

轮滑又称为滑旱冰和滚轴运动等,是人们穿着带滚轮的特制鞋在坚实平整而光滑的场地上滑行的一种运动项目。

轮滑起源于欧洲。18世纪,一名荷兰人为了能够在夏天滑冰,发明了滑轮溜冰。后来欧美人多次对轮滑鞋进行改造,使这项运动在欧洲各国及美洲得到发展和普及,并逐渐发展为竞赛项目。1924年国际轮滑联合会成立。

轮滑于19世纪传入中国,当时仅在沿海个别城市作为一种娱乐项目开展。直到20世纪80年代初期才有正式比赛出现。1980年9月,中国加入国际轮滑联合会,轮滑得到迅速发展。

经过多年系统、科学的发展,轮滑运动发展迅速,包括速度轮滑、花样轮滑、自由式轮滑、单排轮滑球、双排轮滑球、极限轮滑、滑板、轮滑速降、轮滑回转、轮滑阻拦、小轮车等。轮滑项目及分类如表20-1所示。

表 20-1　轮滑项目及分类

序号	项目	竞赛类别
1	速度轮滑	跑道比赛有 300 米计时赛、500 米淘汰赛、1 000 米、5 000 米、10 000 米积分赛、20 000 米积分赛；公路比赛包括女子 21 千米半程马拉松赛、男子 42 千米马拉松赛
2	花样轮滑	单人滑、双人滑、舞蹈
3	自由式轮滑	速度过桩、花式过桩、花式刹停
4	单排轮滑球	少年组、青年组、成人组
5	双排轮滑球	少年组、青年组、成人组
6	极限轮滑	街区轮滑、U 池轮滑
7	滑板	街式比赛、碗池比赛
8	轮滑速降	
9	轮滑回转	
10	轮滑阻拦	
11	小轮车	

轮滑具有竞技、娱乐、锻炼、艺术表演和交通代步等特点，花样轮滑还具有体操、杂技、舞蹈和造型综合艺术的特性。轮滑不受场地大小的限制，器械简单，只需要轮滑鞋和一块平坦场地就可以开展。

二、基本技术

轮滑的基本技术包括站立、平衡、移动、滑行、滑行停止和弯道滑行等。

（一）站立、平衡和移动

1. 站立姿势练习

站立的姿势主要包括丁字形、八字形和平行站立等。

（1）丁字形站立。

动作说明：左脚跟紧靠右脚内侧（或右脚跟紧靠左脚内侧），使双脚成丁字形。双膝微曲，重心稍偏于位置居后的脚，上体略前倾，抬头目视前方，两臂自然垂于体侧。

（2）八字形站立。

动作说明：双脚脚跟靠近，脚尖自然分开，成八字形。双膝弯曲，重心落于两脚间，目视前方，两臂自然垂于体侧。

（3）平行站立。

动作说明：双脚左右开立，与肩同宽。两脚尖稍内扣，上体微前倾，双膝微曲，重心落于两脚间，两臂自然垂于体侧。

2. 平衡练习

平衡练习主要包括原地移动重心、原地踏步和原地蹲起等。

(1) 原地移动重心。

动作说明：在双脚平行站立的基础上，上体左移，并逐渐将身体重心完全移至左脚。待平稳后上体右移，再向右脚移动重心。练习时左右交替移动。

(2) 原地踏步。

动作说明：在八字形站立的基础上，重心移到一只脚上，另一只腿屈膝上提、使脚离地面 5~10 厘米再落下。然后重心移至另一只脚，两脚交替踏步练习。

(3) 原地蹲起。

动作说明：在双脚平行站立或八字形站立的基础上，做下蹲、起立动作，重心保持在两脚之间。两臂自然打开，协助身体平衡。

3. 移动练习

移动练习包括双脚原地前后滑动、向前八字走和横向迈步移动等。

(1) 双脚原地前后滑动。

动作说明：在平行站立的基础上，两腿伸直，大腿发力做一脚向前、一脚向后的前后滑动，两臂前后摆动，协助身体平衡。

(2) 向前八字走。

动作说明：在丁字形或八字形站立的基础上，一脚向前迈出一小步，脚尖外展，同时身体重心迅速移至前脚。当重心落至前脚时，后脚再抬起向前迈步。两脚交替进行，移动身体重心。

(3) 横向迈步移动。

动作说明：向右横向迈步移动时，在平行站立的基础上，向右横向迈步移动时，右脚向右迈出一步，随之重心迅速移至右脚，左脚靠拢右脚内侧，着地后重心移至左脚，右脚继续横向迈步移动。向左横向迈步移动时，动作要领相仿。

(二) 滑行

初学者在掌握了走步移动身体重心后，就可以开始学习向前滑行动作。常用的滑行方法包括走步双滑行、高姿势交替滑行、低姿势交替滑行和交替双脚滑行等。

1. 走步双滑行

动作说明：在向前八字走的基础上，每次连续走几步就可产生一定的惯性，然后两脚迅速并拢，由八字形变为两脚平行站立，借助惯性向前滑行，保持重心在两脚间，体会身体向前滑的感觉。两臂自然前后摆动，协助身体平衡。然后再走几步，再并拢双脚滑行，连续练习。

2. 高姿势交替滑行

动作说明：两脚八字形站立，膝盖微曲，上体直立。两脚同时向两侧蹬地，使双脚同时开始前滑。重心移至左（右）腿，右（左）脚侧蹬地，左（右）腿支撑滑行，右（左）脚蹬地后迅速收回，向左（右）腿靠拢，落地两脚自然成八字形。同时重心移至右（左）腿，左（右）腿侧蹬地，如此两脚交替进行。两臂自然前后摆动，协助身体平衡。

3. 低姿势交替滑行

低姿势交替滑行比高姿势交替滑行动作幅度大，用力时间长，所以滑行起来较快，可用于速度轮滑。

动作说明：在高姿势交替滑行的基础上，成深蹲姿势，上体前倾，重心移至左（右）脚，右（左）脚侧蹬地，左（右）腿支撑滑行，右（左）脚蹬地后迅速收回，向左（右）脚并拢，落地两脚成八字形。重心移至右（左）脚，左（右）脚侧蹬地，如此两脚交替滑行。两臂自然前后摆动，协助身体平衡。

4. 交替双脚滑行

动作说明：两脚交替滑行 3~4 步或 5~6 步后，双脚并拢成平行站立，借助惯性向前滑行，两臂自然前后摆动，协助身体平衡，然后再交替滑行几步，再惯性滑行。

（三）滑行停止

常用的滑行急停包括八字停止法和 T 字停止法等。

1. 八字停止法

动作说明：在两脚交替向前滑行的过程中，两脚平行分开站立，随后两脚尖内转成内八字形，两腿弯曲，上体稍前倾，膝盖弯曲并内扣，两臂前伸维持身体平衡，两脚以鞋轮内侧摩擦地面，直至滑行停止。

2. T 字停止法

动作说明：在前滑的过程中，将身体重心移至前脚，前腿屈膝，后脚横放在前脚后侧成 T 字步，后脚鞋轮内侧摩擦地面，加大阻力，直至滑行停止。

（四）弯道滑行

初学者在进行简单的直线滑行时，也可进行简单的转弯练习，常用的弯道滑行有走步转弯、惯性转弯和压步转弯等。

1. 走步转弯

动作说明：向前做八字走左转弯时，在每一次落脚时脚尖都向左转动一点，身体也随之向左转动一点，逐渐形成弧形的走滑路线。右转时，动作相仿。

2. 惯性转弯

动作说明：当向前滑行有一定的速度后，两脚平行稍靠近，如向左转时则左脚略靠前，右脚靠后，重心落于两脚之间靠后脚前脚尖处，最好是前腿略弓，后腿直。身体重量压在左脚外侧和右脚内侧，利用惯性向左滑行出较大的弧线。右转弯动作相仿。

3. 压步转弯

动作说明：左转弯时，在学会慢转弯动作的基础上，屈膝下蹲，重心完全落在左腿上，甚至超过左腿的支点，右脚向右侧蹬地后迅速收回，越过左脚前上方落地做短暂支撑，同时左脚迅速向左迈步支撑，右脚再迅速向侧蹬地，连续做此动作可以压步加速转弯。如向右转，动作相仿。

三、比赛规则

(一) 比赛场地

速度轮滑比赛场地的规格由比赛项目决定。

1. 场地跑道比赛

场地赛的跑道长度不得短于 125 米、不得长于 400 米，宽度不得小于 5 米。弯道跑道周长不得短于 125 米、不得长于 250 米，直道不应少于跑道总长度的 33%。终点线要用白色线标出，线宽为 5 厘米。

2. 公路比赛

公路跑道的宽度全程均不得少于 6 米。起点、终点要用宽 5 厘米的白色线标出。公路赛包括"开放式"和"封闭式"公路赛两种，"开放式"公路赛的起点和终点不衔接，且有坡度的赛段不得超过跑道总长的 25%；"封闭式"公路的起点和终点衔接，且跑道的长度不得短于 400 米、不得长于 100 米。

(二) 装备

轮滑运动的基本装备有头盔、护具和轮滑鞋等，轮滑鞋有双排轮滑鞋和单排轮滑鞋，如图 20-1 和如图 20-2 所示。

图 20-1　双排轮滑鞋　　　　图 20-2　单排轮滑鞋

第二节　滑冰

一、概述

滑冰亦称"冰嬉"，很多人认为，滑冰是从外国传来的，事实上，早在宋代，我国就已经有了滑冰运动，不过，那时不叫滑冰，而称为"冰嬉"。滑冰是人们借助冰刀或其他器材在冰上滑行的一种运动项目，在中国尤其是北方地区是一项人们喜闻乐见的运动。滑冰包括速度滑冰、短道速滑、花样滑冰、冰球等项目。滑冰项目及分类如表 20-2 所示。

表 20-2　滑冰项目及分类

序号	项目	竞赛类别
1	速度滑冰	比赛项目有男子 500 米、1 000 米、1 500 米、5 000 米、10 000 米，女子 500 米、1 000 米、1 500 米、3 000 米、5 000 米
2	短道速滑	男、女的单项均为 500 米、1 000 米、1 500 米、3 000 米，另有男子 5 000 米接力和女子 3 000 米接力比赛
3	花样滑冰	单人滑、双人滑、冰舞
4	冰球	成年组、青年组、少年组

滑冰具有很强的娱乐性、健身性和技巧性，不受性别、年龄和体质的限制，老少皆宜。滑冰不仅能使人从紧张而繁重的学习和工作中解脱出来，还可以增强心肺功能和身体的柔韧性，使其掌握支撑和平衡的动作技巧。

二、基本技术

滑冰的基本技术主要包括直线滑行、转弯滑行和冰上停止等。

（一）直线滑行

直线滑行的练习分为八步，前四步练习属于原地练习，可以使初学者学会使用冰刀和掌握平衡；后四步练习是移动练习，可以使初学者逐渐掌握直线滑行的基本技术。

1. 陆地上模拟练习的基本姿势

动作说明：两腿、两脚并拢，两腿屈膝下蹲，缩小大腿和小腿的夹角，成深蹲的姿势。上体前倾，重心落于两脚间，头部抬起，目视前方地面。两手互握置于背后，如图 20-3 所示。

图 20-3　陆地上模仿练习姿势

2. 冰上站立和蹲起练习

动作说明：在冰上两刀刃支撑身体自然站立，两脚左右开立与肩同宽，两脚尖外展，两刀刃成外八字形。然后两腿弯曲，膝前弓，重心落于两脚间，上体稍前倾。蹲起练习时，两脚平行站立，身体往下到深蹲，重心保持在两脚间。两臂侧前方伸展，协助身体平衡。

3. 冰上原地踏步练习

动作说明：踏步前，两刀刃平行支撑身体自然站立，两脚左右开立与肩同宽，重心落于两脚间。重心移至右（左）脚，左（右）脚抬起，踝关节放松，刀尖自然下垂。左（右）脚落下，重心移至左（右）脚，右（左）脚抬起。两脚交替练习。随着熟练程度的提高，逐渐提高腿抬起的高度。

4. 原地移动重心练习

动作说明：身体成半蹲姿势，双手互握置于背后，重心移至左（右）脚，正刃支撑身体，右（左）脚侧伸，内刃着冰。接着右（左）脚正刃着冰支撑身体，同时重心移至右脚，左（右）脚侧伸，内刃着冰。两脚交替练习。

5. 冰上外八字走练习

动作说明：行走前，两刀刃平行支撑身体自然站立，两脚左右开立与肩同宽，成外八字分开，重心落于两脚间。一只脚向前迈步，落地时脚尖外展，另一只脚用冰刀内刃向侧后蹬冰，重心移至前脚。待重心完全落于前脚，再抬起后脚向前迈出，迅速向迈出脚移动重心。两脚交替进行，向前移动。

6. 单脚蹬冰双脚滑行练习

动作说明：滑行前，上体挺直，目视正前方，两脚左右开立与肩同宽，两只冰刀平行站立。滑行时，双膝微曲，一只脚内刃向外侧蹬冰的同时将重心移至另一只脚上，蹬冰后迅速向支撑脚靠拢，重心落回两脚间，形成双脚向前滑行动作。两臂随滑行前后交替摆动，协助身体平衡，如图20-4所示。当速度下降时，再用另一只脚蹬冰滑行。两脚交替蹬地，向前滑行。

图 20-4　单脚蹬冰双脚滑行

7. 单脚蹬冰单脚滑行练习

动作说明：滑行前的姿势与单脚蹬冰双脚滑行的姿势相同。滑行时，一只脚内刃向侧蹬冰，另一脚正刃向前滑行，同时身体前倾重心移至支撑脚。蹬冰脚蹬冰后迅速向支撑脚靠拢成半蹲姿势，双脚向前滑行。接着支撑脚蹬冰后迅速向另一只脚靠拢成半蹲姿势，双脚向前滑行。两臂随滑行前后交替摆动，协助身体平衡，如图20-5所示。两脚交替蹬地，向前滑行。

图 20-5　单脚蹬冰单脚滑行

8. 冰上直线滑行练习

动作说明：滑行前，身体成深蹲姿势，小腿与地面成 50 度~70 度角，大腿与小腿成 90 度~110 度角，上体与冰面成 15 度~20 度角，肩稍高于臀部，双手随滑行前后交替摆动，互置于背后。滑行时，单脚蹬冰单脚滑行，反复练习。

（二）转弯滑行

1. 原地向左移动练习

动作说明：两脚左右开立与肩同宽，两只冰刀平行支撑身体，成半蹲姿势，重心移至右脚开始移动姿势。移动时，左脚向左跨出半步，同时重心移至左脚，右脚迅速向左脚靠拢，恢复成开始移动姿势。左脚继续向左跨步左移，反复练习。右脚方向相仿。

2. 原地向左交叉步练习

动作说明：两脚左右开立与肩同宽，两只冰刀平行支撑身体，成半蹲姿势，重心落于左脚，右腿向侧挺直伸出成开始移动姿势。移动时，右脚向左脚左前方迈一大步，当右冰刀着冰时，身体重心由左脚移至右脚，同时左脚向身体右后方蹬直。左脚收回并向左侧迈出大半步，右脚迅速跟上成开始移动姿势。右脚继续迈步向左交叉步移动。右脚方向相仿。

3. 左脚支撑右脚连续蹬冰转弯滑行练习

动作说明：滑行过程中，身体成半蹲姿势，重心落于左脚，左脚冰刀向左转，外刃着冰。同时身体左倾、肩内转，右脚冰刀内刃向外侧连续蹬冰，在任意半径的圆弧上转弯滑行，双手随滑行前后交替摆动或互握置于背后，保持身体平衡，如图 20-6 所示。

图 20-6　左脚支撑右脚连续蹬冰

(三) 冰上停止

冰上停止技术主要包括犁状停止法、转体内外刃停止法和转体右刀外刃停止法等。

1. 犁状停止法（八字停止法）

动作说明：滑行中上体前倾，两膝微曲内扣，重心下降，同时两刀跟外展成内八字形，用刀内刃切压冰面，直到滑行停止。

2. 转体内外刃停止法（冰上急停）

动作说明：滑行中两脚并拢，两刀平行，髋部带动膝盖和脚踝向左（右）转体90度，同时身体重心下降，身体向左（右）倾斜，用右刀内刃、左刀外刃（左刀内刃、右刀外刃）逐渐用力压切冰面，直到滑行停止。

3. 转体右刀外刃停止法

动作说明：滑行中身体迅速向右转体90度，左脚稍离地面。随着转体，右脚冰刀的刀尖迅速外转，同时左腿屈膝降重心，身体向后倾倒，重心移至冰刀的后部，用右刀外刃压切冰面，直到滑行停止。左脚动作相仿。

三、比赛规则

（一）比赛场地

速滑跑道是由两条直线跑道连接两条弧度为180度半圆式曲线组成的两条封闭跑道，最大周长为400米、最小为333.33米。内弯道半径不得小于25米、不得大于26米，每条跑道的宽度不得小于4米、不得大于5米。

跑道分界线又称雪线，宽10厘米、高5厘米，用雪堆砌而成（冰刀稍触及即能清楚地看出痕迹）。除换道区无雪线外，其余地方均堆砌雪线，雪线不能冻结在冰面上。如无雪，可用宽5厘米、长10厘米、高度不超过5厘米的橡皮、木块或其他合适的物质涂上协调颜色代替雪线，如图20-7所示。

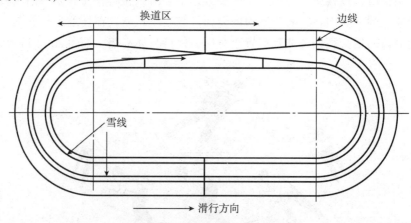

图20-7 速度滑冰的比赛场地

距起点线、边线、起跑预备线和终点线前5米的范围内每隔1米画一条标线，标线为蓝色，终点线为红色，线宽均为 5 厘米。

（二）装备

滑冰装备包括服装、冰刀和冰鞋等。

1. 服装

速滑运动员穿尼龙紧身全连服（衣、裤、帽、袜和手套连在一起）。由于尼龙服保温不好，在温度较低的气候条件下，运动员可穿贴身的棉毛内衣；天气极其寒冷时，可在胸、膝等部位垫上防风纸或其他物品。

2. 冰刀和冰鞋

冰刀刀刃多由优质高碳钢制成，其他部分由轻合金制成。冰鞋由优质厚牛皮缝成，为半高腰瘦长形。鞋跟部坚硬，以包围和固定脚跟。鞋底为硬皮，以螺钉或铆钉将冰刀固定在鞋底。

刀尖比鞋尖要长 8~9 厘米，刀跟比鞋跟长 5~6 厘米。一般右脚冰刀尖装于右脚大脚趾正下面，冰刀后跟位于鞋跟正中间；左脚冰刀尖装于左脚大脚趾与二脚趾中间，冰刀后跟位于鞋跟正中间。

（三）竞赛通则

(1) 比赛中，运动员必须按逆时针方向滑跑。

(2) 内、外道起跑的运动员，滑行到换道区时要互换跑道继续滑行。

(3) 在换道区争道时，内道运动员要主动让道。

(4) 运动员在弯道滑跑中，冰刀不准切入雪线。

(5) 2 名以上运动员在同一条跑道滑跑时，后面运动员与前面运动员相距至少 5 米，在不影响前面运动员正常滑跑情况下，后面运动员可以超越前面运动员。

(6) 运动员的冰刀触及终点线，才算到达终点。

(7) 比赛中每组运动员只允许抢跑犯规一次，两次抢跑将被取消比赛资格。

第三节　滑雪

滑雪运动分为竞技类滑雪和旅游类（娱乐、健身）滑雪。竞技类滑雪发展至今，竞技项目不断增多，领域不断扩展。世界比赛正规的大项目分为高山滑雪、北欧滑雪（Nordic Skiing，又称越野滑雪、跳台滑雪）、自由式滑雪、冬季两项滑雪、雪上滑板滑雪等。每大项又分众多小项，全国比赛、冬奥会会产生几十枚金牌。纯竞技滑雪具有鲜明的竞争性、专项性，相关条件要求严格，非一般人所能具备和适应。旅游类（娱乐、健身）滑雪是出于娱乐、健身的目的，受人为因素制约程度很轻，男女老少均可在滑雪场上轻松、愉快地滑行，享受滑雪运动的乐趣。高山滑雪由于具有惊险、优美、自如、动感强、魅力大、可参与面广的特点，故被视为滑雪运动的精华和象征，更是大众滑雪的首选和主体项目。通常情况下，评估人们滑雪技术的水平，多以高山滑雪为尺度。最新出现的旅游类滑雪项目还有单板滑雪、超短板滑雪、越野滑雪等。其中，越野滑雪是在低山丘岭地带（平地、下坡、上坡各约占1/3）长距离滑行，虽然远不如高山滑雪的乐趣和魅力，但从安全和健身角度而言，更具有广泛的参与性。超短板滑雪、单板滑雪（双脚同踏一只宽大的雪板）比高山滑雪更具刺激性，技术更灵活。

一、高山滑雪器材装备

高山滑雪的基本器材有滑雪板、滑雪鞋、固定器、滑雪杖。

高山滑雪着装有滑雪服、滑雪手套、滑雪帽（或头盔）、滑雪镜。

（一）高山滑雪板

高山滑雪板的结构、材质及制作工艺都很复杂。滑雪板由前部、中部、后部组成，中部安装固定器，滑雪板两侧镶钢边。高山滑雪板的外形是前部宽、中部窄、后部居中，侧面形成很大的弧线，如图20-8所示。

图20-8　高山滑雪板

（二）高山滑雪鞋

高山滑雪鞋对脚与踝部有固定、保护及保暖等性能。鞋由内外两层组成，外层壳连同鞋底很坚硬，防水、抗碰撞；内层由化纤织物和松软材料组成，具有对踝和脚的保暖等作用，如图20-9所示。

图20-9　高山滑雪鞋

（三）高山滑雪固定器

高山滑雪固定器一般由金属材质制成。固定器的主要功能是连接滑雪鞋与滑雪板及保护滑雪者的人身安全。当滑雪板受到的外力大于安全系数时，固定器会自动将雪板与雪鞋脱开，保障滑雪者不受伤害。固定器由前、中、后三部分组成，前部与后部可将雪鞋与雪板固定于一体，且都有显示与调整其松紧强度的装置，后端的锁固柄可将固定器锁住或松开；固定器中部有垫板与止滑器，止滑器可防止滑雪板自行溜掉，如图20-10所示。初学者的固定器强度在4~6即可。

图20-10　高山滑雪固定器

（四）高山滑雪杖

高山滑雪杖的功能是支撑、加速、维持平衡、引导转弯（点杖）。

高山滑雪杖的杖杆部分由轻铝合金材料制成，上粗下细；其上端有握柄和握革，便于手握和防止滑雪杖脱落；其下端有杖尖，防止滑雪杖在硬雪撑插时脱滑，杖尖以上有圆形或雪花形雪轮，限制滑雪杖过深插入雪面，如图20-11所示。高山滑雪杖的高度应大致与肘部同高。

图20-11　高山滑雪杖

二、滑雪安全

（一）国际雪联滑雪者准则（十条）

成立于1924年的国际雪联（International Ski Federation，FIS）制定了十条滑雪者准则。

（1）无论双板还是单板滑雪者，都应该遵循以下行为准则：绝不做出将会损伤或致使他人受伤的行为。

（2）无论双板还是单板滑雪者，都应当让自己的滑行处于可控范围之内。其滑行速度和方式应当和其个人滑雪水平相符，并且应根据地势、雪质、天气和雪场人口密度来选择以何种方式滑行。

（3）后方滑雪者务必要选择不危及前方滑雪者的线路滑行。（前方滑雪者有雪道使用的优先权）

（4）从后方或侧方超越他人时，请保持足够距离。

（5）当滑雪中途稍做休息重新开始，或者向坡上攀爬时，务必保证不危及自己及其他人的安全。

（6）除非必须，滑雪者应避免停留在赛道、狭窄的雪道、视线易受阻的地方，若经过上述地点，请尽快通过。

（7）如需在雪道上行走，请务必在雪道两侧。

（8）请滑雪者务必对信号牌、指示牌和指示物保持足够的重视。

（9）一旦遇见事故，每个滑雪者都有义务去帮助受伤的人。

（10）事故后的滑雪者或者目击者，无论是否有相关责任，都应该彼此留下联系方式。

这十条准则并非法律，是不具备法律效力的。无论责任如何追究，滑雪者都应该在考虑完全风险的情况下，谨慎滑行，只有自己才能保证自身的安全。

（二）安全摔倒与站起

1. 安全摔倒的含义

在滑雪时摔倒是常有的事，有时还应该主动去安全摔倒，以分解冲力，避免撞击，化解险情。

2. 安全摔倒的动作程序

（1）跌倒前急剧下蹲，降低重心。

（2）臀部向侧后坐下，使其一侧触及雪面，头朝山上，身体顺其自然向山下滑动，严禁翻滚。

（3）可能时双脚、双臂举起，尽可能使雪板、雪杖离开雪面。

（4）向山下的滑动没停止之前或受伤后，不要盲目乱动。

3. 跌倒后站起来的方式

不卸掉雪板自己站起的动作程序如下。

（1）调整体位。摔倒后，尤其是被动摔倒后的体位会是多种形态的，首先应将头部调向山上侧、脚朝山下，侧坐在雪面上。

（2）将双雪板收拢到臀下，越贴近越好。双板平行，山上侧板刃横刻在山坡上。

（3）雪杖在体后上方或后方用力支撑，或直接用手部支撑。

（4）先蹲起再站起。

安全摔倒如图 20-12 所示。

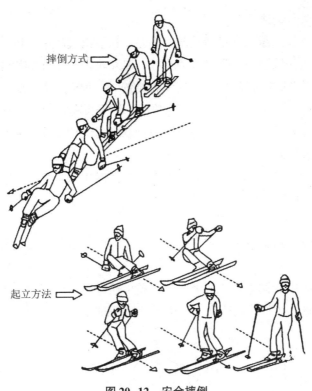

图 20-12　安全摔倒

三、滑雪技术

（一）滑雪者的基本姿态

滑雪者基本姿势几乎适用于滑雪技术的全领域，对高山滑雪的各种技术有着决定性的、长久的影响。这种姿势要求身体放松，利用骨骼支撑，视野开阔。这样做便于调整控制，不易疲劳，被视为滑雪实际技术的首要内容。

（1）呈平地穿雪板站立姿势，身体放松，双雪板平行放平，受力均匀，两板距离约同胯宽。

（2）双脚掌或双脚弓处承担体重，并实实地将雪板踩住，两侧重心居中。

（3）双膝前顶带动全身体前送，膝部有弹性地调整姿势。

（4）臀部上提，收腹，上体微前倾。

（5）微提起双雪杖，双手握杖置于固定器前部外侧，与腰部同高，微外展，杖尖不拖地，肩放松。

（6）目视前方10~20米的雪面。

（7）滑雪基本姿势动作简单，但滑行中维持不变较困难，应反复练习，形成习惯。

（二）犁式直滑降

犁式直滑降又称犁式制动滑降，是双雪板立起内刃并呈犁式板型与滚落线方向一致的滑降。犁式直滑降是高山滑雪的典型基础技术，非常重要，必须给予足够的重视。

犁式直滑降的动作要领如下。

（1）在一个能立住的缓坡上呈滑雪基本姿势，在下滑过程中躯体和手臂保持不变。

（2）以双板前尖为圆心，以双雪板为半径，以双足拇趾跟部球状处为力点，双脚跟同时向外辗转，将双雪板后部同时外推，板尖相距约 10 厘米，双雪板呈犁式板型。双膝稍屈并略有内扣，双腿中轴线与雪面呈等腰三角形，两雪板在雪面上也呈等腰三角形。

（3）双雪板呈犁式后，要确切立住内刃，靠双脚内侧均衡用力滑行，大、中、小犁式变化时以双足拇趾跟部为力点辗转。

（4）重心位于两板中间，体态的左右外形、双腿的用力多少、双雪板立刃程度、双雪板尾向外辗转的大小均应对称。

（5）上体放松，目视前方雪面。

（6）犁式直滑降前后的重心位置，根据速度、坡度、雪质、用途的不同，随时应做相应的调整。

（7）犁式直滑降中除调整犁式的大小外，还可通过肌肉的用力对雪板刃施力的大小及立刃的强弱进行调整，达到控制速度、维持平衡的目的。

图 20-13　犁式直滑降

（三）犁式转弯

犁式转弯是在犁式直滑降的基础上，通过向一侧雪板移动体重（即重心）等方式进行的转弯。犁式转弯是滑雪转弯的基础，对进一步学习、掌握其他转弯技术有非常重要的意义。

犁式转弯给人一种相对静态的感觉，身体各部分动作没有明显的变化。

1. 犁式转弯的应用范围

（1）初步体验和强化通过移动重心、对一侧雪板的蹬动、变化立刃大小改变雪板迎角的感觉。

（2）掌握和提高滑行中控制速度及方向的意识与能力。

（3）广泛应用于缓坡低中速及几乎所有雪质的滑行。

（4）适宜于所有人群的学习和应用。

（5）为学习其他转弯，特别是双板平行转弯积累经验及奠定基础。

2. 实现犁式转弯的方式

（1）向一侧雪板移动体重（即重心），促使该雪板成为主动板，便形成犁式的自然转弯。以这种方式转弯最为简单和便捷。

（2）在犁式直滑降状态中，强化一只雪板的施压用力，促使该雪板较大变形，进而实现犁式自然转弯。

（3）在犁式直滑降状态中，增大一侧雪板的迎角，促使该雪板成为主动板，实现（小半径）犁式转弯。

3. 犁式转弯的动作要领

下面简单讲以移动体重（即重力、重心）或强化对一只雪板的施压方式向左的犁式转弯。

（1）以保持犁式直滑降的姿势为前提，左右腿始终保持两个等腰三角形的基本状态，双脚内侧均等用力，不要后坐。

（2）向右侧雪板移动重心（加大右雪板负重），此时左雪板减轻负重或不负重。

（3）右雪板开始向左自然转弯，成为转弯的主动板；同时左雪板被动地跟随右雪板向左转动，成为从动板；上体尽量保持面向山下。

（4）向左转弯完成之后，延续一段向左的犁式斜滑降。

准备向右侧转弯时，可进行"引伸"。先向左侧雪板移动重心（加大左雪板负重），此时右板负重减轻或不负重。然后左雪板开始向右自然转弯，成为转弯的主动板；同时右雪板被动地跟随左雪板向右转动，成为从动板；上体尽量保持面向山下。向右转弯完成之后，延续一段向右的犁式斜滑降。

思考题

1. 轮滑的基本动作有哪些？请按照要求进行练习。
2. 滑冰的基本动作有哪些？请按照要求进行练习。
3. 滑雪的基本动作有哪些？请按照要求进行练习。

参考文献

[1] 陈万章. 大学体育与健康 [M]. 北京：北京体育大学出版社，2004.

[2] 陈志勇. 现代大学体育教程 [M]. 修订版. 北京：北京体育大学出版社，2013.

[3] 陈晨. 自由式轮滑教程 [M]. 北京：高等教育出版社，2017.

第二十一章

游 泳

第一节 熟悉水性

熟悉水性是学习各种游泳姿势的基础练习，其目的是使初学者通过身体的感官感知水的浮力、压力和阻力等，逐步适应水的特性和环境，消除对水的恐惧，并掌握水中行走、呼吸、漂浮、滑行等最基本的游泳动作，为学习和掌握各种游泳技术打下基础。

一、水中行走

水中行走可以使初学者了解水环境中的浮力、阻力等特性，以便在水中站立或行走时能维持身体平衡，消除怕水心理。

1. 练习要求

一般在齐腰深的水中进行，做各种方向的行走、跳跃练习。开始时动作不宜过大，速度不宜过快，要保持身体协调，维持身体平衡，最好按练习方法依次进行。

2. 练习方法

（1）扶池边或分道线行走；（2）扶池边或分道线跳跃；（3）水中行走；（4）水中跳跃走。

3. 练习提示

在做以上练习时，可结合游戏（如转圈跳舞、水中接力、撒网等），以提高学习兴趣，并且应先动作小、速度慢，再过渡到动作大、速度快，要始终维持身体的平衡。

二、学习呼吸

呼吸练习是游泳教学的难点，也是熟悉水性阶段的关键内容，应贯穿整个练习的始终。该练习可使初学者基本掌握游泳的呼吸方法、呼吸过程和呼吸节奏，以适应头入水的刺激，消除怕水心理。

1. 练习要求

练习前深吸一口气，然后憋气，低头慢慢把头部浸入水中，停留片刻后抬头，同时用嘴呼气后再吸气，这样就不易将水吸到鼻子里。

2. 练习方法

（1）水中憋气：在水中两手扶住池边、分道线或抓住同伴的手，先深吸一口气，然后把头埋入水中憋气，憋不住时迅速站立抬头。憋气的时间应由短到长，直至能尽量憋较长的时间。

（2）水中呼吸：在水中两手扶住池边、分道线或抓住同伴的手，把头入水中憋尽量长的时间后，用口、鼻慢慢呼气，直至将体内的气呼尽，迅速抬头用嘴吸气。

（3）韵律呼吸：在水中扶住固定物（池边、分道线或同伴的手等），先自然吸气，接着将头没入水中，憋气后呼气，抬头出水用嘴吸气；再入水、憋气、呼气，如此反复。

3. 练习提示

呼吸是初学者练习的重点，应贯穿教学的始终。正确的游泳呼吸是用嘴吸气，用嘴或鼻呼气。

三、水中漂浮

学习水中漂浮技术，主要是让身体漂浮起来，体会水对人体的浮力，初步掌握人体在水中的平衡能力，消除对水的恐惧心理。

1. 练习要求

练习时要尽量深呼吸，在水中憋气的时间应尽量长，并且身体要放松。

2. 练习方法

（1）扶固定物团身漂浮练习：在水中两手扶住池边、分道线或抓住同伴的手，先深吸一口气，然后把头埋入水中憋气，同时团身，使身体尽量放松，自然地漂浮于水中。呼气后，站立用嘴吸气。在此基础上，可两人或多人手拉手同时做团身飘浮练习。

（2）扶固定物展体漂浮练习：在水中两手扶住固定物（池边、分道线或同伴的手等），吸气后把头没入水中憋气，同时团身，全身放松，使身体自然漂浮于水上（同伴可扶其肘部帮助漂浮起来），然后展开身体。呼气后，站立用嘴吸气。在此基础上，可两人或多人手拉手同时做团身再展开漂浮练习。

（3）抱膝漂浮练习：站立在水中，深吸气后，下沉憋气低头抱膝，大腿尽量靠近胸部成低头抱膝团身姿势。身体要尽量放松,自然地漂浮于水中。呼气后,两臂前伸向下按水并抬头,同时两腿伸直向下踩,成站立姿势。

(4)展体漂浮练习:站立水中,深吸气后,下沉憋气低头抱膝,放松漂浮于水中后,展开身体;或两臂放松向前伸直,深吸气后身体前倒并低头,两脚轻轻蹬离水底,成俯卧姿势漂浮于水面,臂、腿自然分开,全身放松,身体充分展开。呼气后,两臂前伸向下按水并抬头,同时两腿伸直向下踩,成站立姿势。

3. 练习提示

漂浮练习尽量把头浸入水中,以便学习后面的动作。站立时,迅速收腹、收腿,两手快速向下按压水,同时两腿向下伸,成站立姿势。练习时,只要憋住气,四肢放松,身体自然会漂浮起来。

四、滑行

滑行是进一步体会水的浮力,掌握在运动过程中如何维持身体平衡的姿势。

1. 练习要求

滑行时,臂和腿自然伸直,身体放松成流线型,要尽量延长憋气时间和滑行距离。

2. 练习方法

(1)同伴扶手滑行练习:手臂放松,扶住同伴的手,头没入水中憋气,身体展开漂浮在水面,全身放松。同伴拉练习者的手倒退走,使其体会滑行动作。在此练习基础上,可放开练习者的手,使之自己滑行漂浮,但要注意安全。

(2)蹬池壁滑行练习:背向池壁,双臂伸直并贴近双耳,或一手扶住池边缘,一臂前伸;一脚站立,另一脚触抵池壁。深吸气后低头,上体前倾成俯卧,支撑腿迅速屈膝上提将脚贴在池壁上,臀部尽量提高并靠近池壁。双脚用力蹬池壁,身体充分伸展、放松,成流线型向前滑行。在此基础上也可做蹬底滑行练习,体会在滑行中如何保持身体平衡。

3. 练习提示

滑行练习是熟悉水性的重要内容,应反复练习。在做蹬池壁练习时,应尽量增大腿部力量,以增加滑行距离。两腿和手臂尽量合拢,以保持身体的流线型。

第二节　蛙泳

蛙泳有很多优点,例如,呼吸节奏容易掌握,游动小,容易观察和判断游动方向,每个动作周期结束后都有短暂的滑行放松时间,但是,蛙泳的臂、腿变化方向较多,其内部技术结构是四种泳姿中最为复杂的。由于运动员在水下移臂和收腿会给前进带来很大的阻力，使行进速度下降，所以它是四种泳姿中速度最慢的一种。

一、蛙泳技术

（一）身体姿势

身体俯卧，保持自然伸直，收腹塌腰呈流线型。手臂向前伸直，掌心向下，头置于两臂之间，两腿并拢，如图21-1（a）所示。身体纵轴与水平面的夹角变化区间为5度~15度。当吸气时，下颌露出水面，肩部升起，身体与水平面的角度增大到15度。在吸气后，头没入水中，提臀夹腿，此时臀部高于肩膀。蛙泳动作的分解如图21-1所示。

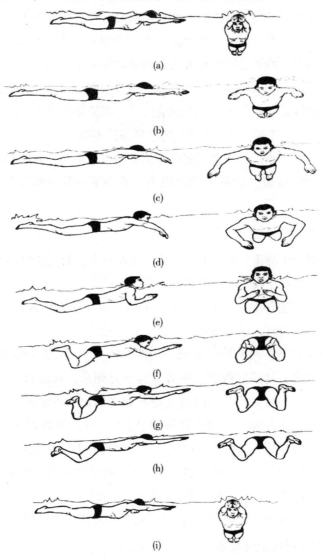

图 21-1 蛙泳动作的分解

（a）最初身体姿势；（b）抓水；（c）划水开始；（d）划水结束；（e）收腿开始、收手；（f）收腿结束；（g）翻脚、蹬夹腿开始；（h）蹬夹腿；（i）滑行。

（二）腿部动作

蹬腿是蛙泳推进力的主要来源之一，可分为收腿、翻脚、蹬夹腿和滑行四个阶段，且这几个阶段应连贯。两腿动作对称进行，收腿为蹬伸做准备，翻脚是收腿的结束和蹬夹腿的开始。

（1）收腿：收腿是把腿收到最有利于蹬水的位置。首先屈膝，由大腿带动小腿前收，前收的同时两腿逐渐分开。两脚和小腿在大腿正面投影截面内，如图21-1（f）所示，两脚后跟尽量向臀部靠近。收腿开始与收腿结束状态如图21-1（e）和图21-1（f）所示。收腿后，大腿与躯干成120度~130度如图21-1（f）所示，两膝分开最大时与肩同宽。

（2）翻脚：当收腿动作将近完成时，即仍向腹部靠近，两膝内扣，两脚外转，脚尖向外，使脚和小腿内侧对好水面方向，小腿离开大腿的投影截面，翻脚时的状态如图21-1（g）所示。翻脚结束时，两脚之间的距离大于两膝之间的距离。

（3）蹬夹腿：翻脚后，大腿发力向后伸出，通过伸髋、伸膝、伸踝，以大腿、小腿的内侧面和脚掌快速地做弧形蹬夹动作。蹬腿结束后，两腿并拢伸直。蹬夹腿动作如图21-1（g）和图21-1（h）。蹬夹腿时，双膝间的距离保持不变。

（4）滑行：蹬夹腿结束后，借助夹腿产生的推力向前滑行，此时双腿并拢，收腰，身体呈流线型且保持较高位置，以减少迎面阻力，并为下一轮动作做好准备，如图21-1（i）。

（三）手臂动作

手臂动作与腿部动作协调运动，可以使游动更加省力，而且能提高游动速度。手臂动作可以分解为抓水、划水、收手和伸臂四个阶段。

（1）抓水：由两臂前伸滑行开始，两肩关节略内旋，掌心转向斜下方对准划水方向，图21-1（b）所示，稍勾腕，成准备划水姿势（俗称抱水动作）。

（2）划水：划水开始，两臂慢慢分开，当两臂夹角为40度~45度时，手臂向外旋转，形成屈臂高肘划水，之后向两侧、后方、后下方划水，直至两臂之间角度为120度时，划水结束准备收手。肘关节弯曲的角度随着划水的进行不断减小，到划水即将结束时，肘关节弯曲的角度约为90度。划水过程如图21-1（c）和图21-1（d）所示。

（3）收手：当两臂之间角度为120度时，靠肘伸肩。手臂开始向里向上运动，掌心由向后转向内，收到头部下方。整个收手过程要快速、圆滑地完成。收手结束时，肘关节低于手，上臂与前臂成锐角。收手过程如图21-1（e）所示。

（4）伸臂：两臂从头下同时向前伸出、伸直，掌心由向内转为向下。

（四）手臂、腿和呼吸配合技术

蛙泳的手臂、腿和呼吸配合一般是蹬腿一次，划臂一次，呼吸一次。由于腿、臂和呼吸的配合时间不同，形成不同的技术特征。

一般的配合技术是：两臂做抓水和划水动作时，抬头吸气，腿自然伸直。收手的同时收腿，手开始向前伸，收腿结束翻好脚掌。当伸臂动作进行到胸口时，做好夹腿动作，然后滑行吐气。

二、练习方法

蛙泳练习的顺序是先练腿部动作，后练手臂动作和呼吸方法，再练臂腿配合和完整动作配合。

（一）腿部动作练习

俯卧长凳上，前臂支撑上体，按照收、翻、蹬夹和停四拍分解练习，如图 21-2 所示。练后将四拍合为一拍，一次完成腿部的整套动作。之后俯卧池边感觉腿在水中所受阻力，做腿部动作的练习时注意收腿角度及翻脚和蹬腿的路线。

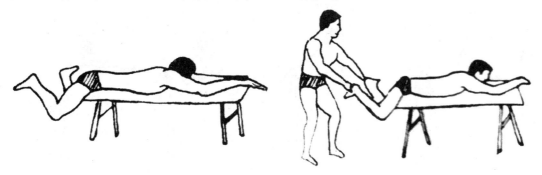

图 21-2　岸上的腿部练习

在水中双手抓池边，在同伴帮助下做腿部练习，如图 21-3 所示，着重感受大腿、小腿、膝盖和脚的运动轨迹。熟练之后，用脚蹬池壁滑行，做腿部练习，如图 21-4 所示。

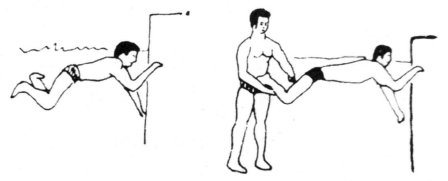

图 21-3　由同伴帮助做腿部练习

图 21-4　蹬壁滑行，做腿部练习

（二）手臂和呼吸动作练习

在岸上呈站立姿势，上体前倾。两臂前伸并拢，掌心朝下，按照抓水、划水、收手和伸臂四拍分解练习，如图 21-5 所示，熟练后将四拍合为一拍，一次完成手臂的整套动作。

手臂动作熟练后，配合呼吸，再做练习。

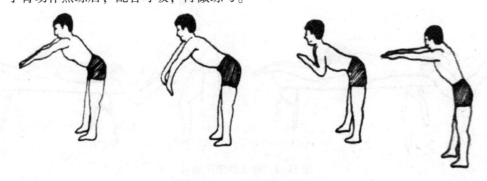

图 21-5　在岸上做手臂练习

站在齐腰深的水中做手臂动作练习时，弯腰将上体没入水中，做手臂与呼吸配合练习，如图 21-6 所示，划水不要用力，重点体会划水路线。熟练后由同伴抱住大腿或用大腿夹住浮板做手臂与呼吸的配合练习。

图 21-6　在水中做手臂练习

三、常见的错误动作及纠正方法

（1）收腿之后没翻脚。在陆上进行练习时，收腿之后着重体会翻脚的感觉；在水中练习时，强制性地做翻脚动作。

(2) 蹬腿时两膝距离变大，展得过宽。在做水中的腿部练习时，由同伴帮助保持两腿间距离，矫正不良姿势。

(3) 做蹬夹腿动作时只蹬不夹。在脚蹬出去，两膝未伸直之前，就应积极向内夹水。

(4) 划水时注意划水时的动作要领，开始划水时前臂内旋并降手腕，划水时肘部应高于手，形成低臂高肘。

(5) 吸不到气或吸气时喝水。由于在水中未吐气或气未吐尽，在抬头出水后有吐气动作，吸气时间不够，造成吸不到气或喝到水。练习者可加强水中原地的手臂与呼吸配合练习，要在出水瞬间将气吐尽。

第三节　仰泳

仰泳是人体呈仰卧姿势在水中进行游泳的一种姿势。仰泳的实用性强，适宜在水中拖运物体，救护溺水者。

仰泳包括反蛙泳和爬式仰泳（简称反爬泳）。反蛙泳是最早出现的一种仰泳，动作近似蛙泳，而身体姿势与蛙泳相反。爬式仰泳的动作与自由泳的动作大致相同，即面朝上两手臂轮流划水，两腿上下交替打水。反蛙泳与爬式仰泳相比，游动时相对费力，而且游动速度较慢，因此在游泳比赛中仰泳项目均采用爬式仰泳泳姿。

一、爬式仰泳技术

（一）身体姿势

身体自然伸展，仰卧呈流线型，头和肩部稍高，腰腹和腿部保持水平，身体纵轴与水平面成5度~7度。

由于头部在游泳过程中起到掌握方向的作用，所以要求头部稳定，始终保持正直姿势，躯干以身体纵轴为基准，随着两臂的轮流划水动作而自然转动。仰泳动作的分解如图21-7所示。

（二）腿部动作

腿部动作是保持身体高平仰姿、控制身体摇摆和产生推力的主要因素。仰泳腿部动作的重点可概括为"上踢下压"，即"屈腿上踢、直腿下压"的鞭打动作。腿部动作分解如图21-7（a）至图21-7（d）所示。

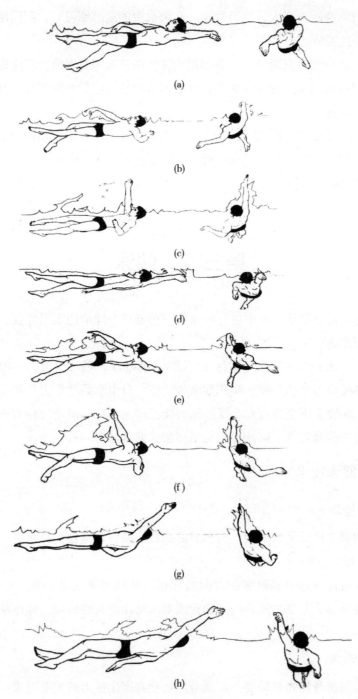

图 21-7 仰泳动作的分解

(a) 上踢（抬腿）、入水；(b) 上踢（屈膝）、抱水；(c) 上踢（脚内转）、划水；(d) 下压、推水；(e) 出水；(f) 空中移臂（出水移臂开始）；(g) 空中移臂（移臂中间）；(h) 空中移臂（移臂结束）

1. 上踢

以关节为支点,其中一条腿(以右腿为例)由大腿发力带动小腿,稍向下移动后用力上踢,此时膝关节微屈,成130度~140度角,膝关节伸展,脚向内转,动作要有力;上踢高度要适中,膝关节不要露出水面,两脚跟的上下距离为40~50厘米,如图21-8所示。上踢过程如图21-7(a)、图21-7(b)和图21-7(c)所示。此时左腿向下移动,准备上踢。

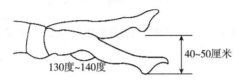

图21-8　上踢时膝关节角度及两脚跟之间的距离

2. 下压

向下打水时,右腿膝关节自然伸直,用力下压,此时脚尖稍向内旋,以加大压水面积。右腿下压的同时,左腿上踢。下压过程如图21-7(d)所示。

(三) 手臂动作

手臂动作要双手配合运动,可分为入水、抱水、划水、推水、出水和空中摆臂六个阶段,这几个阶段是连贯的。

1. 入水

左臂入水时保持伸直状态,肩关节外旋,手的小指朝下,拇指朝上,心向外,手与前臂之间的角度为150度~160度,入水点在肩延长线与身体纵轴之间;同时右向后下方做推水动作,如图21-7(a)所示。

2. 抱水

当左臂切入水中后,利用移臂的惯性使手臂向外侧下滑并向上向身后转动,肩部内旋,使手和小臂对好划水方向,同时开始屈臂至150度~160度,使手掌和前臂大划水,配合上体转动成抱水姿势,如图21-7(b)所示。

3. 划水

右臂提出水面,当左臂下滑至与身体纵轴成40度~50度角时开始屈臂划水,如图21-9所示,手后划的速度要快于肘。划水至肩侧时,手距水面约15厘米,臂角度大约为90度,这时手、前臂、上臂同时向脚的方向做推水动作,如图21-7(c)所示。

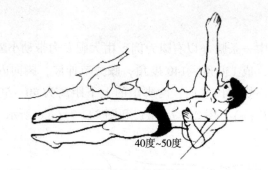

图 21-9　左臂下滑至与身体纵轴呈 40 度~50 度角

4．推水

肘关节将靠近体侧时，向后下方自然下压，肩关节向上提，同时内旋，以肩为轴按由下至上再向下的 S 形划水路线划动，如图 21-10 所示。左臂靠近大腿旁时结束划水。同时，右臂在空中沿肩线上方做圆周运动，当左臂结束划水时，右臂正好入水，如图 21-7（d）所示。

图 21-10　S 形划水路线

5．出水

划水结束后，借助手掌下压的反作用力，手背朝上，以肩带动上臂和前臂，将左臂立即提出水面。同时，右臂入水后，做抱水动作，如图 21-7（e）所示。

6．空中移臂

左臂出水后沿肩线上方做圆周运动，移动过程中保持手臂伸直。右臂做划水运动，左臂入水时，右臂出水，如图 21-7（f）、图 21-7（g）和图 21-7（h）所示。

（四）双臂配合

一般情况下，当一臂出水时，另一臂刚好入水；当一臂处于划水中段时，另一臂在空中移臂至一半。在整套臂部动作中，两臂几乎都处在完全相反的位置上，这样配合能保证动作的连贯性和速度的均匀性。

（五）臂、腿和呼吸的配合

1．臂与呼吸的配合

一般情况下是两次划水一次呼吸，即以一只手臂为标准，开始出水移臂时吸气，其他阶段再慢慢呼气。高速游进时也有一次划水一次呼吸的技术。需要注意的是，呼吸过于频繁会导致动作紊乱。

2. 腿、臂配合技术

在划水过程中，腿的上踢和下压动作要保持身体的平衡与协调，避免身体的过分转动和臂部下沉。

现代仰泳技术采用 6 次打腿、2 次划臂的配合，也有少数人采用 4 次打腿、2 次划臂的配合。仰泳 6 次打腿、2 次划臂的动作配合如表 21-1 所示。

表 21-1　仰泳 6 次打腿 2 次划臂的动作配合表

手臂动作		腿部动作	
右臂	左臂	右腿	左腿
抱水	出水移臂开始	上踢	下压
划水	移臂中间	下压	上踢
推水	移臂结束入水	上踢	下压
出水移臂开始	抱水	下压	上踢
移臂中间	划水	上踢	下压
移臂结束入水	推水	下压	上踢

二、练习方法

仰泳练习的顺序是先练腿部动作，后练手臂动作和呼吸方法，再练臂腿配合和完整动作配合。

（一）腿部动作练习

在岸上单脚支撑站立，另一条腿向后伸并以大脚趾着地。以大腿带动小腿发力，注意膝盖弯曲角度，然后大腿带动小腿直腿后压。双腿交替练习。最后坐在池边做腿部的模仿练习，熟悉打水的感觉并掌握动作要领，逐渐加快打水频率，如图 21-11 所示。

在水中做腿部练习时，可以双手反抓池槽，身体仰浮于水中，按照动作要领，做腿部打水动作。也可以保持身体纵轴与分道线成平行状态，一只手抱住分道线，还可以抱住浮板仰卧滑行，平稳之后，练习腿部动作，如图 21-12 所示。

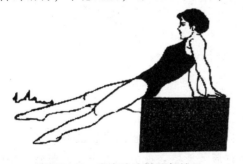

图 21-11　坐在池边做腿部练习

图 21-12　在水中仰卧做腿部练习

（二）臂部动作练习

仰卧在长凳上，先做单臂的要领练习，熟练之后做双臂配合呼吸的练习，如图 21-13

所示。之后在水中由同伴抱住大腿或大腿夹住浮板做双臂与呼吸的配合练习,如图21-14所示。

图21-13 仰卧长凳练习手臂动作　　　　图21-14 由同伴帮助在水中练习手臂动作

(三) 完整动作配合练习

在岸上保持站立姿势,将腿部和臂部的动作协调起来,熟悉其运动规律。熟练后再配合呼吸进行练习。之后在水中仰浮滑行,一臂放体侧,另一臂做臂部练习。熟练后做双臂的配合练习,最后配合呼吸,做完整动作练习。注意做臂部练习的同时,两腿要不停地打水。

三、常见的错误动作及纠正方法

(1) 害怕呛水抬高头,导致身体没有展平。身体应自然平直地仰卧水中,将下颌抬高,两耳没入水中。

(2) 大腿动作过大,膝关节露出水面,将踢水动作做成挑水动作。在做腿部练习时,应控制大腿运动的幅度。

(3) 打腿频率较慢,导致划水时身体下沉。练习者应在划水时积极打腿。

(4) 移臂时肘关节弯曲。当划水结束时将手紧靠大腿。

思考题

1. 如何一步步熟悉水性?
2. 蛙泳和仰泳的基本技术有哪些?请按要求进行练习。

参考文献

[1] 陈万章. 大学体育与健康 [M]. 北京:北京体育大学出版社,2004.
[2] 陈志勇. 现代大学体育教程 [M]. 修订版. 北京:北京体育大学出版社,2013.

第二十二章

户外运动

第一节 极限飞盘

一、极限飞盘简介

极限飞盘（英文名为 Ultimate Frisbee，简称 Ultimate）运动起源于美国，2001 年被世界运动会列为正式比赛项目。极限飞盘为一门新兴的体育项目，是一项集时尚、趣味、娱乐、竞技于一体的新兴休闲有氧健身运动，达到"健体、健心、健志"的目的。因比赛过程强调"快乐参与、团队、守规、尊重对手，挑战超越"的极限飞盘精神，该项运动已被选为 2022 年冬奥会比赛项目。极限飞盘作为一项紧张激烈但无身体接触的团体对抗型运动项目，以飞盘传递为竞技内容，基本没有身体接触和冲撞，男女可以一同上场。极限飞盘除了要有攻击、防守的技术外，也必须具备良好的体能、速度、智能、意志力和团队精神。

二、极限飞盘场地

（1）比赛场地为长 100 米、宽 37 米的长方形场地。

（2）比赛场地周围是边界线，由两条与比赛场地等长的边线和两条与比赛场地等宽的底线组成的。

（3）场上所有的分界线的宽度应该在 75~120 毫米。

（4）比赛场地可以分为中间的正式比赛场地，有 64 米长和 37 米宽；以及两个得分区（在正式比赛场地的两端），有 18 米长和 37 米宽。

（5）两条得分线划分了正式比赛场地和两个得分区，但是得分线属于正式比赛场地。

（6）标点是两条 1 米长线交叉所形成的点。其位置在正式比赛场地中离两条得分线的中点 20 米远的地方。

（7）有 8 个颜色鲜艳、质地柔软的物体（例如塑料角标）来标示正式比赛场地和得分区的边角。

极限飞盘场地如图 22-1 所示。

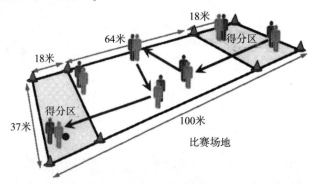

图 22-1　极限飞盘场地

二、极限飞盘规则

1. 场地

正规的飞盘比赛场地为长方形，长 100 米、宽 37 米。赛场两侧各有一块 18 米×37 米的得分区域，进攻方通过各种战术方式的跑动传递飞盘，让队友在攻入得分区接盘得分。

2. 开盘

比赛双方各有 7 名队员。每局比赛开始时，双方队员在各自半场的得分区排成一队，然后由防守方把飞盘传递到进攻方的手里，比赛开始。

3. 传盘

进攻方持有飞盘的队员不可以移动，但可以以一脚为原地旋转，持盘队员可以向场地任意方向（前方、后方、横向）将飞盘传递给自己的队友。防守方队员只能有一人盯防持盘队员，其他防守队员要离持盘者 3 米以外。

4. 计时

进攻方持盘队员有 10 秒的时间将飞盘传出，盯防持盘队员的防守队员要大声数出 10 个数。如果持盘者没能在 10 秒钟时间将飞盘传出，则为进攻失误。

5. 失误

如果进攻方传盘没有成功（飞盘出界，触地，被防守方接到或超时）则视为进攻失误，此时攻守转换，改由之前的防守方进行进攻。

6. 得分

如果进攻方队员在对方半场的得分区接到飞盘，则得到一分。

7. 身体接触

飞盘比赛中不允许有身体接触,否则将被视为犯规。

8. 犯规

若一方队员对另一方队员形成身体接触,即被视为犯规。被犯规的队员要立刻大声喊出"foul",此时所有场上队员要停在自己的当前位置不得移动,直到比赛重新开始。如果犯规没有影响进攻方控制权,比赛继续进行;如果影响了进攻方控制权,则飞盘交还给进攻方,比赛继续进行;如果防守方认为自己没有犯规,可提出异议,此时飞盘交还给上一个持盘队员,比赛重新开始。

9. 裁判

比赛没有裁判,犯规、出界和传盘失误等都由场上队员自行裁决。

10. 比赛精神

飞盘比赛主张和强调的是体育竞技精神和公平竞赛。激烈对抗的飞盘比赛必须建立在互相尊重、遵守规则和享受乐趣的基础上。

三、飞盘基本技术手法

(一)反手握法

1. 基础手法

第一种基础握法如图 22-2 所示,食指贴于飞盘的外缘,中指伸展开来指向盘的中心。这样做可以加强对飞盘的控制,使盘不摇晃。贴边框的食指用于把握方向,支撑住飞盘的中指保证盘飞行稳定。在盘的底部,只有两根手指紧着盘的边缘,导致这种握法方式与其他方式相比缺乏力度。握盘力度的大小取决于食指尾部对盘的牵引力。

图 22-2 第一种基础握法(反手)

第二种基础握法如图 22-3 所示,食指贴于盘缘,但没有中指对飞盘加以支撑。更多的手指紧握盘缘,因而这种盘更有力量,然而,如果失去对飞盘的控制,再大的力度也没有意义,所以这种方法很少见到。

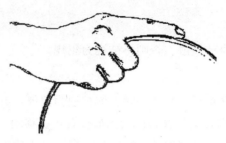

图 22-3　第二种基础握法（反手）

2. 强力握法

强力握法不仅在经验丰富的掷盘者中最为流行，也是几乎所有飞盘高尔夫玩家都会使用的握法。这种握法是所有手指都紧紧握着盘缘，不用任何手指来支撑飞盘，如图 22-4 所示。由于出盘点很难把握，有可能会控制不好飞盘，需要经常练习。食指尾部对飞盘的拉动可以带来一股强的力量，有利于克服飞盘不稳等问题。使用这种握盘方式，很难扔反手高位盘，因为在出手之前飞盘缺少将其往上迅速抬升的力量。

有一部分控制力量在于拇指及握盘力度。通常而言，握得越紧，能使盘获得更多的旋，有助于在有风的情况下把握好盘的飞行。考虑空气的阻力，最好让拇指指向盘的中心，这样可以将盘抓得紧。用力紧握飞盘，也可以保持盘的平稳，更有利于用反手掷高盘。

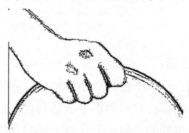

图 22-4　强力握法（反手）

3. 混合握法

混合握法是前文介绍过的两种握法的结合。食指紧握盘缘，为掷盘提供力量。中指微伸展开来，支撑住飞盘，如图 22-5 所示。使用这种握法可以掷各种盘，包括反手高位盘。缺点是与强力握法相比，其掷盘力度会稍微欠缺。混合握法中关于拇指位置的要可参照强力握法。

图 22-5　混合握法（反手）

（二）正手握法

1. 基础握法

基础握法原则上近似于相对应的反手握法，适合初学者。中指置于盘的底部边缘，食指朝盘的中心伸展开来支撑飞盘，如图22-6所示。这种握法的优点是可以很好地控制好飞盘，缺点是力度不够，因为食指伸开的时候手腕无法往后竖过来。

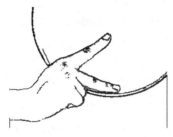

图22-6　基础握法（正手）

2. 强力握法

强力握法有好几种方式。

第一种，食指紧靠中指，紧贴飞盘内缘，如图22-7所示。这样，手腕可以往后竖过来，给予盘更多的动力，出盘可以更有力但飞盘容易失去控制，因为没有手指支撑。如果出盘时盘和腕的角度不一致，盘会上下摆动，导致其飞得不远。

第二种，对第一种方法稍微加以改进（并非图中所示），食指和中指稍微弯曲。掷盘前，盘在这两根手指的作用下保持平衡。这种握法适合掷正手高位盘。

跟反手掷盘一样，拇指应该紧紧握住飞盘，以使盘克服风的影响，更好地转动。

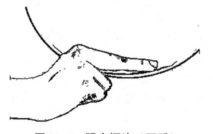

图22-7　强力握法（正手）

3. 混合握法

这种握法类似于反手的混合握法，但并不常见。食指弯曲着的，食指和中指的指肚牢牢地压在飞盘内缘，如图22-8所示。食指的弯曲部分可以起支撑飞盘的作用，手腕依然可以往后竖过来，增强出盘力量。准备掷盘时将盘握平，有助于掷出正手高位盘。

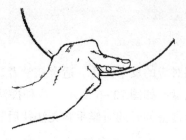

图 22-8　混合握法（正手）

4. 其他握法

图 22-9 中所示的非常有趣的握法适用于正手掷盘水平较弱的玩家。将中指侧面（而非指肚）顶内缘。使用这种握法时，手掌是朝上的，出盘时不需要转换正手。这种握法的不利之处在于，指关节是出盘时的发力点，经常使用的话会受到损伤。

在细微处稍做变化，可以摸索出各种各样的握法。大多数人会使用上面的某一种基础握法并进行调整。

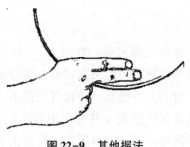

图 22-9　其他握法

（三）飞盘接法

飞盘接法主要分为双手接和单手接，根据动作也可以分为夹接或拍接、上手接法和下手接法。

双手夹接是比赛中常用的接盘方法，也是最稳定、最安全的接盘方式。动作要求是：五指微张，一手在上、一手在下，两手相距 20～30 厘米，接盘时主动迎接飞盘，两手合力夹住飞盘。

双手上手接法的动作要求是：双手抬起，五指自然张开，四指在上、大拇指在下，虎口对准来盘。

一般情况下，上手接法适用于接胸部以上的飞盘。接盘时，眼睛盯紧飞盘，主动伸手向前迎接，接盘瞬间虎口合拢，五指扣紧。

双手下手接法与上手接法动作相反。双手抬起，五指自然张开，四指在下、大拇指在上，虎口对准来盘。一般情况下，下手接法适用于接腹部以下的飞盘。接盘时，眼睛盯紧飞盘，主动伸手向前迎接，接盘瞬间虎口合拢，五指扣紧。

单手接盘相对于双手接盘来说，稳定性稍差，但防守面积较大，伸展幅度也更大，在接高空盘和低位盘时，以及在与防守者争夺飞盘的过程中，很多高水平选手更易采用单手接盘技术。单手接法也分为上手接和下手接，动作和要求与双手接法相同。

（四）弧线盘

1. 弧线掷盘

弧线掷盘可分为反手弧线掷盘和正手弧线掷盘。

（1）反手弧线掷盘技术和反手掷盘技术相似，差异主要在出手角度上。反手弧线掷盘的出手点要高于反手掷盘，同时飞盘要保持倾斜角度，盘头略高于握盘手。

（2）正手弧线掷盘动作也与正手掷盘相似，只是出手角度不同。

弧线掷盘技术主要考虑三个方面：飞盘姿态（倾斜角度）、出手时机（比正常传盘出手要早）、力度（根据目标确定相应的用力程度）。

（五）轴转和假动作

接住盘时，通过腰部的转换，做轴转动作，让飞盘可以从不同角度飞出，甩开对手。假动作也是为了甩开防守者，把飞牌传给其他队员。轴转和假动作需要身体好的协调性，可以做出动作，从而飞出飞盘。

四、简易趣味训练法

作为初级水平或者更新的队伍，其队长经常遇到的一个问题是，知道需要练习哪些技能，但不了解有助于培养这些技能的训练方法。下面列出了八个非常简易的训练方法，它们有利于提升基础性技能，可以让队友将这些训练内化为习惯，下意识地进行练习。

（一）三人训练法

三人训练法是一种非常简单训练方法，常用于热身。A 和 C 相距 10~15 米远。B 防守 A，延迟计数到 5 为止。A 尝试掷盘给 C，然后跟随着盘去防守 C。C 再尝试掷盘给 B，然后跟随着盘去防守 B，如此反复。三人训练法如图 22-10 所示。

着重技能：掷盘、防盘、突破防盘、轴转、"弓步"绕过防盘者。

图 22-10　三人训练法

（二）迎盘跑动训练法

这项训练需要一整块场地。A 是掷盘者，B 是跑动者。跑动者直线背向掷盘者跑 15~20 米，停下来，转身跑向掷盘者，如图 12-11 所示。掷盘者恰好在跑动者停下来时扔出飞盘，当跑动者转过身来时盘恰好飞到那儿，跑动者接住飞盘，然后放下盘，再往远处跑 15~20 米，同时掷盘者扔完盘后就去捡起飞盘，准备重复掷盘。五六个回合后，到达前方得分区时，掷盘者和跑动者交换角色；反过来往另一侧得分区推进。

着重技能：掷盘，应对短程跑位时的传盘时机，迎盘跑动。

身体调节小贴士：初学者和新手通常犯的一个错误就是停下来等待在空中飞行的盘。这项训练的重点在于迎着飞盘，正对着它跑动，直到接住飞盘。

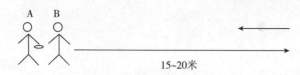

图 22-11　迎盘跑动训练法

（三）四人训练法

这项训练有助于练习快速接盘与出盘。A 掷盘给 D，D 接盘后尽快回传，并接 B 的传盘，尽可能快速接住并回传，然后转向 C 去接盘并回传，最后 D 再转回到 A 的方向，如此反复。训练重点在于快速，而且要让飞盘在接盘者转过身时就飞抵掷盘者。这要求训练者即刻抓住到达的飞盘，然后迅速做好准备去掷盘，并将此形成一种习惯。四人训练法如图 22-12 所示。

着重技能：短传，快速接盘与出盘，专心，双手的敏捷性。

小贴士：进行这项训练时，要强调带有旋转地果断传盘。这可以降低盘被断下的可能性，并在有风的情况下保持盘的稳定性。

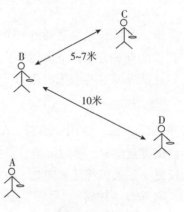

（箭头仅表示距离）

图 22-12　四人训练法

（四）笼子训练法

这项简单的训练方法是老游戏"守护球"的翻版。划定一个边长 10 米的正方形。在这个正方形区域内，两支队伍（每队两人）尝试去控制飞盘，不让另一队拥有飞盘。如果盘落地，则为失误。连续完成四次传盘则得一分，得分方继续持有飞盘。

（五）扔进盒子训练法

如图 22-13 所示，用角标标识出一个盒子（正方形区域），X 队列上的第一个人向外侧跑位，然后折回来跑向盒子中心；O 队列的第一个人将盘掷向盒子的正中，让 X 队列上的第一个人跑着去追接飞盘，然后往外侧跑位，再折向内侧。X 队列的第二个人将盘掷向盒子，让 O 队列的第一个人去追接飞盘，再往外侧跑位，随即折回内侧。如此反复。交换双方所站队列位置去练习。对于右撇子玩家而言，O 队掷正手，X 队掷反手。

着重技能：掷盘，跑位，将盘掷向某一点去引导跑动者，跑向。

飞盘小贴士：在这项训练中，可以进行许多微小的调整。改变掷盘方式，练习内摆传盘，让每队的第二个人去做防盘者，调整盒子的大小以提升传盘准确度；让跑位者采用卵石形的跑位方式，调整跑位距离，等等。

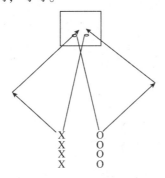

图 22-13　扔进盒子训练法

（六）"环游世界"训练法

第一个 X 玩家将盘掷向第一个 O 玩家，然后背向他去跑位，再折返跑向他；这时第一个 O 玩家要回传飞盘给跑位的这个 X 玩家。然后第一个 X 玩家传盘给第二个 O 玩家，重复跑位路线，如图 22-14 所示。第二个 X 玩家在第一位跑位者完成三次传盘后开始跑位。这样进行训练时，X 队列的玩家掷反手，O 队列玩家掷正手。当 X 队列的每个人都跑完整个一圈，以同样方式往回跑位。结束之后，O 和 X 两组人交换位置。

着重技能：掷盘，跑位，掷盘前站稳双腿，身体调节。

小贴士：新人使用这项训练方法时，要强调跑位的突然性，正对飞盘跑动，以及开始第二次传盘前站稳双腿。如果训练队伍的水平比较高，可以着重练习在不站稳双腿和不走步前提下的传接盘技能。

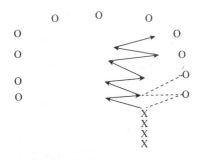

（实线表示跑位，虚线表示传盘）

图 22-14　"环游世界"训练法

（七）四角训练法

四角训练法如图 22-15 所示。某一队列（图 22-15 中是左下角队列）的第一个人从队列前端开始往外侧跑位，然后再朝内侧跑。过一会儿，掷盘者向跑位者将要跑到的位置传盘（这种情况下是正手），然后站入跑位者离开的那个队列。下一队列前端的玩家进行同样的跑位，第一次传盘的接盘者用同样方式去传盘，然后站入第二队列。如此反复。

着重技能：掷盘，跑位，看准连续跑位的时机，将盘掷向某一位置。

小贴士：这项训练的变体有很多，如跑位时先内后外、卵石形跑位以及练习内摆传盘。

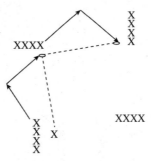

（实线表示跑位，虚线表示传盘）

图 22-15　四角训练法

（八）"杯子"训练法

O 玩家们是环绕在持盘的 X 玩家身边的"杯子"。持盘者有 5 秒钟去将盘传给这个圆圈中的任何人（除了右侧第一个人）。如果 O 玩家中的任何一位阻断掉飞盘，掷盘者加入"杯子"；如果圆圈中的某人接盘失败，则与杯子中的某一人交换位置。"杯子"训练法如图 22-16 所示。

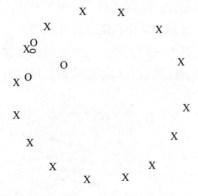

图 22-16　"杯子"训练法

着重技能：练习"杯子"防守，突破"杯子"去传盘，突破逼向，身体调节。

小贴士：在练习的一开始或最后，会起到很好的热身或放松作用。

温馨提示：1~4 种训练法至多 4 人，第五种训练法需要 6 人，最后三种训练法需要整个队伍的主力玩家去发挥作用。

第二节　定向运动

定向运动（Orienteering）是运动员借助地图和指北针，按规定的顺序独立地完成寻找若干个标绘在地图上的地面检查点，并以最短的时间跑完全赛程的运动。

一、定向运动的起源

定向运动起源于瑞典。最初只是一项军事体育活动。"定向"二字在1886年首次使用，意思是在地图和指南针的帮助下，越过不被人所知的地带。继1919年斯堪的那维亚举行了第一次正式的定向越野比赛后，至今已有百年的历史。定向运动本身作为一种体育项目开展是从20世纪初在北欧开始的，到20世纪30年代已在芬兰、挪威、瑞典、丹麦立足。1932年举行了第一次世界定向运动比赛。1961年国际定向联合会（IOF）在丹麦哥本哈根成立，现有成员63个。国际定向联合会是世界定向运动的行政实体，是国际体育联合会总会之一。定向运动也是国际承认的奥林匹克体育项目。

二、定向运动的种类

（1）徒步定向。
（2）山地车定向。
（3）滑雪定向。
（4）轮椅定向。
（5）定向运动其他分类。
①团队定向。
②积分定向。
③GPS定向。
④轮椅定向。
⑤家庭定向。
⑥其他。

三、定向运动的物质条件

（一）指北针

（1）红色的指针永远指北。
（2）当指北针的磁针静止后，其"N"端（通常都有标志）所指的方向即为北方。
（3）利用指北针辨别方向是十分简便快捷的，但是需要注意以下问题。
①尽量保持指北针水平。

②不要距离铁、磁性物质太近。

③不要错将磁针的S端当作北方，造成180度的方向误判。

指北针如图22-17所示。

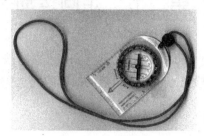

图22-17　指北针

（二）地图

（1）地图是一种语言。

（2）地图是日常生活中不可或缺的一种工具。

（3）地图是定向运动最重要的工具。

（4）地图是户外运动的重要工具之一。

（5）在户外活动尤其是登山中，最需要的地图是等高线图。此种地图能显示地表的各种地形，如高山、溪谷、险或缓坡、悬崖或峭壁，如图22-18所示。

图22-18　等高线图

（三）点标旗

（1）每个检查点应放置检查点标志。

（2）检查点应在地图上准确地表示出来。

(3) 点标旗是由三面标志旗连接成的三棱体。每面正方形，沿对角线分开，左上为白色，右下为橙红色。

(4) 尺寸为 30 厘米×30 厘米。

(5) 点标旗应有一代号。

点标旗如图 22-19 所示。

图 22-19　点标旗

（四）检查点卡片

（1）检查点卡片主要用于判定运动员的成绩。用厚纸片制成，分为主卡和副卡两部分。

①主卡由运动员在比赛中携带，并按顺序将每个检查点的点签图案印在空格中，到达终点时交裁判人员验证。

②副卡在出发前交工作人员留底和公布成绩时使用。

（2）若规定比赛完毕必须交回地图，可以将检查卡片的内容直接印在地图空白处，样式可自行确定。

检查点卡片如图 22-20 所示。

图 22-20　检查点卡片

（五）点签

点签提供运动员到达位置的凭据。点签的样式很多，最常见的是印章式和钳式。印章式点签是在上面雕刻不同的图案或代码,最好选用能自动上印油的印章,否则在比赛时,应另备印泥。钳式点签是用弹性材料制成,顶端装有钢针,钢针的不同排列方法,使检查钳可以印出不同的图案。点签如图 22-21 所示。

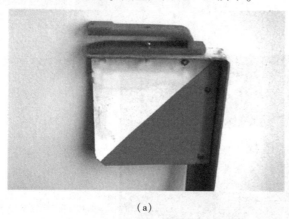 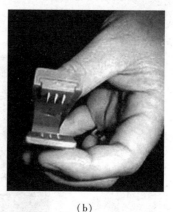

(a) (b)

图 22-21 点签

(a) 印章式;(b) 钳式

(六) 适宜的服装和鞋

1. 服装

定向越野比赛对运动员的服装没有特殊的要求。运动员应选择紧身而又不至影响呼吸与运动的衣裤,为防止树枝刮伤和害虫侵袭,最好穿用面料结实的长袖上衣和长裤,甚至使用护腿。

2. 鞋

定向鞋是最好的户外运动鞋之一。防滑又轻便,鞋底有较深的花纹便于上下陡坡、踩光滑的树叶或走泥地。

四、定向运动的基本技能

(一) 标定地图

标定地图是为了使定向图的方位与现地的方向一致,这是在野外使用定向地图最重要的前提。标定地图是持续不断、贯穿用图始终的基本要求,如果不遵守,就很容易犯南辕北辙的严重错误。

1. 标定地图的几种方法

(1) 概略标定。

(2) 利用指北针标定。

(3) 利用直长地物(如道路、土垣、沟渠、高压线等)标定。

(4) 利用明显地形点标定。

2. 确定站立点

掌握确定站立点的各种方法是学习现地使用地图的主要目标之一。除了要熟悉各种方法的步骤、要领外，更重要的是要学会根据不同情况，选择使用或结合使用相应方法。

（1）直接确定。

当自己所处位置是在明显地形点上时，只要从图上找出该地形点，站立点即可确定。这是一种在行进中，特别是奔跑中最常用的方法。

（2）利用位置关系确定。

当站立点位于明显地形点附近时，可以利用位置关系确定。利用位置关系确定站立点主要依据两个要素，一是站立点至明显点的方向，二是站立点至明显点的距离。在地形起伏明显的地方，还可以结合高差情况进行判定。

（3）利用交会法确定。

当站立点附近无明显地形点时，可以利用交会法确定站立点。按不同情况，交会法可以具体分为90度法、截线法、连线法、后方交会法等。这些方法的优点是：不需要判断或步测距离就能确定较为准确的站立点位置，对初学者理解和巩固使用定向地图很有帮助。

3. 制定路线

（1）选择路线的标准。

简单地说，最佳的行进线路应该省体力、省时间、最安全、便于发挥自己的技能或体能优势。

（2）选择路线的基本问题。

①当遇到高地、陡坡、围栏之类的障碍时，是翻越还是绕行？

②当遇到密林、沼泽、水塘之类的障碍时，是通过还是绕行？

（3）择路线要遵循的原则。

①有路不越野。由于在道路上奔跑远比在丛林中越野的速度快，且不易迷失方向，所以有道路的地区要充分利用道路。

②走高不走低。这里的高与低是针对山脊和山谷而言，高处通常视度好，易判定方位，越野难度一般也比山谷小，在这种地形上要予以考虑。

③遇障提前绕。对于河沟水域、峻岭悬崖等障碍，应该在选择路线时全局考虑，以免遇到时才绕道行进，多走弯路。

④就近不就远。在能越野通过，而且离道路较远的地形上，必须权衡利弊，放弃"有路不越野"的原则，果断越野。

⑤人在地上走，心在图上移。运动中随时了解自己在地图上的位置，做到每走一步都胸有成竹。

⑥充分利用点标说明。

⑦遇到特殊情况要冷静。越野过程中难免会遇到特殊情况或出现意外情况，这时参加人要冷静、妥当处理。如发现自己走错了，就采用登高法、回头法等进行处置；如在越野

过程中受伤了，不能继续参赛，则设法与就近工作人员联系。

4. 按图行进

利用地图行进时定向运动的基本技能，有赖于参加人对前面所述各种方法的综合运用。

（1）拇指辅行法。

①明确自己的站立点、运动路线和到达目标。

②转动地图，使地图和现地方向一致。

③以左手拇指压于站立点上。此时将拇指想象为"图上的自己"。

④开始行进。行进中要根据自己所处的位置，通过不断移动拇指、转动地图，以保持位置、方向的连贯性与正确性。

（2）记忆法。

按运动的顺序，分段记住前进路线的方向、距离和特征地物等内容。通过记忆，使自己具备"人在地上跑，心在图上移"的能力。有些专业选手甚至可以在短短几秒看图时间内，记忆前方相当长一段距离的运动路线，此种方法又称"超前读图"。

（3）借线法。

当检查点位于线状地形或其附近时，可以采用此法。行进时，先明确站立点，然后利用易于辨认的线状地形，如道路、围栏、输电线、山背线、坡度变换线等，作为行进的引导，使自己运动时更具信心。由于沿着线状地形前进犹如扶着楼梯的栏杆行走，因此又称"扶手法"。

（4）借点法。

当检查点附近有明显的地形、地物特征时可用此法。行进时，先找到明显点，然后用最快的速度前往检查点。

（5）水平位移法。

水平位移法实际上就是沿着等高线行进。运用此方法的时机是：

①站立点（或辅助点）与检查点在同一高度上；

②站立点（或辅助点）与检查点之间的植物可通行且无其他不利于奔跑的障碍物。

第三节　攀岩运动

攀岩运动是从现代登山运动派生出来的攀登陡峭岩壁的运动，具体来讲，是一种通过专门的攀登技术训练，以各种装备作为保护或攀登的工具，通过克服地心引力，攀登自然岩壁或人工岩壁的运动。

一、攀岩运动的特点与功能

1. 攀岩运动的特点

(1) 运动场地的唯一性。
(2) 探险运动的危险性。
(3) 极限运动的挑战性。
(4) 竞技运动的观赏性。
(5) 大众运动的参与性。
(6) 复杂运动的创造性。

2. 攀岩运动的功能

(1) 健身功能。
(2) 教育功能。
(3) 娱乐功能。
(4) 经济功能。

二、攀岩运动的分类

(一) 按场地类型分类

(1) 自然岩壁攀岩。
(2) 人工岩壁攀岩。

(二) 按攀登方式分类

(1) 自由攀登。
(2) 器械攀登。

(三) 按保护方式分类

(1) 顶绳攀登。
(2) 先锋攀登。

(四) 按比赛项目分类

(1) 速度攀岩。
(2) 难度攀岩。
(3) 攀石。

三、攀岩运动的基础装备

攀岩是一项具有一定危险性的运动，从其诞生之日起，人们就开始在不断地研制、生产各种装备与器械来保障攀登者的安全。装备是否合格直接关系攀登者的生命安全，在购买和选用时一定要谨慎。此外，正确地使用装备，规范地进行技术操作，合理有效地进行攀登，以及使用后正确地保养、存放装备等，才能保证安全地从事攀岩运动。

攀岩运动的基础装备主要分为保护性和辅助性两大类。

（1）保护性装备：包括主绳、安全带、铁锁、绳套、头盔、保护器、上升器等。

（2）辅助性装备：包括攀岩鞋、防滑粉、粉袋等。这类装备科根据自己的喜好去挑选合适的装备。

因为所有这些装备都会涉及攀登者的生命安全，在选择和购买时必须考虑其质量、用途、性能等因素。一般地，有国际攀登联合会（UIAA）认证标记或欧洲标准（CE）标记的，都能保证安全。

（一）主绳

攀岩一般使用 9~11 毫米的主绳，最好是 11 毫米的主绳，如图 22-22 所示。

1. 目的

解决攀岩时冲坠的危险。

2. 作用

攀登者与保护者之间建立一种可靠的远程连接，或为操作者提供安全的平衡过渡。

图 22-22　主绳

3. 意义

当攀登者不管任何原因坠落时，能保护攀登者。

4. 分类

主绳可分为动力绳与静力绳。动力绳主要用于先锋攀登，其标准长度一般为 50 米，直径为 9.5~11 毫米，重约 8~9 磅（1 磅约等 0.45 千克），常用的为 10 或 10.5 毫米且有弹性。静力绳，不能伸缩，无弹性，主要用于上方保护的攀登或下降和探洞，直径 9.5~12 毫米，常用的为 10 或 10.5 毫米。

5. 结构

主绳由绳皮和绳芯两部分组成。绳皮是编织的保护套，可以保护核心，防止磨损；绳芯是由丝丝缕缕的纤维组成，是主要受力部分。

（二）安全带

安全带如图 22-23 所示。

图 22-23　安全带

1. 用途

安全带是攀岩者和绳索之间的固定连接。

2. 分类

安全带分为全身式安全带和2.2坐式安全带。

（1）全身式安全带又称胸式安全带，多用于拓展、探洞等类似活动。

（2）坐式安全带用于登山、攀冰、攀岩等，也是最常用的安全带。

3. 使用安全带的注意事项

（1）穿戴时分清上下、里外、左右，避免颠倒、扭曲。

（2）根据用途选择合适的安全带，穿好后松紧适度。

（3）安全带须穿在衣服的最外层，不得有任何物件遮掩安全带。

（4）腰带和腿带必须反扣回去，反扣后的长度应大于8厘米。

（5）在进行任何操作前，如攀岩、下降等，必须再次检查安全带是否达到安全规范。

（6）攀岩过程中不能解开或调节安全带。

（7）装备挂环不能用于保护、下降等任何受力操作，因为装备挂环最多承重5千克。

（三）扁带

1. 用途

在保护系统中做软性连接，通常与人工保护点或自然保护点直接连接后，经铁锁连接形成保护点。

2. 分类

根据扁带的打结方法，扁带可分为机械缝制的扁带和手工打结的扁带。机械缝制的扁带，拉力可达22千牛。手工打结的扁带，由于使用平结连接，拉力很难达到20千牛。

（四）铁锁

铁锁如图22-24所示。

1. 用途

在保护系统中铁锁起连接作用，通常与扁带、安全带、绳子直接连接。

2. 分类

根据锁门的设计，铁锁分为丝扣锁、普通锁。

（1）丝扣锁（保险锁、主锁等）：用于相对永久的保护点连接，如保护站与主绳的连接点。丝扣锁在使用过程中要拧紧丝扣。

（2）普通锁（简易锁、一般锁）：用于临时保护点。

3. 性能指标

不同型号、不同品牌的主锁拉力指数会略有不同，以下数值仅供参考。

（1）纵向拉力：大于20千牛。

图22-24 铁锁

(2) 横向拉力：大于 7 千牛。

(3) 开门拉力：大于 7 千牛。

4. 使用铁锁注意事项

(1) 尽可能保证铁锁纵向受力。

(2) 丝扣锁在使用过程中要拧紧丝扣。

(3) 锁门开口一侧避免与绳子接触。

(4) 使用中妥善佩戴，避免从高空坠落。

(5) 丝扣处如有沙粒要及时清理。

(6) 受力后不得与岩石、硬物撞击，要合理选择连接位置。

（五）保护器/下降器

1. 功能与作用原理

保护器/下降器是利用器械与绳子产生摩擦力，让绳子因摩擦而减速以至停止滑动，达到减速下降或停止的目的。保护器/下降器如图 22-25 所示。

2. 常用类型

(1) "8" 字环：最常用的保护器。

(2) ATC：可以进行双绳操作的保护器。

(3) GRIGRI：可以自锁的保护器。

(4) REVERSO：可以进行双绳操作，拥有自锁功能。

图 22-25　保护器/下降器

（六）头盔

头盔能有效防止落石以及非正常脱落姿态带来的头部伤害。头盔要端正佩戴才能护住前额后脑及侧面。出现落石千万不要仰头观望或以手抱头，无处可躲时让头盔发生作用。头盔如图 22-26 所示。

图 22-26　头盔

（七）攀岩鞋

鞋底采用特殊的橡胶，摩擦力大大增加。应选择号码偏小的鞋，穿进去将脚裹得很紧，这样能使鞋、脚成为一个整体，有利于增强脚感，便于精确踩点和发力。攀岩鞋种类繁多，适应于不同的石质、岩壁角度以及不同的攀登方式。攀岩鞋如图 22-27 所示。

图 22-27　攀岩鞋

（八）镁粉袋

镁粉是辅助装备，可吸收手上的汗液和岩壁表面的水分，增大摩擦力。镁粉袋如图 22-28 所示。

图 22-28　镁粉袋

四、攀岩运动的基本手法、脚法与身法

（一）手法

（1）握：通过手掌及手指用力，将手固定在支点上。

（2）抓：拇指在一侧起辅助作用，其余四个手指的指关节正向全部放入支点。

（3）抠：通过手指指尖（第一指关节或第一、二指关节）弯曲抓住支点。

（4）压：第一指关节抠挂住支点，一、二指关节竖起，与支点开口方向垂直，拇指压住食指。

（5）捏：大拇指和其余四指相对用力，夹住支点。

（6）挶：靠摩擦使手掌掌面在支点上向心用力。

（7）撑：靠摩擦使手掌掌面在支点上离心用力。

（8）搂：屈手，手掌小拇指一侧与支点接触固定。

（8）戳：在抓握指洞造型点时，一个手指深入支点指洞内，大拇指压住其他三指。

（二）脚法

（1）脚尖外侧踩点：脚的小趾用力，脚外侧贴近岩壁。

（2）脚尖内侧踩点：脚的拇趾用力，脚内侧贴近岩壁。

（3）踩摩擦点：在斜坡或造型板上，通过脚前掌与岩面的摩擦，踩住并固定住脚。

（4）脚尖钩点：用脚尖钩住点，通过膝关节的向后回收力，挂住身体。

（5）脚跟挂点：将脚后跟放于点上部，挂住支点，通过挂脚，下肢向下用力，挂住身体。

（三）身法

（1）靠：利用能够容纳身体的造型，背部靠住一侧岩面，四肢顶住对面岩石，使身体固定和上移。

（2）跨：在"L"岩壁造型中，左右脚分别在两个平面使用。

第四节　拓展训练

一、拓展运动的起源与发展

拓展的概念来源于一个故事：第二次世界大战时，大西洋上很多船只由于受到攻击而沉没，大批船员落水，由于海水冰冷，又远离大陆，绝大多数的船员不幸死去，但仍有极少数的人在经历了长时间的磨难后生还。这些生还下来的人不都是身体强壮的小伙子，多数是年老体弱的人。而这些人之所以能活下来，关键在于他们有良好的心理素质。当他们遇到灾难的时候，首先想到的是"我一定要活下去"，有强烈的求生欲望；而那些年轻的海员可能更多地想到"这下我可能就完了，我不能活着回去了"。

当时，德国人库尔特·汉恩提议，利用一些自然条件和人工设施，让那些年轻的海员做一些具有心理挑战的活动和项目，以训练和提高他们的心理素质。后来其好友劳伦斯在1942年成立了阿德伯威海上训练学校，以年轻海员为训练对象，这是拓展训练最早的一个雏形。

第二次世界大战以后，在英国出现了一种叫作Outward-Bound（拓展训练）的管理培训，这种训练利用户外活动的形式，模拟真实管理情境，对管理者和企业家进行心理和管理两方面的培训。由于拓展训练的培训形式新、培训效果良好，很快传到欧洲、美洲、非洲和大洋洲的众多国家。1960年后拓展训练在美国、加拿大及新加坡等地许多学校的影响继续扩大。1970年英国信托基金开始为拓展训练发展提供支持，后来拓展训练学校开始在世界范围内发展。如今，这些拓展训练学校已经成为一个国际训练组织，组织有共同的使命宣言：激发自尊、帮助他人、服务社会、放眼未来。

拓展训练在发达国家已经介入高校的管理专业课程，成为 MBA 团队管理课程的重要组成部分。1995 年，拓展训练走进中国。1999 年，清华大学率先将体验式培训引入 MBA、EMBA 的教学体系。随后北京大学光华管理学院、中欧国际工商学院、中山大学岭南学院、浙江大学、暨南大学等学校的 MBA、EMBA 教育也纷纷把拓展训练作为指定课程内容，短短几年，拓展培训不断发展，备受推崇，逐渐被列入国家机关、高校、外企和其他现代化企业的培训日程。

二、拓展运动的特点

拓展训练是通过设计，精心组织各种户外活动，让参与者进行体验并感悟其中理念，通过反思获得新的理念和知识，改变自己思想和行为的训练方式。拓展训练具有以下特点。

（一）参与者是主角

在拓展训练中，参与者始终是活动的中心，参与者通过自己身体力行的活动来感受，并从中悟出道理。培训师的讲解都是基于所有参与者回顾展开的，而不是单向地阐述，这样的学习方式充分保证了参与者的投入程度。

（二）简单游戏蕴含深刻道理

拓展训练所采用的活动看上去非常简单，但这些项目中绝大多数经过几十年心理学、管理学、团队科学等方面的论证，能使个人心理素质和团队质量得到提升。

（三）参训者情感距离被迅速拉近

参加拓展训练的队员通常被分成若干个小组，每个小组通过培训师的调动充分融合，由于活动本身都面临着挑战，许多项目需要大家合作才能完成。这样形成的感情就如同在军营、在学校形成的感情，其感情距离远远低于通常情况下社会性的朋友关系。

（四）培训效果与众不同

与常规的技能培训不同，拓展培训更大意义上是针对态度的培训，对于企业而言，员工的态度往往决定了其工作绩效，这就给予了拓展训练非常广阔的生存空间，从参训企业的普遍反馈来看，拓展训练对于改善团队质量具有非常明显的作用。

（五）不同于旅游

旅游的目的往往是放松身心、开阔视野、增长见识和增进感情。与之相对，拓展训练的目标是提升个人和团队的素质，其核心在于对参训者的提升。从手段上，拓展训练通常强调远离喧嚣、投入山水，有时也会引入露营、徒步等训练手段，但这样做是为了给参训者营造能更加投入培训的气氛，而不是单纯为了旅游。

三、拓展训练的作用

拓展训练以一种体验式的训练方式，将大部分的课程安排在户外，精心设置一系列新颖、刺激的情景，让参与者主动去发现、解决问题，在参与体验的过程中，让他们的心理受到挑战、思想得到启发，在特定的环境中去思考、发现、醒悟，对个人、团队重新认识，重新定位。这种全新的训练方式通常包括充沛体能训练、成功心理训练、挑战自我训练、团队合作训练四大类型。通过拓展训练，参与者在以下方面将有显著提高。

（1）认识自身潜能，相信自己，增强自信心，改善自身形象。

（2）克服心理惰性，发挥想象力，培养创造力。拓展训练通过形式多样、变幻莫测的情景对参与者予以磨炼，促使参与者学会在看似杂乱的事物中找出规律，使其以积极开拓的姿态去战胜困难，提高其解决问题的能力。

（3）认识群体的作用，信任他人、投入团队、信赖团队，增进对集体的参与意识和责任心，塑造团队活力，推动组织成长。

（4）真诚地交流、顺畅地沟通，改善人际关系，更为融洽地与群体合作。在整个培训中，通过每个人的发挥与自我的全面展现，每个人更全面地认识到自身的特长、优点及潜质，帮助参与者在实际工作中更好地与他人沟通和交流，更好地发挥特长与潜质。

四、拓展运动实践项目

以下介绍的拓展运动项目必须在专业教师指导下进行，难度系数由一颗星至五颗星，表示难度系数越来越大。

（一）高空项目

1. 高空抓杠

（1）项目类型：个人项目。

（2）项目描述：高空抓杠项目是拓展运动中非常经典的一个项目，极具个人挑战性，只有勇气、信心、毅力和智慧兼具的人才能顺利完成。它属于高空高难度项目，整个过程需独立完成。参与者在规定的时间内穿好安全装备，在有保护的情况下，由地面通过扶手爬到离地面7~8米的顶端圆盘上，并在圆盘上站稳，奋力向前跃出，用手去抓或者触摸单杠。不管是否抓住单杠，只要奋力跃出都视为成功。然后利用保护绳回到地面。

（3）训练目的：

①突破自我，挑战自我，突破心理障碍，全力以赴，克服畏难情绪。

②通过加油、鼓励、关注等，认识到相互激励与关爱是一个优秀团队的必备因素。

（4）难度系数：四颗星。

2. 高空断桥

高空断桥如图22-29所示。

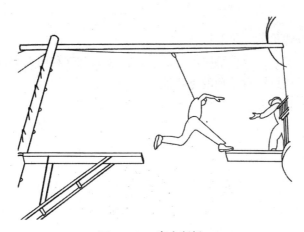

图 22-29　高空断桥

（1）项目类型：个人项目。

（2）项目描述：高空断桥是经典的拓展训练之一。在距离地面 8 米的高空搭起一座独木桥，桥的中间断开，间距为 1.2～1.4 米，要求所有参与者爬上 8 米的高空后，从一侧迈到另一侧，再从另一侧迈回来，最后原路返回。参与者要完成两次跨越高空断桥。

（3）培训目的：

①自我突破，挑战自我，突破心理障碍，全力以赴，克服畏难情绪。

②自我说服与自我激励，并培养面对困难时的互助精神和团队意识。

③通过加油、鼓励、关注等，认识到相互激励与关爱是一个优秀团队的必备因素。

（4）难度系数：四颗星。

3. 天梯

天梯如图 22-30 所示。

图 22-30　天梯

（1）项目类型：两人或多人项目。

（2）项目描述：参与者在安全保护的情况下，相互支持和配合，从天梯的低端一直攀爬到最高端。

(3) 培训目的：

①培养群体决策和角色定位意识。

②学会在面对困难时，寻求解决问题的科学方法和合理利用人力资源。

③理解阶段性实现目标对成功的重要性。

(4) 难度系数：四颗星。

4. 空中相依

空中相依如图 22-31 所示。

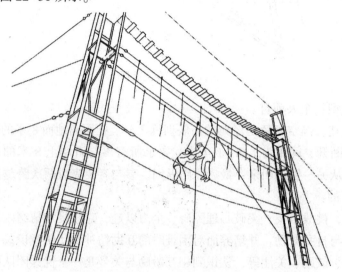

图 22-31　空中相依

(1) 项目类型：双人合作项目。

(2) 项目描述：两人面对面、手拉手，在两条钢缆上横向前进到另一端。

(3) 培训目的：

①培养团队合作精神，学会合理利用资源，学会在做事的过程中掌握科学的方法和手段。

②努力激发个人的潜能和心理极限。

③相互扶持、相互帮助，建立起自信和他信的意识，体会对对方的付出和责任，增强自信心和社会责任心。

(4) 难度系数：五颗星。

(二) 中空项目

1. 信任背摔

信任背摔如图 22-32 所示。

图 22-32 信任背摔

(1) 项目类型：个人心理挑战与团队合作项目。

(2) 项目描述：依次站到 2 米高的平台上，背向后倒在下面队员用胳膊交叉形式的网上。

(3) 培训目的：

①培养队员挑战自我的信心和勇气。

②增强责任感。

③提高团队的凝聚力。

(4) 难度系数：两颗星。

2. 高台演讲

高台演讲如图 22-33 所示。

图 22-33 高台演讲

（1）项目类型：个人项目。

（2）项目描述：参与者站在高台上，面对台下的人，按照既定题目用规定时间、方式演讲。

（3）培训目的：

①提高特殊情境下的逻辑和语言表达能力。

②培养在公众面前及时做出反应的心理调控能力、对主题任务的全面掌握和分配能力、学习和倾听能力。

③增强应对挫折和高压的容忍力和耐受力。

（4）难度系数：两颗星。

3. 求生墙

求生墙如图22-34所示。

图 22-34　求生墙

（1）项目类型：团队合作项目。

（2）项目描述：所有参与者相互支持和配合，全部攀登到4米高的墙顶。此项目又称"感动墙"，当成功完成任务时，所有的人抱在一起相互安慰和祝福，让所有在场的人都为之动容。

（3）培训目的：

①培养应对挫折的心理调控能力和防御能力，提高合作意识及合作能力，学会合理地安排人力资源，自觉为团队奉献。

②在活动过程中明确个人在团队中的角色定位，一切以大局为重，共同向所设定的目标进行冲刺。

（4）难度系数：四颗星。

（三）低空项目

1. 电网求生

电网求生如图 22-35 所示。

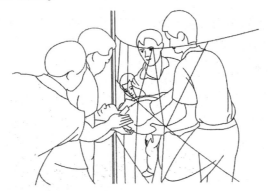

图 22-35　电网求生

（1）项目类型：团队合作项目。

（2）项目描述：在大家的配合下，所有队员在规定时间内，从网的一边到另一边。在完成过程中，人体的所有部位不得触碰网的任何部位，且一个网眼只能使用一次。

（3）培训目的：

①提高心理健康水平和应对能力，培养团队协作意识。

②合理利用资源，学会倾听别人的意见和建议。

③正确地认识到自己的位置和领导者的位置。

④关爱弱势群体。

（4）难度系数：两颗星。

2. 荆棘取水

荆棘取水如图 22-36 所示。

图 22-36　荆棘取水

（1）项目类型：团队合作项目。

（2）项目描述：每个队员在规定的时间内按照团队商讨的方案到雷区去取一次水，取水队员和旁边队员在取水过程中不能触碰雷区地面,否则将视为阵亡。

(3) 培训目的:

①提高互助和协作能力,感受在特殊情况下完成任务的合作方式,锻炼分析、策划、操作能力。

②学会各尽所能,群策群力寻找解决问题的科学方法,共同努力完成任务。

③培养团队奉献的精神。

(4) 难度系数:两颗星。

(四) 地面项目

1. 盲人方阵

盲人方阵如图 22-37 所示。

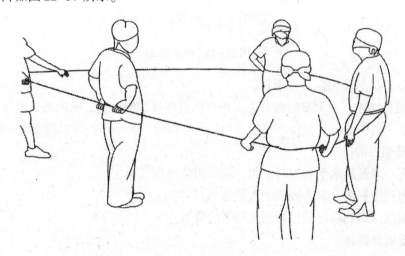

图 22-37 盲人方阵

(1) 项目类型:团队合作项目。

(2) 项目描述:每个参与者都戴上眼罩并围站成一圈,团队按要求将绳子分别摆放成各种形状。同时所有的参与者须大致均匀地分布在正多边形的边上。

(3) 培训目的:

①理解领导在实现团队目标中的重要性,懂得策划、组织、协调是实现目标的重要手段。

②培养科学的思维方式和对知识的运用能力,感受特殊情况下完成任务的合作方式。

③明白有效的沟通是实现团队目标的必要条件,培养沟通意识,提高沟通技巧。

(4) 难度系数:两颗星。

2. 雷阵

雷阵如图 22-38 所示。

图 22-38 雷阵

（1）项目类型：团队合作项目。

（2）项目描述：所有人尝试着穿越一片雷区。当一名队员遇到雷返回后另外的队员接上去，直到最后探索出一条没有雷的路走出来。

（3）培训目的：

①突破思维定式，走出理性盲区，培养创新意识。

②培养善于吸取经验教训、少走弯路的能力。

③善于利用工具与资源。

（4）难度系数：四颗星。

（五）户外项目

1. 趣味定向

趣味定向如图 22-39 所示。

图 22-39 趣味定向

(1) 项目类型：团队合作项目。
(2) 项目描述：按照任务书的要求在指定地点完成相应的任务。
(3) 培训目的：
①使个人行事果断、主动、坚毅，增强个人自制力。
②使个人行动敏捷，动作灵巧。
③使个人身心健康，机能健全。
(4) 难度系数：两颗星。

2. 野外生存

野外生存如图22-40所示。

图22-40　野外生存

(1) 项目类型：团队合作项目。
(2) 项目描述：利用广阔的各种自然环境，通过模拟探险活动进行情景式训练。
(3) 培训目的：
①锻炼身体，磨炼意志，陶冶情操，完善自我。
②增长知识，增强生活能力，学会日常生活技能。
③感悟人与自然、人与社会、人与人之间的关系。
(4) 难度系数：三颗星。

(六) 心智项目

1. 高空飞蛋

高空飞蛋如图22-41所示。

图 22-41 高空飞蛋

(1) 项目类型：团队合作项目。

(2) 项目描述：通过团队的合作和创造力，利用相同的材料保证在规定的高度扔下鸡蛋，而蛋不破。

(3) 培训目的：充分发挥团队每位成员的创造力。

(4) 难度系数：两颗星。

2. 建塔

建塔如图 22-42 所示。

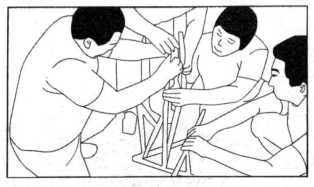

图 22-42 建塔

(1) 项目类型：团队合作项目。

(2) 项目描述：利用相同的材料，在规定时间内建成一座高 50 厘米以上、构造合理、外形美观的塔。

(3) 培训目的：充分发挥团队成员的创意和在团队中的作用，共同完成团队任务。

(4) 难度系数：两颗星。

（七）理论项目

1. 人椅

人椅如图 22-43 所示。

图 22-43 人椅

(1) 项目类型：团队合作项目。

(2) 项目描述：人椅又名破冰。将所有参与者分成若干组，每组围成一圈，每位参与者坐在身后参与者的大腿上，在培训师引导下按顺时针或逆时针转动，看哪组参与者能坚持最长时间。

(3) 培训目的：活跃现场气氛，打破肢体接触障碍，提高参与者的合作能力，培养人与人之间相互信任和团队合作的精神。

(4) 难度系数：一颗星。

2. 卧式传递

卧式传递如图 22-44 所示。

图 22-44 卧式传递

(1) 项目类型：团队合作项目。

(2) 项目描述：让参与者分组平躺在垫子上，通过托举移动同组所有队员。

(3) 培训目的：通过身体接触打破陌生同伴之间的隔阂，增强彼此信任，提高团队的凝聚力。

（4）难度系数：一颗星。

思考题

1. 极限飞盘的基本动作有哪些？请按要求进行练习。
2. 定向越野的基本知识和装备有哪些？
3. 攀岩的基本知识和技术有哪些？
4. 从网上查资料，了解拓展训练的起源与发展，并和同学们进行交流。

参考文献

[1] 陈万章. 大学体育与健康 [M]. 北京：北京体育大学出版社，2004.

[2] 陈志勇. 现代大学体育教程 [M]. 修订版. 北京：北京体育大学出版社，2013.

[3] 钱永健. 拓展训练 [M]. 北京：企业管理出版社，2012.

[4] 宋鸽，张钰. 极限飞盘 [M]. 大连：大连理工大学出版社，2016.